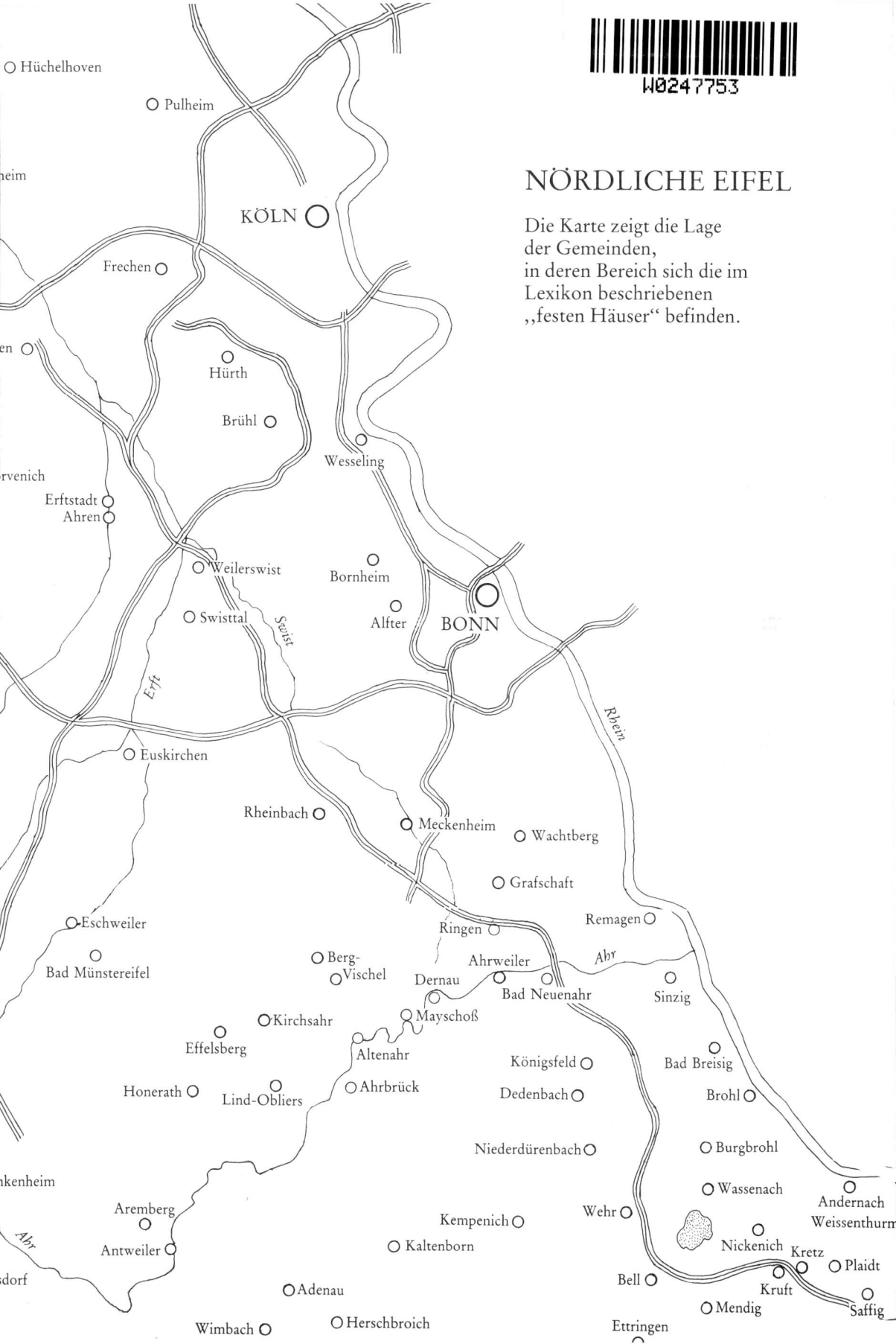

NÖRDLICHE EIFEL

Die Karte zeigt die Lage
der Gemeinden,
in deren Bereich sich die im
Lexikon beschriebenen
,,festen Häuser" befinden.

Hüchelhoven

Pulheim

KÖLN

Frechen

heim

Hürth

Brühl

Wesseling

rvenich

Erftstadt
Ahren

Weilerswist

Bornheim

Swisttal

Alfter

BONN

Erft

Swist

Rhein

Euskirchen

Rheinbach

Meckenheim

Wachtberg

Grafschaft

Eschweiler

Ringen

Remagen

Berg-
Vischel

Ahrweiler

Abr

Bad Münstereifel

Dernau

Bad Neuenahr

Sinzig

Kirchsahr

Mayschoß

Effelsberg

Altenahr

Königsfeld

Bad Breisig

Honerath

Lind-Obliers

Ahrbrück

Dedenbach

Brohl

nkenheim

Niederdürenbach

Burgbrohl

Aremberg

Wassenach

Andernach
Weissenthurm

Abr

Kempenich

Wehr

Antweiler

Kaltenborn

Nickenich

Kretz

Plaidt

dorf

Adenau

Bell

Kruft

Saffig

Wimbach

Herschbroich

Mendig

Ettringen

Bernhard Gondorf

Die Burgen
der Eifel

und ihrer Randgebiete

Ein Lexikon
der „festen Häuser"

Verlag J. P. Bachem in Köln

Das Bild auf der Vorderseite des Einbands zeigt Burg Eltz, nach einer Lithographie von Clarkson Stanfield/A. Picken, aus: Scetches on the Moselle, the Rhine and the Meuse, London 1838, das Bild auf der Rückseite: Burg Rheineck, nach einem Stahlstich von T. Verhas/H. Winkles, aus: Karl Simrock, Das malerische und romantische Rheinland, Leipzig 1839.

CIP-Kurztitelaufnahme der Deutschen Bibliothek

Gondorf, Bernhard:
Die Burgen der Eifel und ihrer Randgebiete:
e. Lexikon d. „festen Häuser" / Bernhard Gondorf.
– 1. Aufl. – Köln: Bachem, 1984.
ISBN 3-7616-0723-7

NE: HST

Erste Auflage 1984
© J. P. Bachem Verlag, Köln, 1984
Gestaltung und Einbandentwurf:
Helmut Hartrumpf, Köln
Satz und Druck: J. P. Bachem, Köln
Reproduktionen: Willy Kühl, Köln
Einband: Hunke & Schröder, Iserlohn
Printed in Germany
ISBN 3-7616-0723-7

Inhalt

Zur Einführung

Im Bewußtsein der Menschen nehmen Burgen einen besonderen Platz ein. „Die romantische Begeisterung für die efeuumrankten Ruinen beiderseits des Stromes bestimmt nicht nur seit hundertfünfzig Jahren in aller Welt das Bild von den Rheinlanden, sondern hat auch bei den Bewohnern selbst schon früh einen lebhaften Sinn für Bedeutung und Wert einer historisch geprägten Landschaft geweckt, wie er in unseren Tagen eigentümlich modern anmutet."[1] Aus diesem Empfinden heraus wurden beinahe unzählige Arbeiten über Burgen veröffentlicht, Werke über Burgenbau im allgemeinen und solche über einzelne Bauten. Oft sind ausgezeichnete, bahnbrechende Arbeiten darunter.

Das vorliegende Buch reiht sich ein in eine nicht meßbare Schlange von Publikationen über Burgen. Und doch hebt es sich ein wenig ab. Es ist keine allgemeine Darstellung des Burgenbaues, es ist keine Dokumentation über eine einzelne Burg. Vielmehr ist es der Versuch, die Adelssitze einer Region zu erfassen und lexikalisch aufzulisten. Was Curt Tillmann in seinem unentbehrlichen „Lexikon der deutschen Burgen und Schlösser" für den gesamten deutschsprachigen Raum gewagt hat, soll hier für eine Landschaft unternommen werden.

Durch die Forschung sind wir relativ gut informiert über das Leben, die Umwelt, das Umfeld der Kelten, Römer und Germanen, die unsere Heimat einst besiedelten. Hingegen wissen wir erstaunlich wenig, wie unsere Vorfahren im Mittelalter und in der frühen Neuzeit lebten, wie sie sich ernährten, wie sie die soziale Gemeinschaft gestalteten. Die Volkskundler und auch die Heimatforscher bemühen sich schon lange, verstärkt seit dem Zweiten Weltkrieg, Licht in dieses Dunkel zu bringen. Ähnlich lückenhaft sieht es in der Burgenforschung aus. Die Burgenkundler, seien es Bausachverständige, Kunsthistoriker oder Kulturhistoriker, sind ebenfalls bemüht,

unser Wissen vom Leben auf Burgen zu erweitern. Dabei geht man üblicherweise von exemplarischen Adelssitzen aus, wo immer diese sein mögen, wer immer diese bestimmt, und überträgt die so gewonnenen Erkenntnisse auf jede andere Burg.

Grundsätzlich ist gegen diese Methode nichts einzuwenden. Unbeantwortet bleibt aber die Frage, ob sich Erkenntnisse von einer Burg auf die andere übertragen lassen. Es scheint, daß man das Leben auf Burgen, auf bestimmten Burgen, nur innerhalb eines noch überschaubaren Gebietes vergleichen kann. Hier sind die Lebensformen ähnlich, der Boden mehr oder weniger gleichgut bzw. gleichkarg, die Probleme verwandt.

Bevor man aber Bautypus, Lebensrahmen, Herrschaftsbereich einer jeden Burg in einem abgesteckten Gebiet vergleichen kann, muß man wissen, welche Burgen es gab, wie viele und wo. Nur auf dieser Basis läßt sich konsequent und ergebnisreich weiterforschen.

Die vorliegende Arbeit will ein Katalog der „festen Häuser" sein, die sich in der Eifel befunden haben, die zu einem Teil noch erhalten sind. Es ist kein typologischer oder öko-soziologischer Vergleich. Das sei anderen Publikationen vorbehalten. Solche Studien würden den gesetzten Rahmen sprengen. Dies soll eine Untersuchung sein, die eine *möglichst* vollständige Übersicht über Burgen, Schlösser und burgenähnliche Anwesen in der Eifel gibt.

Der Begriff „Eifel" ist dabei auf einen Raum bezogen, der über die engere Landschaft Eifel weit hinausgeht. Bei einer konsequenten Beschränkung auf die geographische Region hätten das Maifeld, die Pellenz, die Ville, das Hohe Venn usw. ausgespart werden müssen. Weil es sich aber um eine historisch gewachsene Einheit handelt, weil der Übergang von einer Eifelregion in die andere fließend ist, wurde ein Rahmen gewählt, der von der Natur und von der Verwaltung vorgezeichnet ist. Im Westen sind es die Grenzen der Bundesrepublik Deutschland, im Süden und Südosten die Mosel, im Osten der Rhein und im Norden Verwaltungsgrenzen, die die Region umfassen, mit der sich hier beschäftigt wird. Als Eckpfosten wurden die Städte Trier, Koblenz, Köln und Aachen gewählt, von jeher bedeutende Städte. Dabei ist klar, daß im Norden weit über die Eifel hinausgegangen wird.

Walter Bermich[2] hat für seine Wanderungen durch die Eifel die Linie Aachen – Bonn ausgewählt, wodurch er einen großen Teil des Eifelvorlandes ausklammert. Diesem Beispiel sind andere Autoren gefolgt. Doch ist die Voreifel ein zu wichtiger Teil der Gesamtlandschaft, als daß sie ausgespart werden dürfte.

Das Arbeitsgebiet umfaßt vom Land Nordrhein-Westfalen die kreisfreie Stadt und den Landkreis Aachen, die Kreise Düren und Euskirchen, den Erftkreis, die linksrheinischen Gebiete des Rhein-Sieg-Kreises und der kreisfreien Stadt Bonn, von Rheinland-Pfalz die Landkreise Ahrweiler, Bitburg-Prüm und Daun, die eifelseitigen Gebiete der Landkreise Trier-Saarburg, Bernkastel-Wittlich, Cochem-Zell und Mayen-Koblenz sowie der kreisfreien Städte Trier und Koblenz. Im Norden wurde nicht an der naturräumlichen Grenze der Eifel und des Vorgebirges festgehalten, sondern es wurden alle die Kreise in ihrer Gesamtheit erfaßt, die sowohl an der Eifel als auch an den Tiefengebieten der Niederrheinischen Bucht Anteil haben, die gemeinsam die Linie Aachen – Köln bilden, etwa der Kreis Düren, dem bei der Kommunalneugliederung der ehemalige Kreis Jülich zugeschlagen worden ist. Die vorliegende Arbeit basiert auf den amtlichen Gemeindeverzeichnissen von Rheinland-Pfalz und Nordrhein-Westfalen.

Auf eine Einbeziehung des linksrheinischen Teils der Stadt Köln wurde bewußt verzichtet, weil zum einen Köln als ehemalige Reichsstadt eine eigene Burgenlandschaft zwischen den Burgenlandschaften des Niederrheins, des Erftgebiets und rechtsseitig des Bergischen Landes darstellt, aber auch, weil die Erforschung der kölnischen Adelssitze noch nicht abgeschlossen ist. Die Nennung der Kölner Burgen wäre fragmentarisch.

Ein Problem für die vorliegende Arbeit stellt auch die Literatur dar. Was muß man nennen, was soll aufgeführt werden, was darf unerwähnt bleiben? All das war zu bedenken. Unverzichtbar sind auf jeden Fall die Bände der Reihe „Kunstdenkmäler der Rheinprovinz" bzw. die neuen Kunstdenkmäler-Inventare. Auch Werner Bornheim gen. Schillings „Rheinische Höhenburgen" und Theodor Wildemans „Rheinische Wasserburgen", exemplarische Arbeiten, und auch das schon erwähnte Lexikon von Tillmann, wurden die wichtigsten Werke für diese Arbeit. Die einschlägigen Handbücher der deutschen Kunstdenkmäler (Dehio) wurden selbstverständlich herangezogen, doch zeigt sich hier deutlich die unterschiedliche Qualität der beiden in Frage kommenden Bände. Während für Rheinland-Pfalz das Handbuch erfreulich zahlreiche Auskünfte gibt und nicht nur die berühmten Kunstwerke nennt, ist für das Rheinland geradezu elitär-selektiv vorgegangen worden; die Bearbeiterin nennt nur die Paradebeispiele, die „Kunst am Wege" nimmt sie nicht wahr. Die für ihr Spezialgebiet großartigen Werke von Walter Janssen und von Michael Müller-Wille sind bei der Erstellung dieses kleinen Lexikons ebenfalls durchgearbeitet worden, weil sie eine gute Übersicht über Turmhügelanlagen, sog. Motten, vermitteln. Leider hat Janssen in seinen zweibändigen „Studien zur Wüstungsforschung" den Kreis Mayen-Koblenz unberücksichtigt gelassen. Er begründet dies damit, daß für den alten Kreis Mayen eine diesbezügliche Dissertation von Heinz Müller vorliege, vergißt aber, daß Müller 1952 mit ganz anderen Voraussetzungen an die Wüstungsforschung heranging[3], daß er etliche, z.T. schon damals bekannte Wüstungen nicht erwähnt, daß in der Zwischenzeit weitere entdeckt wurden, so daß die Aufarbeitung des Materials wünschenswert erscheint. Was sonst an Veröffentlichungen über Burgengruppen oder einzelne Burgen erschienen ist, wurde weitgehend berücksichtigt, hauptsächlich die leicht zugänglichen jüngeren Arbeiten. Ein großer Teil der Literatur konnte nicht aufgenommen werden; so würde die umfangreiche Titelaufnahme für Schloß Bürresheim rund 500, für Burg Pyrmont bereits 300 Nummern enthalten, ohne Anspruch auf Vollständigkeit zu erheben. Wie es für Eltz, „die Burg schlechthin", oder für das Schloß Augustusburg aussehen mag, kann man nur ahnen. Zeitungsartikel wurden nur in Ausnahmefällen einbezogen. Hingegen wollte und konnte nicht auf die entsprechenden Hefte der vom RVDL herausgegebenen Reihe „Rheinische Kunststätten" verzichtet werden, weil sie die neuesten Kenntnisse in allgemeinverständlicher Form darbieten und weitere Literatur nennen.

Die lexikalische Erfassung der Eifelburgen beinhaltet neben den noch bestehenden Burgen und Schlössern auch die zerstörten und die im Laufe der Jahrhunderte verschwundenen, soweit man von ihnen noch etwas weiß. Man wird leicht feststellen, daß die Arbeit ihren Schwerpunkt auf die kunsthistorische Erfassung gelegt hat, daß eine historische Würdigung fast ganz fehlt. Dies hat seinen Grund darin, daß eine, wenn auch nur knappe Darstellung der Geschichte einer Burg bei den zahlreichen registrierten Objekten wahrscheinlich die Lebensarbeit mindestens eines Forschers darstellen würde. Vielleicht werden Landeskundler und Heimatfreunde angeregt, sich einmal um die Geschichte und die ausführliche Würdigung „ihrer" Burg zu bemühen. Die zu jedem Objekt angegebene Literatur könnte eine erste Hilfe auf diesem Weg sein.

Peter Kremer schreibt in seinem Essay „Die Eifel. Portrait einer Landschaft"[4], es lägen 140 Burgen in Ruinen. Bruno Hirschfeld äußerte 1913[5]: „Welch eine Fülle befestigter Bauten hier gestanden hat wird uns klar, wenn wir erfahren, daß es allein in der Eifel 200 Burgen gegeben hat." Werner Bornheim gen. Schilling, der erste Landeskonservator von Rheinland-Pfalz, sagte einmal: „Die Eifel und ihr Randgebiet zählen an Burgen und Burgstellen wohl an die Vierhundert."[6]

Wenn in der vorliegenden Arbeit über tausend Objekte genannt werden, ohne Anspruch auf Vollständigkeit erheben zu können, so zeigt dies, daß auf dem Gebiet der geschichtlichen Landeskunde noch vieles unbearbeitet ist.

Eine wichtige Frage wirft die Auswahl der Objekte auf. Was wird als Burg angesehen? Bei Schlössern und Burgen ist das kein Problem. Bei den festen Häusern wurde es schwieriger. Kirchenbesitz, z. B. Hofesfesten, der nicht adlig verlehnt war, also ständig der Aufsicht der Klöster oder Stifte unterstand, in Eigenbewirtschaftung oder in Pacht, blieb unberücksichtigt, weil er der Rechtsqualität eines festen Hauses nicht oder nur unbefriedigend entsprach. Die Stadthäuser des Adels wurden nur aufgenommen, wenn sie tatsächlich eine privilegierte Rechtsstellung hatten, also freiadelig waren.

Weil die geschichtliche Bedeutung der Burgen so gut wie nicht zur Sprache kommt, soll hier kurz die komplexe Fragestellung angerissen werden, ohne sie auch nur annähernd erfassen zu können. Selbst die beiden Bände über „Burgen im deutschen Sprachraum" des Konstanzer Arbeitskreises[7] sind, obwohl die derzeit besten Darstellungen der Problematik, noch lange nicht erschöpfend.

„Den Begriff ‚Burg' in einer kurzen Definition verständlich zu machen, ist nahezu unmöglich, da er sehr komplex ist, und auch Eindeutigkeit durch fließende Grenzen zu verwandten Begriffen wie Festung, Schloß, Haus etc. kaum erreicht werden kann", betont Udo Liessem[8]. Er fährt fort: „Nach allgemeinem Verständigungsbegriff werden solche (mittelalterlichen) Anlagen Burgen genannt, die verteidigungsfähig sind, bewohnt werden oder bewohnt werden können, da in ihnen Bauten zu Wohnzwecken errichtet worden sind. Burgen sind multifunktional. Sie können neben der Wohn- und Residenzfunktion zahlreiche weitere haben; so beispielsweise Verwaltungs- und Gerichtsort sein. Sie sind zum Schutz von Siedlungen, Straßen, Wäldern, Bergwerks- und Wirtschaftsanlagen errichtet worden. Sie kontrollierten Flußübergänge und Pässe (auch im

9

Mittelgebirge). Zollstätte oder Grenzwarte zu sein, gehört ebenfalls zu ihren Aufgaben. Bisweilen wurden Burgen als Gegenanlagen gebaut, etwa bei langandauernden Fehden: Kurfürst Balduin nutzte dieses Mittel. So wurde gegen Eltz die Burg Balden- oder Trutzeltz aufgeschlagen."

Neben dem Heerbann, dem Aufgebot zum Kriegsdienst, war der Burgbann, das Recht eine Burg zu erbauen und die Umwohnenden zum Burgbau aufzubieten, ursprünglich alleiniges Privileg des Königs. Er konnte dieses Recht an die Vasallen übertragen. Später leiteten es die Landesherren, Herzöge, Grafen, Bischöfe usw. aus ihrem Amt her. Eine Burg ist also der befestigte Einzelwohnsitz einer Familie oder Sippe. Unter das Befestigungsrecht fallen Gräben, die so tief sind, daß man die Erde nicht mehr frei herausschaufeln kann, Mauern und Palisaden, die so hoch sind, daß ein Reiter nicht mehr auf die Oberkante greifen kann, Gebäude mit Eingängen, die mehr als kniehoch über der Erde liegen, Bauten mit mehr als drei Geschossen übereinander, Zinnen, Wehrgänge und Schießscharten. Diese Aufzählung gilt für jedes befestigte Haus, gleichviel, ob es sich um ein Stadthaus oder um eine Burg im eigentlichen Sinn handelt[9].

Eine Burg hebt sich immer architektonisch aus der bebauten Umgebung heraus, weshalb man sie auch als Repräsentationsarchitektur auffassen muß. Kleinere Burgen sind bisweilen nur graduell von Bauernhöfen zu unterscheiden. Hierin liegt ein Grund, daß in vielen Orten die Häuser des Ortsadels unbekannt sind.

Innerhalb der Befestigungen nehmen die „festen Häuser" einen unterbewerteten Platz ein. Dabei sind es gerade diese kleineren Bauwerke, die neben Kirchen für die Siedlungsentwicklung von entscheidender Bedeutung gewesen sind und das Bild der historischen Topographie prägen. Leider wurden zahlreiche feste Häuser abgerissen, da sie auf den ersten Blick unbedeutend erschienen.
Befestigte Mühlen, Kirchen oder Kirchhöfe, in unserem Raum kaum anzutreffen, wurden nicht berücksichtigt, weil es nicht um Befestigungsbauten schlechthin geht, sondern um Adelssitze. Vereinzelt tauchen in der Aufstellung Herrenhäuser auf, die erst in der postfeudalen Zeit, z.T. gegen Ende des 19. Jh. oder im 20. Jh. sogar erbaut wurden. Sind es auch keine Schlösser im eigentlichen Sinn, so besitzen sie kunstgeschichtlich wegen ihrer Gestaltung und Einrichtung doch deren Rang.
Es wäre eine sehr große Befriedigung, wenn durch die vorliegende Arbeit weitere fundierte Forschungen auf dem Gebiet der Burgenkunde und der historischen Landeskunde angeregt würden, so daß die „weißen Flächen" auf der wissenschaftlichen Landkarte mit der Zeit verschwinden.

Zum Schluß möchte ich meinen Dank abstatten. Frau Dr. Henriette Meynen hat mir bei den Burgen des Erftgebietes wertvolle Hinweise und Hilfen gegeben, ohne die der Teil meiner Arbeit unvollständig und teilweise unkorrekt wäre; dafür möchte ich ihr herzlich danken. Besonderer Dank gebührt meiner Mutter und meinen Freunden für ihre Geduld, die sie während der Entstehung der vorliegenden Arbeit aufbrachten.

Anmerkungen

[1] R. Schieffer: Burgen als Problem vergleichender Landesgeschichte. Bericht über eine neue Publikation (: RhVjBll. 42, 1978, S. 489–503), S. 489.

[2] W. Bermich: Die Eifel damals und heute. Wanderungen zwischen Bonn, Koblenz, Trier und Aachen. Köln 1972.

[3] H. Müller: Die Wüstungen des Kreises Mayen. Volkskundliche Beiträge zur Wüstungsforschung. Diss. Bonn 1952.

[4] P. Kremer: Die Eifel. Portrait einer Landschaft (: E. Justra, Die Eifel im Farbbild. Frechen-Königsdorf, 9. Aufl., 1978).

[5] B. Hirschfeld: Burgen der Eifel (: Eifelfestschrift 1913, S. 247–268), S. 247.

[6] W. Bornheim gen. Schilling u. a., in: Die Eifel, 1956, S. 247.

[7] H. Patze, Hrsg.: Die Burgen im deutschen Sprachraum. Ihre rechts- und verfassungsgeschichtliche Bedeutung. 2. Bände (Vorträge und Forschungen XIX), Sigmaringen 1976.

[8] U. Liessem: Burgen im Landkreis Mayen-Koblenz. Eine Übersicht (: Heimat-Jahrbuch 1982 Kreis Mayen-Koblenz, S. 149–164), S. 149.

[9] Vgl. neben Anm. 7 H. M. Maurer: Burgen (: Ausstellungskatalog Die Zeit der Staufer, Band 3, Stuttgart 1977, S. 119–128).

Abkürzungen bei den Literaturhinweisen im Lexikonteil

Bis auf wenige Ausnahmen wurde bei den
einzelnen Objekten die Literatur verkürzt
wiedergegeben. Wurden mehrere Veröffentlichungen eines Autors berücksichtigt, steht
hinter dem Namen ein markantes Stichwort
aus dem betreffenden Titel. Häufig verwen-
dete Werke sind abgekürzt genannt:

B   Bornheim, Rheinische Höhenburgen

KD   Kunstdenkmäler der Rheinprovinz (dahinter ist der Kreis angegeben)

L   Lehfeldt, Bau- und Kunstdenkmäler des Regierungsbezirks Koblenz

T   Tillmann, Lexikon der deutschen
Burgen und Schlösser

W   Wildeman, Rheinische Wasserburgen

Dehio Dehio, Rheinland-Pfalz und Saarland

Dehio N Dehio, Rheinland (Nordrhein-
Westfalen)

Führer Führer zu den vor- und frühgeschichtlichen Denkmälern (dahinter ist der Band angegeben)

Hist. St. Historische Stätten

Welters Die Wasserburg im Spiegelbild der
oberen Erftlandschaft

Die Burgen der Eifel

Aachen

Ehemalige Pfalz

Von dem aus einem fränkischen Königshof hervorgegangenen Palast sind Reste im Fundament und teilweise im Unterbau des Rathauses enthalten. Die oktogonale Pfalzkapelle ist im Dom aufgegangen.
- Dehio N 24, KD Aachen-Stadt 126, Kubach-Verbeek 11, Rh. Städtebuch 29

Alt-Süstern

Der ehemalige Adelssitz gelangte im 18. Jh. in bürgerliche Hände. 1770 wurden der Turmbau entfernt und das Herrenhaus erneuert. Alt-Süstern war 1819 noch durch Wassergräben gesichert. Von dem Ackergut bestehen noch zwei schlichte Gebäude.
- KD Aachen-Stadt 224

Lehngut Bodenhof

Die frühe Baugeschichte des Lehngutes des Münsters ist unbekannt. 1438 wird Laurenz v. Cronenburg damit belehnt; möglicherweise ist er der erste Empfänger des Neulehens. Die ehemals wasserumwehrte Anlage wurde 1655–1657 neugebaut. Bodenhof wurde 1694 von „Volontairs" besetzt und teilweise zerstört. Nach 1696 erfolgte der Wiederaufbau. Nach 1860 wurden Veränderungen vorgenommen, so z.B. die Wassergräben ausgetrocknet. Von dem auf einem Quadersockel errichteten zweigeschossigen Herrenhaus mit Mittelrisalit und runden, mit schmalen Schießscharten versehenen Ecktürmen, sind erhalten: die Sockelmauern der Fassade, der Torbogen aus Blaustein mit dem Anschlag für die Zugbrücke, die 1860 erneuerte Brücke und der vorgelagerte Park mit dem Einfahrtsportal. Hinter dem Herrenhaus befand sich ein dreiflügeliger Wirtschaftshof.
- KD Aachen-Stadt 201, Denkmälerverzeichnis 1,1 S. 10

Lehngut Colynshof

Ursprünglich war er ein Lehen des Ursula-Klosters und ist spätestens im 16. Jh. entstanden. Der Colynshof wurde 1690–1695 teilweise zerstört. Die Anlage war ehemals durch Gräben gesichert. Auf ältere Bauteile gehen die Außenmauern mit den Ecktürmen zurück. Im 19. Jh. wurde der Nordwestturm abgebrochen und das Herrenhaus teilweise erneuert. Es ist aus Backstein mit 2–3 Geschossen zu 4 Achsen. Die Flügelanbauten sind niedriger. Der runde Eckturm und das Blausteinportal stammen aus dem 17. Jh. Das Herrenhaus ist weiß geschlämmt und hat ein Walmdach.
- KD Aachen-Stadt 205, Denkmälerverzeichnis 1,2 S. 12

Deutschordenskommende

Von der ersten Anlage der Kommende aus der ersten Hälfte des 14. Jh. blieb nur die Kapelle erhalten. Der Neubau des Herrenhauses ist eine Vierflügelanlage aus dem 17. Jh.
- T., KD Aachen-Stadt 205

Burg Frankenberg

Die Burg wurde vermutlich in der zweiten Hälfte des 13. Jh. als wehrhafter Wohnsitz eines vornehmen Adelsgeschlechtes weit außerhalb der ersten Stadtbefestigung auf Burtscheider Boden errichtet. Gegen Ende des 14. Jh. kam sie als Jülicher Lehen an die v. Merode. Nach fortschreitendem Verfall begann 1637 die Wiederherstellung Frankenbergs. Die damals gegebene äußere Gestalt blieb im wesentlichen erhalten. Im 18. Jh. begann der erneute Verfall. Die Grafen v. Merode verkauften die Burg 1827. Der neue Besitzer ließ sie von 1834 bis 1838 wiederherstellen. Nach 1872 wurden die Vorburg mit den Wirtschaftsgebäuden abgetragen und der Burgweiher trockengelegt. 1961 konnte in der Burg Frankenberg das Museum der Stadt Aachen eingerichtet werden.
Die Burg bestand aus einer breit gelagerten Vorburg, dem Wirtschaftshof und dem völlig von Wasser umgebenen Hauptgebäude. Das Herrenhaus bildet ein unregelmäßiges Viereck mit zwei Türmen. Im Keller des dreigeschossigen Hauses ist noch der gewachsene Felsen zu sehen. Die Ecken des Gebäudes waren gequadert, die Fensteröffnungen haben Hausteinrahmungen. Das vorkragende

Walmdach ruht auf zierlichen Konsolsteinen. Reizvoll ist der Wechsel zwischen Bruch-, Back- und Haustein. In der Eingangshalle und im Erdgeschoß des Turmes sind Schmuckelemente der gotisierenden Romantik erhalten. Die Eingangshalle überspannt ein Kreuzgratgewölbe auf schlanken Bündelpfeilern mit kelchförmigen Blattkapitellen. Das Turmzimmer hat ein Sterngewölbe, das auf Kelchkonsolen ruht. Der nach außen runde, nach innen aber gerade Bergfried wurde von den unproportionierten Zinnen befreit. Als man den Burghof auf sein altes Niveau senkte, entdeckte man den Brunnen.
- Dehio N 33, KD Aachen-Stadt 208, T., Grimme, Feldbusch, Duncker 77, Denkmälerverzeichnis 1,2 S. 13., Herzog

Großer Hanbuch

1409 kaufte Gerhard van Haren das Gut „Hambroich". Nach 1474 befand es sich im Besitz des Makkabäerklosters in Köln, 1524 der Benediktinerinnen in Aachen. Die vierflügelige Wasseranlage aus Backstein ist auf einem vorgeböschten Sockel errichtet. Die heutigen Bauten stammen von 1814, wobei der Unterbau des Torturmes älter ist. Das Frontgebäude hat 7 Achsen links und 6 Achsen rechts des dreigeschossigen Torbaues. Der nahezu rechteckige Wirtschaftshof ist ringsum geschlossen.
- KD Aachen-Stadt 213, Denkmälerverzeichnis 1,2 S. 15

Großer Welscher Bau im Süsterfeld

Das Anwesen ist seit dem 16. Jh. bekannt. Im 18. Jh. wurde der Wirtschaftshof umgestaltet. Das Herrenhaus von 1773 stellte sich als kunstloses Gebäude einer Ackerburg mit vier Backsteinflügeln dar. Das Hauptgebäude war ein einfacher gekälkter Backsteinbau mit gequaderten Ecken und graublauen Fenstereinfassungen sowie einem verzierten Giebelfeld. Das frühere befestigte Ackergut ist im Zweiten Weltkrieg untergegangen.
- KD Aachen-Stadt 224, Dehio N 32

Hebscheider Hof

Das Gut wird 1423 und 1431 erwähnt. Zu der ursprünglichen, ehemals wasserumwehrten Hofanlage des 16. Jh. gehören ein zweigeschossiges Wohnhaus mit dreigeschossigem Wohnturm in Bruchstein sowie Teile der Zinnenmauer. Die Gestaltung des Wohnturmes ist neuzeitlich. Die dreiflügeligen Wirtschaftsgebäude wurden nach dem Brand 1882 errichtet und rahmen den oblongen Hof ein. Die Gräben wurden im 19. Jh. zugeschüttet. Die Toreinfahrt mit Blausteinportal weist im Keilstein die Jahreszahl 1544 auf, im darüber angebrachten Wappenstein 1736.
- KD Aachen-Stadt 216, Denkmälerverzeichnis 1,2 S. 15

Gut Kalkofen

Im Kern stammte die Anlage wohl aus dem 15. Jh. Die alte Burg wurde 1582 zerstört. An ihrem Platz errichtete J. J. Couven 1750–1753 ein dreiflügeliges Schloß mit Torturm, wobei die Reste der alten Anlage teilweise einbezogen wurden. Den Zweiten Weltkrieg überstanden lediglich der Torbau und ein kleiner Seitentrakt. Seit 1947 erfolgte der Wiederaufbau in Teilabschnitten. Gut Kalkofen ist eine z. T. wasserumwehrte Vierflügelanlage mit runden Eck-Wehrtürmen und zweigeschossigem Herrenhaus mit Mansarddach und Giebel. Das Haus ist aus Grauwacke und Kohlensandstein errichtet und hat Blausteingewände. Im vorderen Flügel tritt der dreigeschossige Backsteinturm aus der Front heraus. Gut Kalkofen ist von einer Parkanlage umgeben.
- KD Aachen-Stadt 217, Dehio N 32, T., Denkmälerverzeichnis 1,2 S. 17

Schellartshof

1391 wird das Gut als Besitz des Augustinerklosters in Aachen genannt. Die ehemals wasserumwehrte Vierflügelanlage bestand aus schlichten, einstöckigen Gebäuden aus Kohlesandstein, die in der ersten Hälfte des 18. Jh. errichtet wurden. Beim Wiederaufbau nach dem Zweiten Weltkrieg wurden Veränderungen notwendig. Erhalten sind das z. T.

erneuerte Wohnhaus und ein Wirtschaftsflügel; der Rest ist neu.
– KD Aachen-Stadt 220, Denkmälerverzeichnis 1,2 S. 23

Schönrath

Das Gut wurde spätestens 1442 angelegt. 1637 kaufte der Kupfermeister Marcell Tiens das adelige Haus, der dort später eine Messingfabrik einrichtete. Nur ein kleiner Teil der Ökonomiegebäude geht auf den spätmittelalterlichen Kern zurück. Wirtschaftshof und Herrenhaus sind durch eine Brücke verbunden. Das wasserumwehrte Herrenhaus ist im Erdgeschoß aus Ziegel errichtet, im Obergeschoß aus Kohlesandstein. Unter dem Dach sind Luken und Schießscharten vorhanden. Am viergeschossigen rechteckigen Turm mit Walmdach ist über der Zugbrückenblende eine sog. Pechnase erhalten.
– KD Aachen-Stadt 222

Tönnesrath

Das adelige Landgut wurde im 18. Jh. in Lehmfachwerk errichtet. 1817/18 erfolgte der Neubau aus verputztem Ziegel. Die Anlage gruppiert sich um einen quadratischen Binnenhof und hat ein sehr kunstvolles Blendportal aus Kalkstein. Das Herrenhaus ist ein nüchterner, neunachsiger Bau, der durch den breiten Mittelrisalit (3 Fensterachsen) mit hölzernem Flachgiebel betont wird.
– KD Aachen-Stadt 224

Aachen-Brand

Haus Neuenhof

Der Neuenhof bildete einen Teil der Villa Hama und war Lehen der Abtei Kornelimünster. Der zweiflügelige Wirtschaftshof geht teilweise auf das 15./16. Jh. zurück. Das wasserumwehrte Herrenhaus wurde 1712 durch die Familie v. Olmüssen erbaut. Es ist ein zweigeschossiger Ziegelbau mit 9 : 2 Achsen und Mansarddach. An der Gartenseite ist der Graben noch erhalten. Der linke Ökonomieflügel ist erneuert. Über dem Tor ist ein Wappenstein mit der Jahreszahl 1712 angebracht. Haus Neuenhof fällt durch den häufigen Besitzerwechsel besonders auf. Im 19. Jh. wechselten die Eigentümer etwa zwanzigmal.
– KD Kreis Aachen 35, Denkmälerverzeichnis 1,2 S. 20, T.

Aachen-Euchen

Haus Kellersberg

Das 1603 genannte Gut wurde in der zweiten Hälfte des 17. Jh. erneuert. Das langgestreckte zweigeschossige Herrenhaus hatte zwölf Achsen. Der Torbau war innen und außen mit Staffelgiebeln überhöht. 1895 brannte Haus Kellersberg ab und wurde nicht wiederaufgebaut.
– KD Kreis Aachen 106

Aachen-Horbach

Broicher Hof

Das Rittergut war schon vor 1518 im Besitz der Familie v. Zweibrüggen. Von der ursprünglichen Anlage ist fast nichts mehr vorhanden, da der Bau mehrfach verändert wurde. Im Südflügel der dreiflügeligen Ziegelsteinanlage sind noch Reste alter, in Haustein gefaßter Kreuzsprossenfenster erhalten. Am Frontflügel des zweigeschossigen Wohnhauses springen die Außenachsen, die mit Pyramidendächern gedeckt sind, turmartig vor. Über der Blaustein-Toreinfahrt ist ein Wappenstein von 1654 eingelassen. Das dazugehörige zweigeschossige Wohnhaus aus Backstein ist im Obergeschoß in Mergelbändern gebaut. Das Außenportal trägt die Jahreszahl 1888, ist aber im Kern älter.
– KD Kreis Aachen 39, Denkmälerverzeichnis 2, S. 11

Haus Heyden

1303 wird Haus Heyden als Offenhaus der Grafen von Jülich erwähnt. Die im 14. und 15. Jh. errichtete Hauptburg der stattlichen Wasseranlage wurde im 17. Jh. zerstört und ist seither Ruine. Der starke quadratische Bergfried und die vier halbrunden Ecktürme sind noch zu erkennen. Haus Heyden hat eine doppelte dreiflügelige Vorburg. In der

ersten, die wie die zweite aus dem 17./18. Jh. stammt, im Gegensatz zu dieser größtenteils aus Backstein gebaut wurde, sind die Reste einer Halle von 1624 erhalten und geringere ältere Reste einbezogen worden. Die zweite Vorburg ist außen aus Bruch- und innen aus Backsteinen errichtet und durch Eisenanker auf 1691 datiert.
– KD Kreis Aachen 127, Denkmälerverzeichnis 1,2 S. 16, T., Grimme

Haus Mühlenbach
Das Anwesen wird schon im 13. Jh. genannt. Die heutige Hofanlage stammt aus dem 18. Jh. Das zweigeschossige, siebenachsige Herrenhaus mit Mittelrisalit und Flachgiebel fällt besonders durch das niedrige Obergeschoß auf.
– KD Kreis Aachen 134

Haus Mittelfronrath
1382 kam Mittelfronrath als Mitgift der Metza v. Gronsfeld an die v. Merode-Rimburg. Die schlichten Gebäude stammen aus dem 18. und 19. Jh., sind aber im Kern älter.
– KD Kreis Aachen 133

Haus Oberfronrath
Die ehemalige Wasserburg befand sich seit 1260 in kurkölnischem Besitz und war ab dem 15. Jh. freies Rittergut. Hierbei handelt es sich um eine große regelmäßige Vierflügelanlage aus dem 16. und 17. Jh. mit vier Ecktürmen. Der Eingangsflügel ist eingeschossig; der Nordflügel trägt die Jahreszahl 1646. Im 20. Jh. wurden Erneuerungen vorgenommen.
– T., KD Kreis Aachen 132, Denkmälerverzeichnis 1,2 S. 21

Haus Unterfronrath
1397 kaufte Heinrich v. Gronsfeld das Gut. Die sehr einfache Anlage aus dem 18./19. Jh. besteht aus einem vierflügeligen Backsteinhof. Das zweigeschossige Wohnhaus mit Walmdach hat unregelmäßige Achsen.
– KD Kreis Aachen 133, Denkmälerverzeichnis 1,2 S. 26

Aachen-Laurensberg

Haus Alt-Schurzelt
Die mittelalterliche Wasserburg wurde im 15./16. Jh. umgestaltet. Dieser Neubau brannte 1738 ab. Um 1800 wurde die Burg unter Benutzung des in den Außenmauern erhaltenen Turmes mit Mansarddach der älteren Anlage wieder aufgebaut. Die Gräben sind zugeschüttet. Haus Alt-Schurzelt ist eine vierflügelige Anlage. Das Wohnhaus ist zweigeschossig und hat ein Mansarddach. Es ist sechsachsig; die 7. Achse war ursprünglich ein Turm, der eineinhalb Geschosse höher war. Durch den späteren Einbau einer Fabrik wurde das Aussehen erheblich verändert. Der linke Hofflügel ist weitgehend erneuert.
– T., KD Kreis Aachen 150, Denkmälerverzeichnis 1,2 S. 24, Herzog

Haus Beulartstein
Von der ehemaligen Wasserburg ist das Herrenhaus, ein schlichter Bau aus dem 18. Jh. erhalten, in den Reste der Vorgängeranlage des 15./16. Jh. einbezogen sind.
– T., KD Kreis Aachen 145, Denkmälerverzeichnis 1,2 S. 10.

Haus Bütershöfchen
Bütershöfchen wird 1461 erstmalig genannt. Die vierflügelige Anlage (ein Flügel ist neu) der ehemaligen Wasserburg stammt aus dem 18. und 19. Jh. Das fünfachsige Wohnhaus ist zweigeschossig und wie alle anderen Bauten aus Backstein errichtet. An der Toreinfahrt ist die Jahreszahl 1782 in Eisenankern angegeben.
– T., KD Kreis Aachen 146, Denkmälerverzeichnis 1,2 S. 11

Hof Hausen
Von 1263 bis um 1800 war Hausen Eigentum des Aachener Münsterstifts. Die wasserumwehrte vierflügelige Anlage aus dem 16. bis 18. Jh. ist in Back- und Bruchstein erbaut. Der dreigeschossige Westflügel stammt z. T. noch aus dem 16. Jh. Der nördliche Teil mit dem zweigeschossigen, vierachsigen Wohntrakt mit der Tordurchfahrt und Gewänden aus Blaustein wurde im 18. Jh. errichtet. Ein

Wirtschaftsgebäude stammt aus dem 17., das andere aus dem 18. Jh.
- KD Kreis Aachen 146, Denkmälerverzeichnis 1,2 S. 15

Haus Hirsch, sog. Türmchen

Im Kern der Anlage steht einer der acht Wachtürme des Landgrabens, der das „Aachener Reich" umzog. Der spätmittelalterliche Bruchsteinbau aus dem 15. Jh. wurde im 19. Jh. um ein Geschoß erhöht und mit großen Fenstern versehen. Die beiden um 1684 angefügten niedrigen Wohnflügel wurden wohl aus älterem Steinmaterial errichtet. Über dem Eingangsportal ist ein Stein mit dem Stadtadler und der Jahreszahl 1684 eingelassen.
- KD Kreis Aachen 148, Dehio N 440, T., Herzog, Denkmälerverzeichnis 1,2 S. 20

Haus Hochkirchen

Ein Geschlecht v. Hochkirchen wird im 13. Jh. genannt. Die heutige ehemalige Wasserburg bildet eine vierflügelige regelmäßige Hofanlage. Der Ostflügel stammt z. T. aus dem 16. Jh., das Wohnhaus aus dem 17./18. Jh., die Wirtschaftsgebäude aus dem 18./19. Jh. Die Bauten sind aus Bruch- und Backstein aufgeführt und haben Blausteingewände. Das zweigeschossige Haupthaus hat 6 : 2 Achsen und ein hohes Walmdach. Im Winkel schließt sich ein weiteres zweigeschossiges Gebäude mit einem Treppenturm an. Das etwas niedrigere Wirtschaftsgebäude wird von einer Blaustein-Toreinfahrt mit Flachgiebel betont. An der Nordseite der Anlage sind Reste des Grabens erhalten.
- KD Kreis Aachen 147, T., Denkmälerverzeichnis Aachen 1,2 S. 9

Haus Linde

Trotz seiner vierflügeligen Anlage um das turmähnliche Wohnhaus ist der Adelssitz erst im späten 18. Jh. errichtet worden. Das zweigeschossige Herrenhaus mit turmartig überhöhtem Mittelbau erhielt im 19. Jh. anstelle des Mansarddaches ein Pyramidendach mit Gauben und Rundbogenfenstern.
- KD Kreis Aachen, 149, Dehio N 440, Denkmälerverzeichnis 1,2 S. 19, Herzog

Schloß Rahe

1274 wird der Hof des Ludwig de Roede im Soers-Tal genannt. Im Laufe der Zeit wurde er befestigt und zur Wasserburg ausgebaut. Im 16. Jh. trug der Hof für kurze Zeit den Namen Mevenraede. 1787 ließ der Aachener Kaufmann Gerhard Reusch an der Stelle des mittelalterlichen Burghauses ein weiträumiges Schloß errichten, eine vierflügelige Wasseranlage, die zu Beginn des 19. Jh. erweitert wurde. Das zweigeschossige Wohnhaus mit turmartig überhöhtem Mittelbau und Mansardwalmdach wurde 1967 in ein Restaurant umgewandelt.
- KD Kreis Aachen 149, Dehio N 440, T., Denkmälerverzeichnis 1,2 S. 22, Herzog

Haus Reinartzkehl

Die vierflügelige Ziegelanlage stammt aus dem 16. bis 18. Jh. Das kleine fünfachsige Wohnhaus aus dem 18. Jh. ist zweigeschossig. Es wurde um die Mitte des 19. Jh. um ein Geschoß erniedrigt.
- KD Kreis Aachen 149, Denkmälerverzeichnis 1,2 S. 22

Seffenterhof

Die Vierflügelanlage der ehemaligen Wasserburg gruppiert sich um einen rechteckigen Hof. Die Wirtschaftsgebäude stammen teilweise noch aus dem 17. Jh. An der Nordwestecke steht ein geschlossener niedriger Rundturm, an der Südostecke ein Halbturm mit Kegeldach. Nach Osten schließt sich das alte Palasgebäude an, fünfachsig, zweigeschossig mit Walmdach. 1950 und 1962 erfolgte ein Umbau des Seffenterhofs: Das Haupthaus ist auf zweieinhalb Geschosse erhöht worden. Die Tordurchfahrt wurde vermauert und der Westflügel als völlig selbständiger Bau neu errichtet.
- KD Kreis Aachen 151, T., Denkmälerverzeichnis 1,2 S. 24

Wasserburg Soerserhaus

Hierbei handelt es sich um den Stammsitz der Familie v. Sursen. Der dreigeschossige quadratische Turm der relativ kleinen Wasseranlage stammt aus dem 15. Jh., die beiden

Flügel aus dem 16./17. Jh, wurden aber später mehrfach verändert. Östlich des Turmes ist ein niedriger Treppenbau angefügt worden. Soerserhaus hat neben der dreiflügeligen Wohnanlage eine zweiflügelige Vorburg.
– KD Kreis Aachen 153, T., Denkmälerverzeichnis 1,2 S. 24

Burg Vetschau

Vetschau war ein Nebenhof der Aachener Pfalz. 1357 kam der Hof erstmalig in Urkunden vor. Die Burg wurde 1388 eingeäschert. Möglicherweise sind Baureste in dem aus dem 16. Jh. stammenden südlichen Niersteiner Hof aufgegangen.
– KD Kreis Aachen 154, T.

Aachen-Orsbach

Burg Orsbach

Von der kleinen mittelalterlichen Burg ist ein Bau aus dem 15. Jh. erhalten, in dem heute ein Gasthof untergebracht ist.
– KD Kreis Aachen 159, T., Denkmälerverzeichnis 1,1 S. 20

Aachen-Richterich

Schloß Berensberg

Zu Beginn des 16. Jh. wurde das etwa 300 Jahre alte Wehrhaus der Ritter v. Berensberg durch eine neue Burg ersetzt. Nach 1714 wurde die Burg zu einem vierflügeligen Schloß mit quadratischem Treppenturm repräsentativ umgebaut. Durch Veränderungen im 19. und 20. Jh. verlor Berensberg den feudalen Charakter. Seit 1912 ist hier ein Damenheim der Stadt Aachen untergebracht.
– KD Kreis Aachen 162, T.

Küppershof

1366 kaufte das Aachener Marienstift den Hof von den Kölner Erzbischöfen. Die regelmäßige quadratische Ziegelbauanlage stammt aus dem 18. Jh. (durch Eisenanker datiert 1755). Das zweigeschossige Wohnhaus hat fünf Achsen. Das Obergeschoß wurde auf der Feldseite im 19. Jh. erneuert. Die Außenmauern der Wirtschaftsgebäude dieser ehemaligen Wasseranlage enthalten Bruchsteinsockel einer älteren Anlage.
– KD Kreis Aachen 167

Haus Ottegraven (Mittelürsfeld)

Die Wasserburg trug früher den Namen Mittelürsfeld. Der rechteckige schlichte Ziegelbau aus dem 18. Jh. erhebt sich an der Stelle der untergegangenen Anlage aus dem 16. Jh.
– KD Kreis Aachen 167, T.

Schloß Schönau

Seit der Mitte des 13. Jh. sind die Ritter v. Schönau bekannt. Die Burg ist aus einer pfalzgräflichen Anlage hervorgegangen und erhielt 1278 erneut die Reichsunmittelbarkeit bestätigt. 1488 erhielt Schönau einen Turm mit 19 m hohem Helm. Um die Mitte des 16. Jh. wurde ein neues Haus gebaut. 1732 wurde die Burg, die „fast zerbrochen und über einen Haufen gerissen" war, von Grund auf erneuert, d. h. an ihre Stelle trat ein wasserumgebener Schloßbau. Das Herrenhaus, ein zweigeschossiger Backsteinbau mit Hausteineinfassungen und Walmdach wurde nach Plänen von Laurenz Meffardis errichtet. Im 19. Jh. fügte man die Seitenflügel an. Die Vorburg stammt ebenfalls aus dem 18. Jh., wurde aber später umgebaut, zuletzt nach den Kriegszerstörungen.
– KD Kreis Aachen 163, Dehio N 556, Grimme, Duncker 61, Denkmälerverzeichnis 1,2 S. 23, Herzog

Haus Uersfeld (auch Groß-Uersfeld)

Urkundlich wird der Hof 1288 erstmalig genannt; ein Johann v. Oirsfeldt ist 1381 erwähnt. Die mittelalterliche Burganlage wurde im 17. Jh. durch eine regelmäßige Wasseranlage ersetzt. Das Herrenhaus wurde abgetragen; auch der Garten ist nicht mehr erhalten. Die weitläufige Vorburg des 17./18. Jh. mit einem Rundturm im Südflügel lagert sich in vier Flügeln um einen großen Innenhof. Die Bauten sind in Backstein aufgeführt und haben z. T. Werksteingewände. Am Westflügel befindet sich ein Wappenstein mit der Jahreszahl 1663. Der Turm ist auf 1611 datiert. Das Rundbogentor hat ein Hausteinge-

wände. Haus Uersfeld ist auch heute noch eine repräsentative Wasseranlage.
– KD Kreis Aachen 164, T.

Aachen-Walheim

Haus Friesenrath

Hierbei handelt es sich um ein zweigeschossiges, villenartiges Gebäude. Das fünfachsige Haupthaus wurde um 1925 gebaut und ist von zwei polygonalen Türmen des 17./18. Jh. eingerahmt. Die jetzige Anlage in einem gepflegten Park ersetzt ein älteres untergegangenes Anwesen.
– Denkmälerverzeichnis 1,2 S. 13

Abenden s. Nideggen-A.

Adenau

Johanniterkommende

Die Gebäude der Kommende sind untergegangen. An ihrer Stelle befinden sich die Kirche und das Rathaus.
– KD Ahrweiler 61, Dehio 2, Hist. St. V 1, Neu, Kommende, T., Städtebuch RLP 39

Burghaus

Von dem Burghaus der Ritter von Adenau ist nur noch geringes Mauerwerk in einem Privatwohnhaus erhalten.
– KD Ahrweiler 61, T.

Burg Breidscheidt

Im Ortsteil Breidscheidt gab es ein Burghaus mit Hof, das der Stammsitz der gleichnamigen Familie war. Das Burghaus soll vor 1452 wüst geworden sein, weil es seit dieser Zeit nicht mehr in der schriftlichen Überlieferung vorkommt. An die Burg erinnern noch Flurnamen. Der für die Burgwüstung auch übliche Name „Neroburg" ist in der Romantik aufgekommen.
– KD Ahrweiler 210, T., B., L. 31, Janssen II 249

Burghaus Dreimühlen

Das Burghaus der Ritter von Drimollen ist untergegangen. Reste haben sich keine erhalten.
– KD Ahrweiler 64, L. 31

Adendorf s. Wachtberg-A.

Adolfsburg s. Euskirchen

Ahrbrück

Haus Brück

Das Weiherhaus, mit dem das Forstmeisteramt verbunden war, ist um 1400 als kölnisches Lehen erwähnt. Im 17. Jh. wurde Haus Brück zerstört. Der danach errichtete Notbau galt schon 1758 als reparaturbedürftig. 1788/89 wurde ein neues Haus erbaut, das während der Revolutionskriege unterging.
– KD Ahrweiler 216

Ahrbrück-Pützfeld

Burg Pützfeld

Der Ort Pützfeld wird erstmalig im Prümer Urbar genannt. In dem Dorf gab es ein Burghaus der Ritter v. Pützfeld. Im 16. Jh. saßen hier die v. Friemersdorf gen. v. Pützfeld. 1851 wurden die am Westeingang des Ortes gelegenen Burggebäude auf Abbruch verkauft. Bedeutende Mauerreste wurden in einem Bauerngehöft verbaut.
– KD Ahrweiler 512, Backes Pützfeld, Dehio 2, T., L. 21, Janssen II 388

Ahrburg s. Bad Neuenahr-Ahrweiler (Bachem)

Ahren

Maximiner Hof

Die ehemalige Reichsabtei St. Maximin in Trier besaß hier eine wasserumwehrte Hofesfeste.
– Führer 25

Ahrenthal s. Sinzig-A.

Ahrerburg s. Zülpich-Merzenich

Ahrhütte s. Blankenheim-Dollendorf

Ahrweiler s. Bad Neuenahr-A.

Aldenbrüggen, Haus s. Weilerswist-Metternich

Aldenhoven

Burg Freialdenhoven

Die Burg der 1469 zur Freiheit erhobenen Herrschaft ist bis auf den Unterbau des runden Flankenturms aus dem 15. Jh. untergegangen.
– KD Jülich 70, T.

Aldenhoven-Dürbosslar

Wasserburg Dürbosslar

Angeblich ist Dürbosslar aus ehemaligem Königsgut entstanden. Vielleicht ist die Burg identisch mit dem Haus, das der Knappe Werner von Wedenau erbaut und 1391 als Lehen empfangen hatte. Seit dem späten 15. Jh. ist sie ausschließlich Kölner Lehen. Im 17. Jh. wurde die dreiflügelige Vorburg mit dem stattlichen Torbau aus Backstein erbaut (erneuert 1852). Das schlichte Herrenhaus mit dem schlanken runden Eckturm stammt von 1841 und wurde auf alten Fundamenten errichtet. Die schweren Kriegsschäden wurden beseitigt, wobei allerdings erhebliche Modernisierungen vorgenommen wurden, die den Charakter der Wasserburg beeinträchtigen.
– KD Jülich 54, T., W., Hist. St. III 182, Herzog

Haus Ungershausen

Das Gut gehörte schon 1263 der Deutschordens-Kommende in Siersdorf. Ältester Teil ist die wohl vom Ende des 15. Jh. stammende Kapelle, die 1663 wiederhergestellt wurde. Das Herrenhaus, eine relativ schlichte Rechteckanlage von 1767, ist im Kern älter.
– KD Jülich 56, T.

Aldenhoven-Engelsdorf

Burg Engelsdorf

Die ehemalige Wasserburg wird schon um die Mitte des 12. Jh. erwähnt. Die heutige Anlage stammt aus der Zeit um 1525. Dabei handelt es sich um einen zweiflügeligen Backsteinbau mit rundem Eckturm. Der Nordwest-Trakt ist der alte Palas, der nordöstliche Teil wurde 1868 völlig umgebaut.

Von dem quadratischen Ostturm ist nur ein Rest erhalten. Die Vorburg stammt aus dem 18. Jh.
– KD Jülich 63, T., Hist. St. III 204, Herzog

Aldenhoven-Pattern

Haus Bock

Die Wasserburg gilt als Stammburg der v. Pattern, die das Anwesen 1292 besaßen und 1567 erneut bekamen, nachdem es zwischenzeitlich von anderen Geschlechtern bewirtschaftet wurde. Das Herrenhaus wurde 1712 erbaut. Die quadratische Vorburg aus dem 15./16. Jh. fällt durch ihre Ecktürme mit Zeltdächern auf. Sie wurde im 19. Jh. stark verändert.
– KD Jülich 199, T., W.

Aldenhoven-Pützdorf

Burghügel (Motte) Pützdorf

Hierbei handelt es sich um eine zwei Meter hohe rechteckige Aufschüttung von etwa 30 mal 40 m. Südwestlich des Hügels befindet sich ein von Wällen umgebenes Rechteck, das ein Teich gewesen sein soll. Bei Ausgrabungen hat man angeblich Mauerteile entdeckt.
– Müller-Wille Nr. 103

Aldenhoven-Siersdorf

Deutschordenskommende

Die einstige Wasseranlage bestand aus einem zweigeschossigen Herrenhaus, einem Backsteinbau von 1578 mit vier quadratischen Ecktürmen, als Risalit vorspringendem Treppenturm mit Haustein-Ecken, gestuftem Volutengiebel und einem sehr hohen Walmdach. Die Fenster wurden im 18. Jh. verändert. Die Vorburg mit rustiziertem Barockportal ist von zwei oktogonalen Türmen flankiert. Im Sockelgeschoß laufen Schießscharten für Feuerwaffen ringsherum. Das Schloß brach infolge der schweren Kriegsbeschädigungen vor einigen Jahren zusammen.
– KD Jülich 219, Dehio N 583, Hist. St. III 688, W., T., Grimme

Aldenrath, Wasserburg s. Hürth-Gleuel

Alf

Burg Arras

Angeblich wurde Arras 938 von Pfalzgraf Hermann erbaut, stellte wahrscheinlich ein Reichslehen dar, das später die Erzbischöfe von Trier innehatten. Die Burg wird 1120 bezeugt, 1138 von Erzbischof Albero wiederhergestellt und 1253 von Erzbischof Arnold II. verstärkt. Arras verfiel im 18. Jh. und wurde 1907 bis 1910 unter der Wahrung der alten Baureste ausgebaut. Es handelt sich um eine langgestreckte Anlage. Reste der beiden Tore im Südwesten sowie Teile der Wehrmauern sind erhalten. Der rechteckige Bergfried mit Buckelquadern an den Kanten beherrscht die Burganlage. Seine Lage an der der Schildmauer gegenüberliegenden Mauer kann mit der älteren Anlage in Zusammenhang gebracht werden. Vom romanischen Palas, im 15./16. Jh. umgebaut, sind zwei erkerartige Vorbauten und mehrere Fenster alt.
– KD Zell 46, Dehio 4, Hist. St. V 17, B., T., Kees, Backes Mosel, Kubach-Verbeek 64, L. 756

Heidenburg

Die Heidenburg ist eine vorgeschichtliche Wehranlage, die noch nicht befriedigend erforscht ist.
– B.

Alfter

Burg Alfter

Westlich des Ortes stand eine Burg der 1116 genannten Ritter v. Alfter. Später gehörte sie den v. Wevelinghoven und ab 1445 den Salm-Reifferscheidt. Burg Alfter wurde 1468 durch Brand zerstört. Im Kellergeschoß des nordwestlichen Eckpavillons von Schloß Alfter ist staufisches Mauerwerk aus der Zeit um 1200 erhalten, das von der Burg herrührt.
– KD Kreis Bonn 258, Dehio N 39, Hist. St. III 13, T.

Schloß Alfter

Der heutige Bau wurde 1721 an Stelle der 1468 niedergebrannten Burg errichtet. Es ist ein zweigeschossiges, von turmartigen Eckrisaliten begleitetes Herrenhaus mit einer dreiflügeligen Vorburg, die stark verändert wurde.
– KD Kreis Bonn 257, Dehio N 39, Kubach-Verbeek 27, T., Hist. St. III 13

Frühgeschichtlicher Ringwall

Nahe bei Schloß Alfter liegt eine kleine ovale, aus Wall und vorgelagertem Graben bestehende frühmittelalterliche Wehranlage von etwa 10×20 m Fläche. Sie gehört, wie auch der neuentdeckte Ringwall bei Marienforst, zur Gruppe der frühgeschichtlichen Ringwälle, die einer größeren Bevölkerungsgruppe in Zeiten der Not Zuflucht bieten sollten. Diese Schutzsuchenden kamen aus den am Osthang des Vorgebirges gelegenen zahlreichen Siedlungen.
– Janssen II 129, Hist. St. III 13

Alfter-Gielsdorf

Burg Gielsdorf

Die Burg, ein kölnisches Lehen der Grafen von Sayn, ist untergegangen. An deren Stelle steht der „Statthalterhof".
– KD Kreis Bonn 277, T.

Alfter-Witterschlick

Frühmittelalterlicher Abschnittswall

Am oberen Rand des nach Westen zum Hardtbach abfallenden Geländes am Hardtberg befindet sich eine aus Wall und vorgelagertem Graben bestehende Befestigung von etwa 100 mal 80 m. Im Norden wird sie durch einen tiefen natürlichen Grabeneinschnitt begrenzt. Im Westen ist die Anlage durch einen steilen Hang, ansonsten durch Abschnittsgräben gesichert. Die Gräben waren bis 8 m breit und 3 bis 4 m tief. Sie sind z. T. zugeschüttet. Es könnte sich um die Burg der Herren v. Duisdorf handeln.
– Janssen II 183, Esser

Alsdorf

Burg Alsdorf

Ritter v. Alsdorf werden 1319 erwähnt. 1354 mußte das Geschlecht die Burg räumen. Seit

dem 15. Jh. Eigentum der Herren v. Harff und seit 1678 der v. Blankart, ist die Burg heute im Besitz der Stadt. Von dem Herrenhaus aus dem ersten Viertel des 16. Jh., einer Dreiflügelanlage mit zwei Ecktürmen, stammt noch der Ostflügel von 1617 mit kleinem Erkerausbau und dreigeschossigem rundem Eckturm, der im Kern noch dem 16. Jh. angehört. Der Südflügel wurde im 18. Jh. neu errichtet und mit einem Treppengiebel versehen. Der Westflügel wurde 1847 niedergelegt. Von den Gebäuden der Vorburg aus dem 17. und 18. Jh. stehen nur noch der kleine Torbau und eine Remise. Die Gräben sind eingeebnet
– KD Kreis Aachen 20, Dehio N 40, Hist. St. III 16, T., Rheinisches Städtebuch 46, Herzog

Alsdorf-Ottenfeld

Ottenfelder Hof

Der bereits 1420 genannte feste Hof wurde 1878 zum Schloß umgebaut. 1945 wurde das Anwesen von amerikanischen Soldaten geplündert, wodurch auch das wertvolle, umfangreiche Gutsarchiv verlorenging.
– Krämer Aachen 104

Alsdorf-Setterich

Wasserburg Setterich

Als erste Besitzer werden 1270 die v. Frentz genannt, denen andere Geschlechter, zuletzt die Droste-Vischering, folgten. Von der Hauptburg sind Reste aus dem 16. Jh. erhalten. In der geräumigen Vorburg ist ein Torturm des 16. Jh. mit einer bemerkenswerten Toreinfassung und einem Sterngewölbe in der Durchfahrt erhalten.
– KD Jülich 211, Hist. St. III 684, T.

Alt-Bettingen, Burg s. Bettingen

Altenahr

Burg Are

Wahrscheinlich haben die Grafen von Are die Burg um 1100 erbaut. Jedenfalls wird sie 1121 erstmalig genannt. Bereits vierzig Jahre später erwarb der Kölner Erzbischof Rainald

Burg Are bei Altenahr

v. Dassel das Öffnungsrecht. 1246 fiel Are durch Schenkung an das Erzstift Köln und wurde später Mittelpunkt eines kurkölnischen Amtes. Im 14. und 15. Jh. wurde die Burg stark ausgebaut. Sie wurde 1714 gesprengt und danach als Steinbruch benutzt. Auf halber Höhe sind Reste der Vorburg und eines Tores (Gymnichportz) zu sehen. Die Hochburg ist ein unregelmäßiges Viereck. Davon erhalten ist der Torturm an der Südseite mit einigen Bauspuren des sich südlich daran anschließenden Palas sowie Resten anderer Türme. In der Nordecke befindet sich die spitze Felskuppe, auf der vielleicht der Bergfried stand. Die Mitte der Ostseite nimmt die kleine rechteckige Burgkapelle ein, ursprünglich eine Doppelkapelle aus der Zeit um 1200, mit westlicher Vorhalle. Die Nord- und Westwand der Unterkapelle mit einem Teil der Kreuzgratgewölbe und der Gurtbögen sind erhalten. Die Kapelle war in drei zu drei Jochen gegliedert auf vier Säulen; die Basis der einen Säule ist erhalten. Der Chor war höher als das Langhaus und hatte

ein Kreuzgratgewölbe. Die Wehrmauer auf der Südseite stammt aus dem 14./15. Jh. und ist im wesentlichen erhalten.
- KD Ahrweiler 146, Dehio 9, Hist. St. V 7, B., T., Seel, L., Kubach-Verbeek 56, Janssen II 254, Görtz

Burg Ecka

1249 wurde die Burg wegen ihrer gefahrdrohenden Lage zur Burg Are geschleift. Die genaue Position ist nicht bekannt; Reste wurden nicht nachgewiesen.
- KD Ahrweiler 156, Janssen II 255, Seel, T., B.

Rifenesburg

Die 948/970 genannte Burg ist wohl im Raum Altenahr-Kreuzberg zu suchen. Seel nimmt an, sie habe oberhalb von Altenahr auf der Flur „An der Burg" gelegen. Bei der Begehung des Geländes entdeckte Seel auf dem Burgberg einen Grabeneinschnitt. Außer reichlichem Mörtel fanden sich dort auch Scherben aus dem 11. und 12. Jh.
- Janssen II 256, Seel

Burglehen Uprath

Das auf einem Felsvorsprung unterhalb der Burg Are gelegene Haus ist das alte Burglehen Uprath, das im 14. Jh. genannt wird. Das Lehen wurde 1714 eingezogen, aber als Amtshaus neugebaut. Später kam der Bau als Schule in Gemeindebesitz. Es handelt sich um einen zweigeschossigen unverputzten Bruchsteinbau von 5 : 2 Achsen mit rechteckigen Fenstern und hohem Walmdach. Der einstöckige Anbau aus dem 18. Jh. hat ein Mansarddach.
- B., KD Ahrweiler 156

Altenahr-Kreuzberg

Burg Kreuzberg

Die Burg wurde um 1340 im Zuge der Ahrbefestigung unter Erzbischof Walram von Köln auf einem vereinzelten, steil zur Ahr abfallenden Felsen erbaut. 1686 wurde Kreuzberg von den Franzosen zerstört, im 18. Jh. wieder aufgebaut. Die Burggebäude umfassen ein kleines unregelmäßig-dreiecki-ges Plateau. Der Torbau, die Ringmauer und der Bergfried in der Mitte des Westflügels sind spätmittelalterlich. Das langgestreckte zweigeschossige Wohnhaus stammt aus dem Jahr 1760.
- KD Ahrweiler 370, Dehio 10, B., T., L. 64, Backes Eifel

Altenburg s. Jülich A.

Altenburg s. Blankenheim

Altendorf s. Mechernich-A.

Alt-Schurzelt, Haus s. Aachen-Laurensberg

Alt-Süstern s. Aachen

Alt-Virneburg, Burg s. Virneburg

Andernach

Merowingischer Königshof

Aus diesem Königshof ging die Malmedyer Propstei hervor, an deren Stelle heute eine Malzfabrik steht. Die Kapelle der Propstei ist erhalten.
- KD Mayen 157, Kubach-Verbeek 50, Städtebuch RLP 52, T., Schindler, Schindler-Huiskes

Stadtburg

Die südlichste Festung der Erzbischöfe von Köln ist eine ehemalige Wasserburg. Sie ist als südöstliche Eckbastion in die Stadtbefestigung einbezogen, aber auch gegen die Stadt durch einen Graben gesichert. Die Burg wird 1331 erwähnt, 1349 von den Bürgern gebrochen und 1369 unter Erzbischof Engelbert wieder aufgebaut. Neue Bauarbeiten erfolgten 1496 unter Erzbischof Hermann. 1689 wurde die Stadtburg von den Franzosen zerstört und ist seither Ruine. Die ältesten Teile (um 1370) sind meist aus Basaltlava-Quadern, die jüngeren (um 1500) aus Bruchsteinmauerwerk. Der ersten Bauzeit gehört der quadratische Hauptturm in der Nordwestecke an, der die Brücke über den inneren Graben flankiert. Spätgotisch ist hier nur das über einem Dreipaßfries vorgekragte oberste Geschoß mit den Eckerkern (die flachgedeckten Zeltdächer stammen aus dem 19.

Jh.). Der Rundturm an der Südwestecke, der sog. Pulverturm, wurde um 1500 erbaut. Das Kellergeschoß ist aus Basaltlava-Quadern, die über einem Rundbogenfries vorgekragten Obergeschosse sind aus Bruchstein; den Abschluß bildet ein Dreipaßfries. In der Mauerstärke befinden sich die Geschützkammern mit liegenden Schießscharten. Zwischen den beiden Türmen steht die zweigeschossige Westwand des Palas, teils aus Quadern, teils aus Bruchstein errichtet, größtenteils aus der Zeit um 1370. Die Baufuge ist deutlich sichtbar. In die Wand sind die ältesten erhaltenen Kreuzstockfenster am Mittelrhein eingelassen. An die Hauptburg schließen sich Reste der Ringmauer an.
– KD Mayen 157, Dehio 23, Städtebuch RLP 52, T., B., W., Lehfeldt, Hist. St. V 13, Schindler, Schindler-Huiskes

Burg zur Nette (Nettegut)
Die kleine Burg an der Landwehr von Weißenthurm bis Mayen wird 1344 genannt. Sie hatte nur geringe Bedeutung und ging im Laufe der frühen Neuzeit unter. An dieser Stelle befindet sich heute das Nettegut.
– KD Mayen 199, Rh. Ant. III,2 S. 561, T.

Andernach-Eich

Burg der Ritter von Eich
Die Burg befand sich angeblich auf dem südöstlichen Vorgelände der Kirche. Zur Burg soll als „Junkerturm" der Kirchturm gehört haben. Die Burg ist untergegangen. Beim Bau der Schule wurden Mauern entdeckt.
Nach der örtlichen Überlieferung soll im Oberdorf am Burgweg ein weiteres Burghaus bestanden haben, von dem angeblich Mauerreste entdeckt wurden.
– KD Mayen 230, L. 447, T.

Krayerhof
Die ehemalige Wasserburg über einem quadratischen Grundriß ist im Kern spätgotisch. Der rechteckige Hauptbau mit unregelmäßigen Fenstern hat in der Außenmauer Schießscharten und Reste eines Rundbogenfrieses. Nach der Nordwestecke steht ein Dreiviertelturm; das Gegenstück ist abgebrochen.

Der quadratische Südostturm, in dem sich ursprünglich die Kapelle befunden haben soll, ist durch einen schmalen Flügel mit dem Hauptgebäude verbunden. Im Nordwesten springt der quadratische Torturm vor.
– KD Mayen 230, Dehio 28, L. 393, T., Backes Eifel, Wegeler, v. Fisenne

Andernach-Kell

Burg Kell
Wahrscheinlich handelte es sich um den Stammsitz der 1212 genannten Ritter v. Kell. Die Burg befand sich westlich vor der Kirche (Flur „Im Bergfried"). Letzte Reste sind im 19. Jh. abgebrochen worden.
– T., KD Mayen 250

Schloß Tönnisstein
Das kleine Lustschloß des Kurfürsten von Köln ist gegen Ende des 18. Jh. untergegangen. Geringe Reste sind erhalten.
– KD Mayen 415, Dehio 356, L. 439, Renard, Hist. St. V 370

Andernach-Miesenheim

Burg Miesenheim
Von der Burg der um 1140 genannten Ritter v. Miesenheim ist nichts mehr erhalten. Die genaue Lage ist unbekannt, doch wird sie an der Stelle des Friedhofs vermutet.
– KD Mayen 340, T., B.

Andernach-Namedy

Schloß Namedy
Bei der ehemaligen Wasserburg sind die Gräben entweder verlandet oder zugeschüttet. Die ursprünglich zweigeschossige Hauptburg hat zwei runde Eck- und zwei runde Treppentürme. Im späten 19. Jh. wurde das Haus um ein drittes Geschoß erhöht. 1555 wurde an das Gebäude in gleicher Flucht ein im wesentlichen heute noch erhaltener Erweiterungstrakt angefügt. Zu Ende des 19. und zu Beginn des 20. Jh. wurde das Schloß zu einer hufeisenförmigen Anlage ausgebaut. Südöstlich davon stehen die vorburgartigen zweigeschossigen Wirtschaftsgebäude, die den Zustand aus der Mitte des 16. Jh. weitge-

hend wahren. Die Tordurchfahrt wurde um 1700 errichtet.
– KD Mayen 354, Dehio 27, Hist. St. V 248, T., L. Wegeler, Hohenzollern

Angelsdorf

Haus Angelsdorf

Der heute als Gutshof bewirtschaftete ehemalige Adelssitz ist eine Viereckanlage, dessen Gräben größtenteils eingeebnet sind. Über der Hofeinfahrt findet sich ein Allianzwappen. Das Wohnhaus ist ein zweigeschossiger, siebenachsiger Backsteinbau, in dessen Westteil Reste aus dem 16. Jh. erhalten sind, ursprünglich mit Kreuzstockfenstern. Nach Norden erfolgte 1725 eine Erweiterung. Betont wird der Bau durch eine Freitreppe. Die Wirtschaftsgebäude wurden teilweise 1905 erneuert.
– Denkmäler Rheinland 15 (Bergheim 1) S. 24

Angelstein, Burg s. Weilerswist-Lommersum

Antonigartzem s. Euskirchen-Obergartzem

Anstelburg s. Kerpen-Buir

Antweiler

Motte „Alte Burg"

Etwa 750 m westlich des Ortes befindet sich ein Gelände, das die Bezeichnung Alte Burg trägt. Von Resten einer frühgeschichtlichen oder mittelalterlichen Burg ist bislang nichts bekannt geworden. Die heutige Bebauung ist neuzeitlich.
– Janssen II 257

Antweiler-Dorsel

Burg Uckenbroich

Das auf einer Höhe über dem Heeresbach im Waldstück Uckenbroich nahe Dorsel entdeckte Trockenmauerwerk kann zusammen mit der kleinen quadratischen Anlage, die auf eine Motte hindeutet, nicht datiert werden.
– KD Ahrweiler 680, B. 288

Antweiler s. Mechernich-A.

Are, Burg s. Altenahr

Aremberg

Burg Aremberg

Von dem einst bedeutenden Schloß, der Anlage und Bedeutung nach eher eine Renaissancefestung, die 1682 zerstört, nach dem barocken Wiederaufbau 1807 erneut zerstört wurde, sind nur noch geringe Reste vorhanden.
– KD Ahrweiler 169, Dehio 32, Janssen II 257, T., B., L. Neu Arenberg, Backes Eifel

Ahrenburg/Ahrerburg/Arenburg s. Zülpich-Merzenich (Golzheim)

Arenberg/Arensberg s. Walsdorf

Arenrath

Hof Mellich

Der heutige Bau des Schlosses stammt aus dem Jahr 1792 und geht auf eine mittelalterliche Anlage zurück.
– KD Wittlich 27, T.

Hof Arenrath

1243 wird der Hof genannt und wurde wohl gegen Ende des 18. Jh. wüst. Dabei handelt es sich um eine ausgesprochene Niederungsburg am Zusammenfluß von Gracht und Arsbach. Offensichtlich handelte es sich um die übliche zweigeteilte Wasserburg mit Herrenhaus und vorgelagertem Wirtschaftsbetrieb. Beide Gebäudekomplexe waren von einem gemeinsamen Graben umzogen.
– KD Wittlich 27, Janssen II 336, Resch

Arloff s. Bad Münstereifel-A.

Arnoldsweiler s. Düren-A.

Arnolfsburg s. Walsdorf

Arras, Burg s. Alf

Arzfeld-Hickeshausen

Burg Hickeshausen

Die Burg lag westlich des Dorfes. Reste haben sich keine erhalten.
– T., KD Prüm

Asperschlag, Haus s. Bergheim-Oberaußem

Auelsburg s. Euskirchen

Auerburg s. Spangdahlem

Augenbroich, Hof s. Euskirchen

Augustusburg, Schloß s. Brühl

Baasem s. Dahlem-B.

Bachem s. Bad Neuenahr-Ahrweiler

Bachem s. Frechen-B.

Bad Bertrich

Falkenlay
Die frühmittelalterliche Fliehburg ist untergegangen.
– B.

Bad Breisig-Niederbreisig

Johanniterkommende
Die Kommende wurde in der ersten Hälfte des 13. Jh. gegründet. Erhalten ist nur ein, im Innern veränderter, zweistöckiger Wohnbau von 1657.
– KD Ahrweiler 434, L. 69, T.

Bad Breisig-Oberbreisig

Burg Breisig
1254 trägt Ritter Conzo v. Breisig dem Kölner Erzbischof sein steinernes Haus in Breisig zu Lehen auf. Über Lage und Aussehen des untergegangenen Burghauses sind keine Aussagen möglich.
– KD Ahrweiler 480, Janssen II 283, T., B.

Bad Breisig-Rheineck

Burg Rheineck
Wahrscheinlich handelt es sich um eine pfalzgräfliche Gründung, die um 1115 an Graf Otto v. Rheineck kam und 1151 niedergebrannt wurde. 1164 besetzte Rainald v. Dassel, der Erzbischof von Köln, die Burg. Er baute sie zur kurkölnischen Burg aus und befestigte sie neu. 1689 zerstörten die Franzosen Rheineck. Nach 1832 erfolgte der Wiederaufbau nach Plänen von Lassaulx. Inneneinrichtung und Ausmalung wurden dabei

ebenfalls berücksichtigt. Vom Bau aus der zweiten Hälfte des 12. Jh. sind ein Teil der ein langgezogenes Achteck bildenden Ringmauer und der mächtige quadratische Bergfried erhalten. Dabei läßt das z. T. flüchtig bearbeitete und noch unvollendete Buckelquaderwerk des Bergfrieds auf eine rasche Ausführung schließen. Der obere Teil ist jünger und besitzt bezeichnenderweise Buckelquader nur an den Ecken. Die neuerrichtete Kapelle schließt sich in den Außenmauern an den romanischen Bau aus der Zeit um 1200 an und gehört zum Typus romanischer Torkapellen. Der Bau bildet ein Oktogon mit angebautem Treppenturm und mit einem kleinen, nach Osten vorspringenden Altarerker. Wahrscheinlich waren die Außenwände der spätromanischen Kapelle glatt bis auf eine Zwerggalerie, die wohl auch als Wehrgang benutzt wurde und hinter der die Fenster lagen. Der jetzige Bau ist in spätromanischen Formen reich gegliedert. Ob die Kapelle im Innern zweigeschossig war, ist umstritten. Die jetzige Kapelle birgt Fresken von Eduard v. Steinle, 1837–1840 (Bergpredigt, die acht Seligpreisungen, Christus mit Heiligen).
– KD Ahrweiler 571, Dehio 50, Hist. St. V 307, B., T., L. 83, Kubach-Verbeek 959, Duncker 68, Wegeler, Stausberg Liessem Rheineck, Liessem-Löber 50, Schwieger 85

Bad Godesberg s. Bonn-Bad Godesberg

Bad Münstereifel

Burg Münstereifel
In der zweiten Hälfte des 13. Jh. wurde die Burg durch die Grafen v. Blankenheim auf dem Radberg angelegt. Die Anlage war der örtlichen Topographie in bemerkenswerter Weise angepaßt. 1689 zerstörten die Franzosen die Burg, die seither Ruine ist. Von der vieltürmigen, regelmäßigen Anlage sind erhalten nur noch stattliche Reste des Berings und eines Torcs an der Südseite. Die ehemaligen Wirtschaftsgebäude wurden in den fünfziger Jahren des 20. Jh. zu einem Restaurant umgebaut.
– KD Rheinbach 106, Dehio N 493, Hist. St.

Die Wasserburg Arloff bei Bad Münstereifel

III 45, T., B., Rh. Städtebuch 316, Backes Eifel, Kisky Euskirchen 111, Rh. Städteatlas, Firmenich Bad Münstereifel, Führer 26 S. 189

Alte Burg im Quecken

Hierbei handelt es sich um eine frühgeschichtliche Wehranlage, um eine Abschnittsbefestigung. Die Burg hat die Form eines langgestreckten Ovals, das von einer gemörtelten Umfassungsmauer eingefaßt ist. Innerhalb des Bereichs fanden sich gesondert befestigte Quartiere. Funde aus der Karolingerzeit wurden geborgen. Die Alte Burg im Quecken unterscheidet sich zeitlich und funktional von den ins 10./11. Jh. zu datierenden Ringwällen.
– Janssen II 110, Führer 26 S. 185

Bad Münstereifel-Arloff

Wasserburg Arloff

An die Stelle einer grabenumwehrten Hofesfeste aus dem 13. Jh. trat im 15. Jh. die heute

noch schwerfällig-trutzige Wasserburg mit einem viergeschossigen Wohnturm, der im Innern noch seine Einrichtung mit Kaminen, Fenstersitzen, Nischen und Schießscharten erkennen läßt. 1699 wurde ein Wohnbau an den Turm angebaut.
– KD Rheinbach 18, Hist. St. III 27, Kisky Euskirchen 80, T., W., Kubach-Verbeek 1292, Welters

Burg Kirspenich

Der Ort Kirspenich wird erstmalig im Prümer Urbar erwähnt. 1166 taucht ein Hermann v. Kirspenich als Lehensmann der Grafen von Are auf. Im 13. Jh. sind die Herren v. Dollendorf Eigentümer der Burg. Kirspenich wechselte häufig die Besitzer. Kern der Anlage ist der im 14. Jh. erbaute massige quadratische dreigeschossige Wohnturm, dessen Dachkonstruktion aus dem 17. Jh. stammt. Die Umwehrung der Burg Kirspenich stammt aus dem 16. und 17. Jh., der eigentliche Wohnbau aus dem 17. und 18. Jh. Der

Die Wasserburg Kirspenich bei Bad Münstereifel

Adelssitz befindet sich auf einer grabenumwehrten kreisrunden Insel und ist nur über eine Bruchsteinbrücke zu erreichen.
- KD Rheinbach 54, Kisky Euskirchen 100, Firmenich Bad Münstereifel, Hist. St. III 396, T., W., Welters

Bad Münstereifel-Iversheim

Prümer Hof

Die Wasserburg der Abtei Prüm, die hier schon im 9. Jh. Besitz hatte, ist untergegangen.
- Kisky Euskirchen 98, Welters

Bad Münstereifel-Mutscheid

Befestigung auf Gut Hospelt

Neben dem Gut liegt ein kleiner, grabenumzogener Hügel, den man am ehesten als Motte oder aber als künstlichen Hügel für einen mittelalterlichen Speicherbau ansprechen kann. Grabungen wurden noch keine durchgeführt. Zur Zeit der Tranchot-Aufnahme

stand hier ein Vierseithof, der aber inzwischen unterging.
- Janssen II 114

Bad Neuenahr-Ahrweiler

Burg Neuenahr

Die Burg war Stammsitz der 1231 erstmalig nachzuweisenden Grafen von Neuenahr, einer Seitenlinie der Grafen von Are. Die Anlage wurde zu Beginn des 13. Jh. errichtet. 1372 eroberte der Erzbischof von Köln Neuenahr und zerstörte die Burg vollständig. In späterer Zeit wurde keine neue Anlage auf dem Burgberg errichtet. Es sind nur noch spärliche Überreste der dreieckigen, von einem halbkreisförmigen Halsgraben umzogenen Befestigung zu erkennen.
- KD Ahrweiler 181, Hist. St. V 28, Janssen II 259, T., B., Städtebuch RLP 82, Dehio 74, L., Backes Eifel

Altenburg bei Ahrweiler

Die verschwundene Burg stand östlich des Ortes und beherrschte offensichtlich das Ahrtal. Ein künstlicher Grabeneinschnitt trennt das Gelände vom Bergrücken. Es ist nur noch geringes Mauerwerk erhalten.
- KD Ahrweiler 158, T.

Kolventurm

Vom Ende des 14. bis ins 18. Jh. hinein besaßen die Kolv v. Ahrweiler den Wohnturm als adeliges Lehen. Reste haben sich keine erhalten.
- KD Ahrweiler 119

Motte „Roter Turm"

Der Rote Turm war eine Wasserburg von ungefähr kreisförmigem Umriß. In der Mitte, wahrscheinlich auf einem künstlich aufgeschütteten Hügel, stand der runde, mindestens dreigeschossige, zinnenbekrönte Turm. Nach Westen schloß sich das zweigeschossige Wohngebäude an. Die Burg war Sitz der von 1246 bis 1342 genannten Schenken v. Are, kam 1342 an die v. Kerpen und später an die Herzöge v. Arenberg. Zur Franzosenzeit wurde sie an einen Tuchfabrikanten verkauft

und 1811 abgerissen. Reste der Burg befinden sich im Garten des Winzervereins.
– KD Ahrweiler 117, Kubach-Verbeek 25, Janssen II 254, T.

Weißer Turm (Staffeler Turm)
Das mächtige dreigeschossige gotische Turmhaus stammt aus dem 14./15. Jh. und wurde um 1700 ausgebaut. Die Haube wurde 1663 aufgesetzt. Heute ist im Weißen Turm, der zeitweilig der Familie v. Staffel gehörte, das Ahrgau-Museum untergebracht.
– KD Ahrweiler 119, Dehio 71, Hist. St. V 2

Bad Neuenahr-Ahrweiler, Ortsteil Bachem

Burghaus Bachem
Das Burghaus, die Alte Burg, wird 1225 genannt und war der Sitz der Ritter v. Bachem. Das Anwesen ging im 19. Jh. unter. Möglicherweise trug Bachem auch den Namen Ahrburg.
– KD Ahrweiler 180, L. 97, T.

Himmelsburg
Dieses 1626 genannte Burghaus, das wohl den v. Eltz gehörte, ist untergegangen.
– KD Ahrweiler 180, T.

Bad Neuenahr-Ahrweiler, Ortsteil Heimersheim

Burghaus Cardenburg
Von dem Burghaus aus dem 14. Jh. ist nichts mehr erhalten. Es wurde schon 1670 als verfallen bezeichnet.
– KD Ahrweiler 297

Burghaus Ehlingen
Im Ort muß ein Adelssitz bestanden haben, wie das „Burgbackhaus" vermuten läßt. Reste sind keine erhalten, Quellen keine bekannt.
– KD Ahrweiler 297, Eifelführer (36. Aufl.) 384

Bad Neuenahr-Ahrweiler, Ortsteil Hemmessen

Burg Hemmessen
Die Burg wird 1572 erwähnt und befand sich wohl im Besitz des im 13. Jh. genannten Geschlechts v. Hemmessen. Weitere Angaben fehlen.
– KD Ahrweiler 192, Janssen II 259

Bad Neuenahr-Ahrweiler, Ortsteil Heppingen

Haus Heppingen
Von der ehemaligen Wasserburg der Grafen v. Manderscheid-Blankenheim ist nur noch der Mittelbau der dreiflügeligen Anlage, ein schlichter Barockbau von 11:2 Achsen erhalten. Heppingen gilt als Musterbeispiel eines kleinen ländlichen Adelssitzes aus dem 18. Jh.
– KD Ahrweiler 300, Dehio 74, T., Backes Eifel

Bad Neuenahr-Ahrweiler, Ortsteil Lohrsdorf

Burghaus Lohrsdorf
1466 wird ein Lohrsdorfer Burgsitz der Herren v. Eynenberg erwähnt. Weitere Angaben fehlen.
– KD Ahrweiler 393, Janssen II 279

Burg Landskron
Die Burg wurde ab 1206 in erstaunlich kurzer Zeit von König Philipp von Schwaben und König Friedrich II. gegen den Welfenkönig Otto und das Erzstift Köln zum Schutz der Heerstraße Aachen–Frankfurt und der Ahrmündung erbaut. Ministerialen aus der Familie v. Sinzig wurden Burgleute und nannten sich v. Landskron. 1677 wurde die Burg durch Feuer zerstört, 1683 von Herzog Wilhelm v. Neuburg gesprengt. Landskron war eine der bedeutendsten Burganlagen des Mittelrheingebietes. Der Grundriß wurde 1910 ergraben. In der Niederburg stand der ehemalige kaiserliche Palas. Zur stark befestigten Oberburg gelangte man über eine noch erkennbare, in den Felsen gehauene Treppe, und zwar von dem neben dem Obertor gelegenen Raum aus. Westlich unterhalb der Burg und außerhalb des Berings steht eine im Kern romanische Marienkapelle, die vielleicht älter als die Burg ist. Daneben auf

der Einebnung ist noch die Zisterne zu erkennen.
- KD Ahrweiler 394, Dehio 74, Hist. St. V 195, Hotz Pfalzen, Kubach-Verbeek 648, Janssen II 279, T., B., L.

Rittersitz Köhlerhof

1209 wird das Gut genannt, das sich im 14. Jh. im Besitz des gleichnamigen Geschlechtes befand, dem später andere Adelsfamilien folgten. Um 1700 kam das Burghaus in bürgerliche Hände und ging später unter.
- KD Ahrweiler 405

Baesweiler

Burg

Von der in gotischer Zeit gegründeten Burg ist nur noch der Wohnturm aus dem 16. Jh. erhalten. Der Burgbereich wurde in jüngerer Zeit parzelliert.
- KD Heinsberg, Hist. St. III 50, T.

Bahner Hof s. Kruft

Baldeneltz, Burg (Trutzeltz) s. Wierschem

Ball, Rittersitz s. Swisttal-Heimerzheim

Bandorf s. Remagen-B.

Bardenberg s. Würselen-B.

Barmen s. Jülich-B.

Bassenheim

Niederburg

Die Niederburg von Bassenheim, eine selbständige kleine Burganlage, wurde 1597 wegen Baufälligkeit abgebrochen.
- KD Kreis Koblenz 79, T.

Schloß Bassenheim

Die ehemalige Wasserburg wird 1317 erstmalig genannt als Besitz der späteren Grafen Waldbott v. Bassenheim. Die Burg wurde zu Beginn des 17. Jh. ausgebaut. 1828 bezeichnete man sie als sehr verfallen. 1878 erfolgte durch Julius Raschdorf ein Neubau unter Berücksichtigung älterer Bauteile. 1914–1917 wurden Um- und Anbauten vorgenommen. Vom alten Bestand sind der Torturm, der

1614 errichtete Ostflügel und die Ruinen der Vorburg erhalten. Die weitläufige Parkanlage mit dem Grab der Dichterin Helene v. Nostitz zeichnet sich durch wertvollen Baumbestand aus.
- KD Kreis Koblenz 78, Dehio 77, Hist. St. V 31, T., W., Volk, Looz-Corswarem, Backes Eifel, L.

Rokokoschloß

Das kleine Schloß von 1788, der sog. Raschdorffsche Prunkbau, wurde 1878 erneuert, aber 1938 abgebrochen.
- KD Kreis Koblenz 88, T., Backes Eifel

Bauernburg s. Hohenfels

Bech, Burghaus s. Mechernich-Kommern

Bedburg

Schloß Bedburg

Nach 1240 wurde anstelle einer zerstörten Burg die Wasserburg der Herren v. Reifferscheidt erbaut. Das Hochschloß wurde 1416 und 1584 stark beschädigt. 1642 und 1673 wurden die Vorburg und die Außenbefestigung bis auf geringe Reste zerstört. Von 1839 bis 1922 war hier die Ritterakademie der Rheinischen Ritterschaft eingerichtet. Kern der an drei Seiten von Wassergräben umzogenen Anlage ist ein in der ersten Hälfte des 14. Jh. entstandener dreiflügeliger Backsteinbau, dessen offene Hofseite durch eine Schildmauer abgeschlossen und mit zwei runden Ecktürmen besetzt ist. Von einer staufischen Anlage des 13. Jh. sind Reste im Keller des Westflügels erhalten. Nach der Zerstörung 1584 wurde die gotische Burg durch einen Renaissancebau ersetzt, der aus Backstein errichtet und mit Tuffsteinbändern gegliedert ist. Der Südtrakt stammt noch aus dieser Zeit. Später wurden der West- und der Ostflügel angepaßt. Der Flankenturm an der Südwestecke hat ein steiles Walmdach, der an der Südostecke einen dreifach geschweiften Helm. Durch Vincenz Statz wurde ein viergeschossiger Trakt mit neugotischer Kapelle hinzugefügt. Zu Beginn des 20. Jh. kam in der Flucht der alten Umfassungsmauer ein

neobarockes Torgebäude hinzu. Der kunsthistorisch bedeutendste Teil von Schloß Bedburg ist die um 1550 angelegte Loggia im
Binnenhof, ein dem Süd- und dem Westflügel vorgelagerter Laubengang mit breiter
Frieszone zwischen den rundbogigen Säulen-
arkaden der beiden Geschosse und Portrait-
medaillons in den Bogenzwickeln. Die Loggia wurde später durch Fenster geschlossen
und um 1925 mit Frechener Tonreliefs ver-
kleidet. In Bedburg ist das einzige Beispiel
einer rein italienischen Renaissance-Loggia
im Rheinland, deren Vorbild der Palasthof
von Urbino ist. Sie wurde von Pasqualini
oder einem seiner Schüler ausgeführt.
– Dehio N 48, KD Bergheim 11, Rh. Städtebuch 50, Lempertz, Denkmäler Rheinland
   15 S. 27, Hist. St. III 57, T., B., W.,
   Kubach-Verbeek 76, Firmenich Bedburg,
   Herzog, Meynen

Motte
Die Hauptburg dieser zweiteiligen Anlage,
die sog. Weiße Burg, ist ein etwa 2,50 m
hoher quadratischer Berghügel mit einer
Kantenlänge von 34 m, umgeben von einem
25 bis 30 m breiten Graben. Die als Graue
Burg bekannte Vorburg ist ein grabenumwehrtes rechteckiges Gelände von 45 auf
55 m. Nach Funden wurde die Burg bis ins
17. Jh. bewohnt.
– Müller-Wille Nr. 71

Bedburg-Broich
Rittersitz Seidrike
Der Adelssitz ist schon früh untergegangen.
Reste haben sich keine erhalten.
– Firmenich Bedburg

Bedburg-Garsdorf
Burg Garsdorf
Seit der Mitte des 12. Jh. ist Garsdorf als
Lehen des Klosters Dünnwald bekannt. Die
Burg wurde 1373 zerstört, danach aber wie-
der aufgebaut. Zuletzt war Garsdorf kurköl-
nische Unterherrschaft der Grafen von Salm.
Reste der Wasserburg wurden 1960 ergraben.
Der ältere Bau war quadratisch und stand auf

Backsteinpfeilern. In der Nordostecke stand
der Palas. Der spätgotische Wiederaufbau
war nur teilweise noch festzustellen. Garsdorf hatte eine große Vorburg.
– Denkmäler Rheinland 15 (Bergheim 1) 46

Bedburg-Kaster
Burg Kaster
Die auf einem Hügel errichtete Burg wurde
zuletzt 1648 zerstört und ist bis auf einige
Mauerreste, die sehr sorgfältig aufgeführt
sind, verschwunden. Die geringen Spuren
lassen die Größe der Jülicher Nebenresidenz
nur vermuten.
– KD Bergheim 97, Dehio N 273, Hist. St.
   III 381, B., T., W., Denkmäler Rheinland
   16 (Bergheim 2) 60, Müller-Wille Nr. 70,
   Rh. Städtebuch 235, Firmenich Bedburg,
   Kisky Kaster

Schloß Harff
Der untere Teil des ungewöhnlich hohen
Bergfrieds stammte noch aus der zweiten
Hälfte des 14. Jh. Der sich anschließende
Wohnbau der Wasserburg bestand aus drei
parallelen Trakten, von denen zwei zu Ende
des 17. Jh. erbaut wurden. Der Ostflügel und
der Torbau stammten aus der Mitte des 19.
Jh. 1873 bis 1877 wurde das Schloß mit rei-
chen Giebeln verziert. Harff war für seine
Kunstsammlungen berühmt. 1972 wurde die
Wasserburg zusammen mit dem Ort Harff
wegen des Braunkohleabbaues beseitigt.
– KD Bergheim 74, Dehio N 273, Denk-
   mäler Rheinland 16 (Bergheim 2) 72, Rh.
   Städtebuch 235, Hist. St. III 292, Duncker
   20, Lempertz, T., W., Herzog

Haus Omagen
Das Burghaus, ein bescheidener Backsteinbau aus dem 17. Jh. mit geschweiften Treppengiebeln, wurde 1931 abgebrochen, nachdem durch Zuschüttung der Gräben mit der
Vernichtung der Vorflut das Gebäude im
Stau des nicht mehr abfließenden Grundwas-
sers „ersoffen" ist.
– KD Bergheim 101, Denkmäler Rheinland
   16 (Bergheim 2) 88, Hist. St. III 381, W.,
   T., Welters Omagen

Bedburg-Kirchherten

Rittersitz Kaiskorb

Schon 1334 hieß der alte Hof „Keiskore". Statt der wasserumwehrten Hofesfeste stehen hier Gutsbauten aus dem 19. Jh. Allerdings scheint das zweigeschossige Wohnhaus mit Mansarddach und eindrucksvollem, schlichtem Portal mit Segmentgiebel noch aus dem 18. Jh. zu stammen.
– Denkmäler Rheinland 17 (Bergheim 3) 67, Hist. St. III 394, Firmenich Bedburg

Bedburg-Königshoven

Rittersitz Königshoven

Das befestigte Anwesen der Familie Hundt v. Saulheim ist untergegangen.
– Firmenich Bedburg

Bedburg-Lipp

Burghof von Lippe

Der Burghof wurde im 12. Jh. wohl als Motte angelegt. Bis ins 14. Jh. besaßen die Herren v. Luppe (Lippe) das Gut, das 1343 Jülicher Offenhaus wurde. Wann die Hofesfeste, die sich wahrscheinlich auf dem Wiesengelände nördlich unterhalb der Pfarrkirche befand, unterging, ist unbekannt.
– Denkmäler Rheinland 17 (Bergheim 3) 15, Firmenich Bedburg 13

Haus Etgendorf

Ursprünglich war das Gut Eigentum des Kölner Gereonstifts, das es aber schon 1216 dem Prämonstratenserkloster Reichenstein bei Monschau verkaufte. 1673 erwarben die Erbpächter, die Herren v. Ritz, das Gut. Haus Etgendorf ist eine wasserumwehrte Vierceckanlage mit barockem Herrenhaus und (erneuerten) Wirtschaftsgebäuden. Das stattliche zweigeschossige Wohnhaus aus Backstein mit Kreuzstockfenstern und hohem Walmdach wurde 1605 erbaut. Im Westen schließt sich der ebenfalls zweigeschossige Torbau mit niedrigem Walmdach, rundbogiger Durchfahrt und Rechteckblende aus Werkstein für die ehemalige Zugbrücke an. An der Südostecke tritt ein dreigeschossiger Rechteckturm mit hübscher, mehrfach geschweifter Haube vor.
– KD Bergheim 122, Dehio N 456, Firmenich Bedburg, T., W., Denkmäler Rheinland 17 (Bergheim 3) 15, Meynen

Burgsiedlung Millendorf/Ivenhof

Am Ostende des Dorfes bestand im Mittelalter eine kleine Burgsiedlung, die 1527 genannt wird. Sie hieß Millendorf oder Ivenhof und ist untergegangen. Die Gräben neben dem neuen Ivenhof sind teilweise noch zu erkennen. Ein Wohnhaus des ehemals adeligen Gutes stammt aus dem Jahre 1692.
– Denkmäler Rheinland 17 (Bergheim 3) 16, Firmenich Bedburg, Meynen

Behr, Haus s. Titz-Müntz

Beifels, Hof s. Ehlenz

Beifels, Burg s. Oberweiler

Bekond

Schloß Bekond

Nach 1710 wurde das Schloß nach Plänen Ravensteyns für den Trierer Dompropst Karl Kaspar v. Kesselstatt erbaut. Bekond gilt als ein gutes Beispiel ländlichen Schloßbaus. Der dreigeschossige Mittelbau mit hohem Walmdach ist im Kern noch mittelalterlich. An ihn schließen sich seitlich kurze haubengekrönte Flügel an, die an der Gartenseite mit dem Haupthaus zu einer breiten Schaufront zusammengefaßt sind, an der Hofseite dagegen zurücktreten. In der Mitte der Gartenfront befindet sich eine Portalgruppe mit säulengetragenem Balkon. Ein einfaches Portal befindet sich an der Hofseite. Hier schließen die im Rechteck stehenden Wirtschaftsgebäude und die ehemalige Kapelle an. Im Haupthau befinden sich reiche Stuckdecken aus der Erbauungszeit. Die weitläufigen Parkanlagen werden an der Westseite durch das ehemalige Pförtnerhaus mit Mansarddach (Mitte 18. Jh.) begrenzt. Die große Orangerie von 1732 mit Mansarddach ist durch den Ausbruch des Torbogens verunstaltet und dient als Scheune. Die Gliederung des Gebäudes erfolgt

durch rustizierte Pilaster und einen Mittelgiebel.
- KD Kreis Trier 38, Dehio 85, Hist. St. V 35, Backes Mosel, T., Dohna-Richter

Bell

Burg

Eine Burg in Bell wird 1336 genannt. Sie ist untergegangen. An ihrer Stelle befindet sich der ehemals v. Brewersche Gutshof.
- T., Dehio 85, Hist. St. V 35, Laufs 24, Berns 85, B.

Bell, Haus s. Hürth-Gleuel

Bellacosta s. Schönecken

Benzelrath s. Frechen-B.

Berensberg, Schloß s. Aachen-Richterich

Berg s. Mechernich-B.

Berg-Vischel

Motte Eitgenbach oder Nutzenbach

Der Burghügel liegt, wie Seel feststellte, am Zusammenfluß von Vischel und Eisbach und ist von einem Spitzgraben umgeben. Das Innere der Motte ist teilweise durch die Entnahme von Boden zerstört. Funden zufolge muß in der Nähe eine Siedlung bestanden haben.
- KD Ahrweiler 633, Janssen II 262, Seel 466, Rausch, T.

Rittersitz Tungenberg

Nach Tranchot war es ein großer, vierseitig geschlossener Hofkomplex; nach dem Kataster von 1825 standen nur drei Gebäude um den Hofplatz. Der Rittersitz wurde um 1860 wüst. Im Gelände heben sich nach Feststellungen Seels noch verstürzte Keller als Bodenwellen ab. Die Wirtschaftsflächen lagen um diesen adeligen Hof.
- KD Ahrweiler 663, Janssen II 263, Seel 467, T.

Haus Vischel

Der Wohnbau wurde 1829 auf den Grundmauern einer bereits im Hochmittelalter genannten Burg, die nach der Zerstörung um 1400 wiederaufgebaut wurde, errichtet. Die barocken Wirtschaftsgebäude enthalten noch mittelalterliche Baureste.
- KD Ahrweiler 662, T., Dehio 94

Bergerhausen s. Kerpen-B.

Berger-Hochkirchen s. Aachen-Laurensberg

Bergfeld, Jagdschloß s. Eisenschmitt

Bergheim

Schloß

„Zumindest das letztbekannte" (KD Bergheim 37) Schloß der Herzöge von Jülich lag nordöstlich vor der Stadt. Es wurde in den französischen Kriegen zerstört. Reste wurden im 19. Jh. abgetragen.
- KD Bergheim 37, Dehio N 54, Hist. St. III 62, T., Rh. Städtebuch 53

Motte

Der Kentener Burgberg wurde 1126 erstmals erwähnt. Heute ist er nur als flache Wölbung im Gelände erkennbar und hat 85–90 m im Durchmesser. Die Vorburg ist ebenfalls von einem Graben umzogen.
- Müller-Wille Nr. 73

Gut Bohlendorf

Der Adelssitz wurde 1196 zuerst genannt. Die ehemalige Wasseranlage ging von der Familie v. Bongart in den Besitz der Braunkohle-Union über. Das verschwundene Haupthaus befand sich im Bereich des heutigen Gartens. Erhalten ist die Vorburg aus dem 18. Jh. mit Resten des Wassergrabens an der Nordostseite. Das zweistöckige Wohngebäude mit Mansarddach ist im Obergeschoß des Nordwestflügels in Fachwerk errichtet.
- Denkmäler Rheinland 15 (Bergheim 1) 65

Schloß Paffendorf

Die Vogtei Paffendorf gelangte 1253 als pfalzgräfliches Lehen an die Grafen von Jülich und war seit 1512 an die Familie v. dem Bongart verlehnt. Heute ist im Schloß das

Informationszentrum der Rheinischen Braunkohlenwerke AG mit seltenen Sehenswürdigkeiten eingerichtet. Die zweiteilige Wasseranlage aus Backstein umfaßt ein dreiflügeliges Herrenhaus von unregelmäßigem Grundriß mit einer westlich vorgelagerten hufeisenförmigen Vorburg. Die drei zweigeschossigen Flügel des Hauptgebäudes mit ihren Treppen-Ecktürmen am Haupttrakt gehören im Kern der spätgotischen Anlage (1531–1546) an und wurden von 1861 bis 1865 von dem Kölner Baumeister August Lange in neugotischen Formen völlig neu gestaltet. Bei diesem Umbau wurde die Parkseite des Hauptbaues besonders reich geschmückt. Die beiden Rundtürme erhielten damals den abschließenden Zinnenkranz; einer trägt noch einen Kegelhelm. Die Vorburg ist ein schlichter zweigeschossiger Bau aus der Mitte des 18. Jh. Der westliche Querflügel ist mit zwei vierkantigen Ecktürmen besetzt. An den Stirnseiten der Seitenflügel befindet sich jeweils ein gotisierender Torbau aus dem 19. Jh. Der Park wurde zu Anfang des 19. Jh. von Weyhe gestaltet.
– KD Bergheim 142, Dehio N 537, Hist. St. III 606, T., Denkmäler Rheinland 17 (Bergheim 3) 59, Duncker 46, Herzog, Meynen, Meinecke

Bergheim-Glesch
Haus Glesch (Stamshof)
Der Rittersitz kam 1578 an die v. Lülsdorf. In den Jahren 1777–1782 wurden die Neubauten durch die Abtei Altenberg errichtet. Das Wohnhaus ist ein zweigeschossiger verputzter Backsteinbau von 3 : 3 Achsen mit korbbogiger Tür und Satteldach. An den parallelen Flügel schließen sich die stark umgebauten Ökonomiegebäude an.
– Denkmäler Rheinland 15 (Bergheim 1) 97

Bergheim-Heppendorf
Haus Etzweiler
Anstelle eines ehemaligen Rittersitzes, einer Jülicher Unterherrschaft, wurde eine vierseitige Doppelanlage mit Wassergräben errich-

tet, die 1872 neu geordnet und erweitert wurde. Die Gräben rühren angeblich von einer kleinen Anlage um 1830 her. Das stattliche Wohnhaus ist ein zweigeschossiger Backsteinbau mit Ecktürmen und Treppengiebeln.
– Denkmäler Rheinland 16 (Bergheim 2) 18, zum gründerzeitlichen Bau: Meynen 64

Haus Laach
Eine quadratische, aus zwei dreiflügeligen Gebäudeteilen zusammengefügte Anlage war Haus Laach. Durch Brand wurde es 1899 beschädigt und ist seither in Verfall. Erhalten sind nur noch die Gräben und die Ruine der spätgotischen Torburg mit anschließendem achteckigen Treppenturm. Der einfache Hauptbau mit Erker wurde um 1500 errichtet. Bemerkenswert ist Haus Laach als eines der ganz wenigen Beispiele im Rheinland, wo eine Burg vollständig in Fachwerk, allerdings schon mit einer Backstein-Gefachfüllung, errichtet wurde. Später wurden die unteren Passagen der Burg aus Backstein gebaut.
– KD Bergheim 91, Denkmäler Rheinland 16 (Bergheim 2) 21, Hist. St. III 717, T., W.

Haus Stammeln
Das Burghaus, eine Rechteckanlage aus Backstein mit Innenhof, wird 1460 erstmalig genannt. Von den Wassergräben ist nur noch ein Rest als Weiher erhalten. Ältester Teil der Anlage aus dem späten 16. Jh. sind die beiden westlichen Flügel mit den beiden starken Ecktürmen, von denen einer rund ist. Die Außenmauern trugen über dem Obergeschoß vorgekragt einen Fachwerk-Wehrgang, dessen vorgeblendete Innenbögen teilweise noch sichtbar sind. Das Obergeschoß des Südwestflügels nahm der Rittersaal ein, dessen Fenster teilweise noch erhalten sind. Die Osthälfte von Haus Stammeln wurde um 1900 neugebaut.
– Denkmäler Rheinland 16 (Bergheim 2) 21, KD Bergheim 153, Meynen

Burg Thorr

Bei diesem ehemals Jülicher Rittersitz handelt es sich um eine kleine Wasseranlage mit 1884 erneuertem Wirtschaftsgebäude. Das Wohnhaus ist ein zweigeschossiger Backsteinbau von 1680, auf dessen Walmdach zwei hohe Schornsteine und zwei schmiedeeiserne Wetterfahnen aufsitzen. Am übergiebelten Haustein-Portal auf der Nordseite des Hauses sind die rundbogige Durchfahrt und die Rechteckblende für die ehemalige Zugbrücke auffällig. Die Blausteinfassungen der Fenster wurden nach dem Zweiten Weltkrieg erneuert.
- KD Bergheim 158, Dehio N 236, Hist. St. III 717, T., W., Denkmäler Rheinland 16 (Bergheim 2) 25, Meynen

Widdenhof

Die Herren v. Wedendorp sind von 1355 bis um 1680 nachweisbar. Der ehemalige Rittersitz besteht aus einer großen vierseitigen Hofanlage mit neueren Gebäuden; die Fachwerkscheune stammt aus dem 18. Jh.
- Denkmäler Rheinland 16 (Bergheim 2) 27

Bergheim-Niederaußem

Burg Holtrop

Der Burghügel wird 1196 genannt. Die Gebäude wurden 1543 zerstört. Die danach wiederaufgebaute Burg brannte 1727 ab. Die letzten Reste verschwanden 1958 beim Braunkohleabbau.
- Kubach-Verbeek 402, Müller-Wille S. 107, Hist. St. III 334, Denkmäler Rheinland 17 (Bergheim 3) 26

Haus Holtrop

Nach der Zerstörung von Burg Holtrop 1727 hat man einen einfachen fünfachsigen Wohnbau errichtet, der später verändert wurde. Die Ökonomiegebäude der Wasserburg stammten teils aus dem 18., teils aus dem 20. Jh. Haus Holtrop wurde wegen des Braunkohleabbaues niedergelegt.
- KD Bergheim 146, Müller-Wille S. 107, Hist. St. III 334, Denkmäler Rheinland 17 (Bergheim 3) 26, T., B.

Bergheim-Oberaußem

Haus Asperschlag

Die wasserumwehrte Anlage aus der Mitte des 18. Jh. ist auf rechteckigem Grundriß errichtet, und zwar an der Stelle eines wohl aus dem 14. Jh. stammenden Vorgängerbaues. Das an der Nordseite gelegene Herrenhaus ist ein zweigeschossiger Backsteinbau mit Hausteingliederung, Walmdach und übergiebeltem Mittelrisalit. Der zweischlossige Westtrakt wird durch ein rundbogiges Haustein-Portal verziert.
- KD Bergheim 148, Denkmäler Rheinland 17 (Bergheim 3) 41, Dehio N 516, Hist. St. III 574, T., Meynen

Bergheim-Quadrath-Ichendorf

Sog. Marienburg

Der ehemalige Witwensitz der Freiherrn v. Beissel auf Schloß Frenz diente lange als Rentei, bevor er an die Braunkohlen-Industrie kam. Das Wohnhaus aus der zweiten Hälfte des 18. Jh. ist ein zweistöckiger Putzbau von 3 : 2 Achsen mit Mansarddach. Die beiden Seitenflügel, in denen z. T. Stallungen eingerichtet sind, sind einstöckig. Die hufeisenförmige Anlage wird zur Straße hin durch ein Gitter vom Ende des 19. Jh. abgeschlossen.
- Denkmäler Rheinland 17 (Bergheim 3) 85

Burg Schlenderhan

Die mittelalterliche Burg, im 13. Jh. als Stammsitz des gleichnamigen Geschlechts erwähnt und als Lehen von Kornelimünster vergabt, gelangte im 16. Jh. an die Raitz v. Frentz. Im späten 18. Jh. wurden die Reste der wohl im 17. Jh. zerstörten Burg abgebrochen. Der letzte noch erhaltene Turm stürzte erst um die Mitte des 20. Jh. ab.
- KD Bergheim 149, Dehio N 542, Hist. St. III 617, T., Denkmäler Rheinland 17 (Bergheim 3) 86, Duncker 41, Meynen

Schloß Schlenderhan

Um 1780 ließ der Besitzer von Schlenderhan, Franz Arnold Raitz von Frentz nordöstlich der alten (niedergelegten) Burg ein neues Schloß errichten, das seit 1869 den Freiherren

v. Oppenheim gehört. Es handelt sich dabei um einen zweigeschossigen Dreiflügelbau aus verputztem Backstein, dem auf der Parkseite zwei freistehende Wirtschaftsgebäude rechtwinklig vorgelagert sind. Der Haupttrakt des Herrenhauses ist mit vier Eckrisaliten besetzt und hat ein gebrochenes Mansarddach. Der Gartensaal auf der Parkseite des Haupttraktes ist als dreiseitiger Risalit vorgezogen. Der flache Mittelrisalit auf der Hofseite wurde später verändert. Zu Beginn des 20. Jh. wurden den niedrigeren Seitenflügeln mit Satteldächern pavillonartige Anbauten beigefügt. Die Wirtschaftsgebäude sind langgestreckte eingeschossige Bauten mit gebrochenen Mansarddächern. Die ganze Anlage entspricht barocker Tradition, wobei der Haupttrakt dem von Cuvilliés mit Falkenlust im Rheinland eingeführten Typ der maison de plaisance folgt. Die Abschlußgitter an Hof- und Parkseite sind feine Schmiedearbeiten aus der Zeit um 1870.
– KD Bergheim 149, Dehio N 542, Hist. St. III 617, Meynen, T., Denkmäler Rheinland 17 (Bergheim 3) 86, Herzog

Bergheim-Zieverich

Burg Zieverich

Die mittelalterliche Burg wird 1402 im Besitz der v. Efferen erwähnt. Im späten 18. Jh. wurde sie, vielleicht von Couven, umgebaut, indem an den Bergfried, der eine Schweifhaube erhielt, das Herrenhaus mit Mansarddach angebaut wurde. Das Hauptgebäude wurde 1896 durch Um- und Erweiterungsbauten stark verändert.
– T., KD Bergheim 162, Denkmäler Rheinland 15 (Bergheim 1) 67, Herzog

Im Ortsteil Zieverich gab es mehrere kleine Burgen oder Burghäuser, die alle verschwunden sind.
– KD Bergheim 162, T.

Bergstein/Berinstein, Burg s. Hürtgenwald

Berkum s. Wachtberg-B.

Berrendorf s. Elsdorf-B.

Berrenrath s. Hürth-B.

Berzdorf s. Wesseling-B.

Besch/Steinbesch, Burg s. Ralingen

Betgenhausen, Hof s. Titz-Müntz

Bettingen

Burg Alt-Bettingen

Schon 1077 soll hier ein Edelsitz gestanden haben. Die mittelalterliche Burg steht innerhalb eines römischen Gutsbezirks. Das gesamte Burggelände hat ungefähre Trapezform. Der mehrgeschossige Turm scheint auf einem künstlichen Hügel gestanden zu haben. Die Umfassungsmauern sind noch gut erkennbar. Reste der Innenbauten sind als große Trümmerhaufen sichtbar, darunter im Südwesten der vermutliche Palas. Erhalten sind Teile des massiven quadratischen Turmes, der Schildmauer und des Berings, ein kleiner Gebäuderest und ein Toransatz.
– KD Bitburg 33, Janssen II 304, Hist. St. V. 42, T., B., Dehio 103

Burg Bettingen/Frenkingen

Im Gegensatz zur Talburg Alt-Bettingen handelt es sich hier um eine Höhenburg. Ihre Lage war strategisch ausgezeichnet auf einem Bergsporn. Die Burg wird 1346 genannt, kam 1466 teilweise an Kurtrier, im 16. Jh. ganz an das Haus Manderscheid. 1794 wurde sie zerstört und danach als Steinbruch benutzt. Von der Burg Bettingen, auch Frenkingen genannt, sind nur noch spärliche Reste erhalten.
– KD Bitburg 33, Janssen II 306, Hist. St. V. 42, T., B., Resch, Backes Eifel

Beulartstein, Haus s. Aachen-Laurensberg

Bickendorf

Burghaus, sog. Burg

Um die Mitte des 18. Jh. wurde für die Familie DuSartz de Vigneul ein großes Barockhaus mit gerahmtem Portal und Mansarddach erbaut, das heute als Verbandsbürgermeisterei dient. Am Nebengebäude sind hübsche Rokokofenster.
– KD Bitburg 38, Dehio 104

Biederburg s. Schladt

Billig s. Euskirchen-B.

Binnesburg s. Hürtgenwald-Straß

Binnesburg s. Meuspath

Binningen

Schwanenhof

Von dem freiadeligen Schwanenhof aus dem 14./15. Jh. ist nur noch der mittelalterliche Wohnturm erhalten. Er ist zweieinhalb Geschosse hoch und hat eine Mauerstärke von 1,10 m. Im Erdgeschoß befindet sich ein Kamin, am Obergeschoß ein Vorbau. Der Schwanenhof wurde 1934 teilweise abgebrochen.
- KD Cochem 88

Wehranlage auf dem Burgberg

Etwa 1,5 km westlich von Binningen trägt ein Flurstück den Namen „Burgberg". Es könnte sich dabei um eine Wehranlage unbekannter Zeitstellung handeln. Erfahrungsgemäß kommt aber bei solchen Flurnamen meistens nur eine mittelalterliche Burganlage in Frage, von der sich die Benennung erhalten hat.
- Janssen II 373

Binscheid s. Uettfeld-B.

Binsfeld s. Nörvenich-B.

Birgel, Burg s. Gerolstein-Lissingen

Birgel s. Düren-B.

Birkenbeil, Burghaus s. Pommern

Birkesdorf s. Düren-B.

Birresdorf s. Grafschaft-B.

Bischofstein, Burg s. Münstermaifeld-Lasserg

Bitburg

Schloß

Anstelle einer älteren Wasserburg erbaute 1764 die Familie v. Blochhausen ein Schloß, das 1945 schwer beschädigt wurde. 1957/58 erfolgte der Wiederaufbau des neunachsigen

Das Schloß in Bitburg

Baues mit Mansarddach. Portal und Fenster der Mittelachse sind durch reiches Rahmenwerk zusammengefaßt und durch einen Giebel bekrönt. Zur Hoffront wird das Schloß durch kurze Seitenflügel flankiert.
- KD Bitburg 61, Dehio 116, Hist. St. V 48, T., B., Städtebuch RLP 108, Backes Eifel

Burg

Die Burg der Grafen v. Luxemburg wurde 1296 verlehnt, 1479 niedergebrannt und 1501 wiederaufgebaut. Die Wasserburg wurde niedergelegt, als 1764 die Familie v. Blochhausen das Schloß erbaute.
- KD Bitburg 61, Dehio 116, Hist. St. V 48, Städtebuch RLP 108

Burghaus der Cobe v. Bitburg (Kobenturm)

Hierbei handelt es sich um einen mittelalterlichen Mauerturm, der später als Wohnhaus verwendet bzw. darin eingefügt wurde. Seit

39

1457 war das Burghaus Sitz der Kobe v. Bitburg, später der Geisen v. Bitburg. Der im Grundriß kreisförmige Turm ist zweigeschossig und flach gedeckt. Das Untergeschoß ist modern. Die Außenwand ist mit Sandsteinpilastern und -fries geziert.
– KD Bitburg 63

Geisenhof

Das Burghaus von Geisen v. Bitburg ist im Kern mittelalterlich. Es wurde 1689 zerstört. Der Neubau von 1694 ist ein einfacher Barockbau mit fünf Achsen und einem steilen Satteldach. Das Mittelportal ist von Pilastern eingerahmt.
– KD Bitburg 65

Bitburg-Erdorf

Burghaus Erdorf

Das Burghaus der 1320 genannten Ritterfamilie v. Erdorf ist untergegangen.
– KD Bitburg 92

Bitburg-Masholder

Burganlage auf dem Mausköpfchen

Auf dem weit ins Nimstal vorgeschobenen Bergsporn findet sich der Flurname „Burg". Ein hier vorhandener Abschnittswall wird als „Hexengraben" bezeichnet. Im Gelände vorhandene Steinwälle deuten auf frühmittelalterliche Bauten.
– Janssen II 317, Trierer Zeitschrift 1, 1926 S. 180

Bitburg-Stahl

Burg Stahl

Die Burg der Edelfreien v. Stahl ist schon früh untergegangen, Reste sind keine bekannt.
– Resch

Bitz, Haus s. Frechen-Bachem

Blankardshof s. Wachtberg-Villip

Burg Blankenheim

Blankenheim

Burg Blankenheim

Die bereits zu Anfang des 12. Jh. erwähnten Herren v. Blankenheim erbauten ihre 1292 zuerst genannte Burg auf einem schmalen Bergrücken. Im 15./16. Jh., wohl durch die ersten Grafen v. Manderscheid-Blankenheim, erfolgte die Umgestaltung zum Hochschloß, dem die Vorburg südlich vorgelagert ist. Zur Zeit Napoleons wurde die Burg auf Abbruch verkauft. Die Ruine wurde 1927 zur Jugendherberge ausgebaut. Die Anordnung der an der Nord- und der Ostseite durch tiefe Gräben geschützten Hauptburg, die sich um zwei rechteckige Höfe gruppiert, ist deutlich zu erkennen und scheint der ursprünglichen Aufteilung zu entsprechen. Der quergelagerte Palas ist auf den alten Fundamenten wieder aufgebaut, ebenso der Nordtrakt. Dem Palas ist westlich ein verteidigungsfähiger Platz vorgelegt, der sog. Ro-

sengarten, an den sich ein in den Burggraben eingefügter Bau anschließt. Von der spätmittelalterlichen Anlage der Unterburg stammt noch das (heute veränderte) Burghaus an der Eingangsseite. Aus dem 17. Jh. sind uns der Torbau und der mächtige runde Batterieturm überkommen. Das ehemalige Kanzleigebäude mit Mansarddach wurde 1787 errichtet. Die Reste der östlich vorgelagerten Gartenterrassen mit Gebäuden zeugen von der im 18. Jh. erfolgten Umgestaltung zur Residenz.
– KD Schleiden 71, Dehio N 67, Hist. St. III 82, B., T., Rh. Städteatlas, P. Neu, Backes Eifel, Führer 26 S. 98

Motte Zehnbachhaus
Funden zufolge muß die Anlage im 12. bis 14. Jh. benutzt worden sein. Im Gelände liegt der kreisrunde, sich etwa 20 m im Durchmesser erstreckende Burghügel, umgeben von einem 10 m breiten und 2–3 m tiefen Graben mit ebener Sohle. Es ist unklar, ob sich nach Westen eine Vorburg anschloß. Südlich der Motte waren Fischteiche angelegt. Zehnbachhaus war eine Niederungsburg mit angeschlossener Eisenhütte.
– Janssen II 84 und 511, Führer 26 S. 102 und 107

Altenburg
1483 werden die Herren v. Aldenburg urkundlich genannt. Die Burg lag auf einem steil aufragenden Kalkfelsen, den nach Süden und Westen ein deutlich sichtbarer Wall am Bergfuß umgibt. An der Ostseite ist der Bergkegel durch einen tief eingeschnittenen Graben in zwei Teile zerschnitten. Auf der Bergkuppe wurden Reste von Keramik aus dem 13. bis 15. Jh. gefunden. Im einzelnen sind keine Baureste mehr zu erkennen.
– KD Schleiden 473, Janssen II 52, T., Bornheim Burgen der Eifel 118

Blankenheim-Dollendorf

Alte Burg
Etwa 350 m vom Gut Alteburg entfernt, war diese Burg angelegt mit einem Durchmesser von etwa 150 m. Die im Boden enthaltenen Fundamente wurden noch nicht untersucht. Wann die Alte Burg untergegangen ist, ist nicht überliefert.
– KD Schleiden 473, Bornheim Burgen der Eifel 118

Burg Dollendorf
Von der ehemaligen bedeutenden Burg aus dem 12. Jh. sind nur noch ein Teil des Bergfrieds und geringe Mauerreste vorhanden, die die Stärke und Größe ahnen lassen.
– KD Schleiden 102, Janssen II 56, Neu Dollendorf, Rh. Städteatlas, Hist. St. III 163, Backes Eifel, T.

Haus Vellen
Der adelige Hof, im 19. Jh. ein Gutshof, befand sich vor dem Zweiten Weltkrieg im Besitz des Vereins für katholische Arbeiterkolonien. Er ist seit der Mitte des 15. Jh. als Adelssitz genannt. Das Gutshaus aus dem 18. Jh. ist ein zweigeschossiger Bau mit ausgebautem Mansarddach, zweimal fünf Achsen und zwei Portalen mit doppelläufigen Treppen. Die Kapelle wurde 1928 angefügt. Haus Vellen wurde im Zweiten Weltkrieg stark beschädigt.
– KD Schleiden 107

Blankenheim-Heistert

Burg Heistert (auch Heistart)
Die rechteckige Wasseranlage einer Wirtschaftsburg nahe dem Hof Aldenburg wurde 1486 erbaut. Erhalten ist hauptsächlich die Ringmauer, die zugleich die Außenmauer der Gebäude bildet, mit einem runden Eckturm.
– KD Schleiden, T.

Blankenheim-Lommersdorf

Burg Lommersdorf
Reste von Mauern und Gräben der kleinen Befestigung in Spornlage sind noch im Gelände zu erkennen. 1968 ergab eine Begehung, daß es sich um eine zweiteilige Anlage handelt. Ein halbkreisförmiger Graben von 4 m Breite und 1–2 m Tiefe trennt die Burg ab. Westlich davon befindet sich ein kleiner Hügel, ca. 8 m hoch bei einem Durchmesser

von 4 m, auf dem allenfalls ein Turm stehen konnte, von dem sich aber keine Spuren erhalten haben. Ein flacher, nur zwei Meter breiter Graben trennt im Westen das Plateau auf der äußersten Spitze des Sporns. Wahrscheinlich handelt es sich um eine zweiteilige Motte, wobei die Lage atypisch und ungewöhnlich ist. Eine Untersuchung des Plateaus steht noch aus.
– Janssen II 73, KD Schleiden 239, Hist. St. III 477, B., T.

Burg Freilingen

Im südlichen Teil von Niederfreilingen stand das Burghaus der v. Freilingen. Die Tranchot-Karte zeigt zwei große Dreiseithöfe. Um 1830 wurde das Burghaus abgebrochen.
– KD Schleiden 240, Janssen II 61, Hist. St. III 233

Blankenheim-Neuweiler

Burg Neuweiler

Hierbei handelt es sich möglicherweise um eine merowingische Gründung. Unter Erzbischof Philipp v. Heinsberg (1168–1190) wird ein Ulrich v. Neuweiler genannt, der den Besitz verkaufte. Es scheint, als wäre die Burg bald danach zerstört worden. Reste haben sich keine erhalten.
– KD Schleiden 473, B., Neu Neuweiler

Blankenheim-Reetz

Burghaus Reetz

Das feste Haus der Ritter v. Reetz, in der Flur „Am kleinen Wiesgen" gelegen, ist verschwunden.
– KD Schleiden 293, T.

Blankenheim-Rohr

Burghaus Rohr

Von der Wasseranlage sind zwei Rundtürme und die Reste der Umfassungsmauer erhalten geblieben, nachdem das Anwesen im 19. Jh. als Steinbruch diente. Ritter v. Rohr werden 1328 genannt.
– KD Schleiden 318, Hist. St. III 650, T., B.

Burg Lindweiler

Die kleine Wasserburg, 1114 erstmalig genannt, wurde 1846 völlig abgebrochen. Der Platz, an dem Burg Lindweiler stand, ist modern überbaut.
– KD Schleiden 319, T.

Blatzheim s. Kerpen-B.

Bleckhausen

Fliehburg

Um 1895 wurden auf dem Burgberg ein weißer Mauerrest und ein rund in den Felsen eingehauener Brunnen von ca. 1,80 m Durchmesser entdeckt. An der steil abfallenden Südseite, besonders aber am Nordabhang der von Westen nach Osten streichenden Felsen sind in ungleicher Höhenlage Kammern mit ebenem Boden eingearbeitet. Die Ecken sind rechtwinklig. In Mannshöhe befinden sich Löcher für Deckenbalken. Das aufragende Gestein ist sehr dürftig, der Brunnen zugeschüttet. Es handelt sich wohl um eine vorzeitliche Fliehburg und Befestigung, die, wie Funde andeuten, auch als römisches Kastell verwendet wurde. Mittelalterliche Reste wurden keine entdeckt.
– KD Daun 31, B.

Blens s. Heimbach-B.

Blessem, Wasserburg s. Erftstadt-Liblar

Bliesheim s. Erftstadt-B.

Blieversburg s. Euskirchen (Stadtburg)

Bock, Haus s. Aldenhoven-Pattern

Bockturm s. Pommern

Bodendorf s. Sinzig-B.

Bodenheim s. Weilerswist-B.

Bodenhof, Lehngut s. Aachen

Boeselagerhof s. Bonn

Bohlendorf, Gut s. Bergheim

Boisdorf, Haus s. Düren-Burgau

Boisdorf, Burg s. Kerpen-Horrem

Bollendorf

Burg Bollendorf

Unter der Sommerresidenz der Äbte von Echternach lag eine mittelalterliche Burg, deren Reste zwar in den „Kunstdenkmälern" gezeigt werden, über die aber urkundlich nichts bekannt ist. Nach Tillmann war es ein befestigter Gutshof.

– KD Bitburg 75, Dehio 127, Janssen II 309, T.

Schloß Bollendorf

Die ehemalige Sommerresidenz der Echternacher Abtei ist seit 1797 in Privatbesitz. 1945 wurde sie durch Beschuß stark beschädigt, in den letzten Jahren wiederhergestellt. Das Schloß ist auf einem Felsvorsprung am Sauerufer gelegen und enthält Reste einer mittelalterlichen Burg. Das langgestreckte Herrenhaus, dessen Rückfront zur Sauer weist, wurde 1619 erbaut, 1739 verändert und erweitert. Der Mittelrisalit umkleidet einen älteren Treppenturm. Im Erdgeschoß befindet sich ein Kamin aus der Erbauungszeit mit prächtig ornamentierten Wangen. Die Wirtschaftsgebäude aus dem 18. Jh. schließen den Hof halbkreisförmig nach Norden ab. Sie lehnen sich an die ältere Ringmauer an, zu der auch ein runder Eckturm östlich in der Flucht des Herrenhauses gehört. Die Wirtschaftsgebäude sind ausgebaut. An den Rundturm schließt sich eine barocke Gartenanlage an. Das dreiachsige Gartenhaus wurde 1768 errichtet.

– KD Bitburg 74, Dehio 127, Hist. St. V 54, T., B., Laufner, Backes Eifel

Fliehburgen

In der Gemarkung Bollendorf wurden zwei vorzeitliche Fliehburgen entdeckt, die angeblich Schutz vor Normanneneinfällen bieten sollten. Die eine ist ein nach hinten offener Wall, die andere eine vollständig ausgebaute Befestigung geläufigen Typus in geschützter Lage zwischen Sauer und Weilerbach.

– KD Bitburg 70

Bollendorf-Weilerbach

Schloß Weilerbach

In den Jahren 1777 bis 1780 erbaute der Tiroler Paul Mungenast die Sommerresidenz der Äbte von Echternach in dem Waldtal des Weilerbaches. Seit 1797 ist das Schloß Privatbesitz. 1944/45 wurde es durch Artilleriebeschuß beschädigt und erhielt 1960/61 ein neues Dach. Der reizvolle Rokokobau wurde aus Bruchstein errichtet und hat Sandsteingliederungen. Es ist ein langgestreckter Baukörper mit kurzen seitlichen Querarmen auf einem Kellersockel. Das Mansarddach wird von einem Uhrtürmchen bekrönt. Eine doppelläufige Treppe führt in die dreiseitig aus der Front vorspringende Vorhalle des zerstörten Treppenhauses im Mittelrisalit, der durch Pilaster, Wappengiebel und figürliche Fensterschlußsteine wie Fratzen und Blattmasken hervorgehoben ist. Ähnlich gegliedert, doch nicht so reich dekoriert, sind die Stirnseiten der Querarme. Im Innern ist das Schloß völlig zerstört. Die bemalte Wandvertäfelung des Festsaales wurde nach 1945 ausgebaut. Im Park sind ein langgestreckter Fischweiher und zwei Gartenhäuschen erhalten.

– KD Bitburg 301, Dehio 127, Hist. St. V 397, T., Backes Eifel, Führer 33 S. 156

Bollheim, Schloß s. Zülpich-Oberelvenich

Bombogen s. Wittlich-B.

Bongarten, Hof s. Eschweiler-Weisweiler

Bongartzburg s. Kerpen-Bergerhausen

Bongartzhof s. Schleiden-Scheuren

Bonn

Kurfürstliche Residenzburg

Das von Kurfürst Salentin von Köln im 16. Jh. erweiterte Schloß aus dem 13. Jh., das im 17. Jh. ausgebaut worden war, wurde 1689 durch brandenburgische Truppen zerstört. An seiner Stelle wurde später das neue Residenzschloß erbaut.

– KD Stadt Bonn 157, Dehio N 79, T., Renard, Knopp-Hansmann, Neu Residenz,

Rh. Städteatlas, Katalog „Clemens August"

Kurfürstliches Residenzschloß

An der Stelle der zerstörten Residenz aus dem Mittelalter ließ Kurfürst Joseph Clemens ein neues Schloß bauen. Der Architekt Enrico Zuccalli gestaltete eine mit Eckpavillons akzentuierte Vierflügelanlage. Diese wurde durch Robert de Cotte erweitert, z. B. durch den dem Westturm vorgesetzten hufeisenförmigen buen retiro. Auch Clemens August ließ das Schloß erweitern, etwa durch das Michaelstor. Nach dem Brand vom 15. Januar 1777 wurde nur der Hofgartenflügel in vereinfachter Form wieder aufgebaut, erhielt aber ein steiles Satteldach statt des ursprünglichen Mansarddaches. Die Pavillontürme blieben ohne die bekrönenden Hauben. Zum Ersatz der ebenfalls zerstörten Schloßkirche ließ der Kurfürst eine Kapelle im Louis-Seize-Stil einbauen. Seit 1818 dient die Residenz als Universität.
– KD Stadt Bonn 154, Dehio N 79, Katalog „Clemens August", Knopp-Hansmann, Renard, Rh. Städteatlas, T., Rh. Städtebuch 68

Boeselagerhof

Der frühere Clemenshof, zwischen 1715 und 1720 für den Grafen v. Saint Maurice errichtet, gelangte später in den Besitz des Kurfürsten Clemens August. Der Bau war zweigeschossig und hatte neun Achsen. Das Dach hatte zusätzlich ein Mansardgeschoß. Die mittleren drei Achsen waren durch einen Dreieckgiebel zusammengefaßt und als Risalit vorgezogen, der durch einen Balkon und drei rundbogig geschlossene Türen besonders betont war. Der Hof ist im Zweiten Weltkrieg zerstört worden.
– KD Stadt Bonn 176, Katalog „Clemens August" 220, Renard

Palais Schaumburg

Der Amtssitz des Bundeskanzlers wurde 1858 bis 1860 als Sommersitz der Fürsten zu Schaumburg-Lippe erbaut und 1895 um einen kleinen Flügel erweitert. Der zweigeschossige spätklassizistische Bau mit Mezzaningeschoß und vorgebautem Entree besitzt im Winkel zwischen beiden Trakten einen schlanken Turm mit hübscher Laterne. Auf der Gartenseite mit großer Loggia befindet sich ein fünfseitig vorspringender Risalit. Der Eingang zum Seitentrakt ist risalitartig vorgezogen.
– Dehio N 82

Lustschlößchen Vinea Domini

Das oberhalb des alten Zolls unter Joseph Clemens von Köln erbaute Barockschloß wurde in den Revolutionskriegen zerstört. Der Mittelteil aus dem 18. Jh., möglicherweise von Leveilly, wurde erst nach dem Zweiten Weltkrieg beseitigt.
– KD Stadt Bonn 180, Rh. Städteatlas, Renard, Henseler

Bonn-Bad Godesberg

Godesburg

Auf dem kleinen Plateau eines frei im Rheintal aufsteigenden Basaltkegels, des Godesberges, wurde die Burg 1210 errichtet und um 1244 ausgebaut. Um die Mitte des 14. Jh. erweiterte der Erzbischof von Köln das Ganze durch die Vorburg. Seit dem Truchseßschen Krieg ist die Godesburg Ruine. 1960 wurden die Veränderungen des 19. Jh. beseitigt und ein moderner Hotelbau eingefügt. Von der Gipfelburg auf ovalem Grundriß sind erhalten: An der Nordseite die Umfassungsmauern des Palas und der anstoßenden sog. Silvesterkapelle mit dem runden Treppenturm; an der Südseite die Ringmauer, an die sich die Wirtschaftsgebäude anlehnten. Unter Erzbischof Konrad wurde der runde freistehende Bergfried errichtet, der ursprünglich vier Geschosse hoch war und noch die Kragsteine des ursprünglichen Wehrganges aufweist. Der originale Eingang lag etwa 6 m über dem Boden im zweiten Turmgeschoß. Unter Walram von Jülich wurden dem Turm drei weitere Stockwerke mit abschließendem Wehrgang aufgesetzt.
– KD Kreis Bonn 283, Dehio N 208, T., B.,

Hist. St. III 42, Janssen II 132, Wiedemann, Haentjes Godesberg, Rh. Städtebuch 188

Frühgeschichtlicher Ringwall
1968 wurde ein ovaler Ringwall entdeckt. Er bestand aus einem bis 6 m breiten Graben und einem 4 m hohen Wall. Im Norden stößt die Anlage an einen 10–12 m tiefen Bacheinschnitt, der einen zusätzlichen natürlichen Schutz bot. Im Innern des Walles wurden mittelalterliche Keramik und Dachschiefer aufgefunden. Der Ringwall ist dem Ende der Wallperiode (10.–12. Jh.) zuzurechnen, da die für das 12. Jh. typische blaugraue Kugeltopfkeramik gefunden wurde. Urkundliche Belege sind nicht bekannt.
– Janssen II 132

Bonn-Buschdorf

Burg Buschdorf (Turmhoff)
Im 13. Jh. wurde die Burg als Stammsitz der v. Buschdorf genannt. 1499 ist bezeugt, daß zum Wohnturm ein Wirtschaftshof gehörte, der später wüst wurde. Der Donjon gab dem Anwesen den Namen Turmhoff.
– Janssen II 144

Wohnturm Törngen
Zwischen Bornheim-Roisdorf und Bonn-Buschdorf lag an dem sog. Törngen ein Anwesen, dessen Art bislang ungeklärt ist, wahrscheinlich aber ein Rittersitz war.
– Janssen II 144

Bonn-Dottendorf

Burg Dottendorf
Die Anlage aus dem 15. Jh. war Lehen der Propstei Bonn. Die alte Burg wurde 1895 abgebrochen und durch einen Neubau ersetzt. Die Burg stand in Verbindung mit der Kirche, war zweistöckig und hatte einen oktogonalen Treppenturm. An der Westseite befand sich eine offene Halle mit Arkaden zum Hof.
– KD Kreis Bonn 267, T.

Bonn-Dransdorf

Burg Dransdorf
Wahrscheinlich handelt es sich um den Stammsitz der Herren v. Dransdorf, die 1138 erstmalig auftreten. Die heutige Burg, ein zweigeschossiger Neubau von 1742 mit vier Achsen und steilem Walmdach, ist über dem Unterbau einer älteren Anlage errichtet worden und war ursprünglich durch ein doppeltes Grabensystem gesichert.
– KD Kreis Bonn 267, T.

Bonn-Duisdorf

Burg Duisdorf
Von der mittelalterlichen Wasserburg mitten im Ort ist nur noch der vierseitig geschlossene Wirtschaftshof erhalten. Nach der Tranchot-Aufnahme war es eine zweiteilige Anlage mit rechteckiger Vorburg und nördlich danebengelegener quadratischer Hauptburg. Das zweigeschossige Herrenhaus scheint damals nicht mehr bestanden zu haben. Beide Teile waren von Wassergräben umgeben, die Hauptburg nach Norden sogar durch einen sehr breiten zweiten. Das Grabensystem und die Hauptburg sind völlig eingeebnet und verschwunden.
– KD Kreis Bonn 268, Janssen II 145, T.

Motte auf dem Hardtberg
Angeblich war hier der Sitz der Ritter v. Duisdorf, bevor sie sich im Dorf niederließen. Vielleicht handelte es sich um den Abschnittswall nordöstlich Witterschlick. Über Alter, Aussehen und genaue Lage ist nichts bekannt.
– Janssen II 144

Bonn-Endenich

Burg Endenich
Die Dorfburg wird zu Anfang des 13. Jh. genannt. Die Bauten aus dem späten Mittelalter, wohl 15. Jh., wurden 1689 zerstört. Die Hauptburg wurde 1725 durch einen Umbau der Vorburg ersetzt. Dabei handelt es sich um einen zweistöckigen Mitteltrakt mit rechtwinklig angesetzten Flügeln. Der

südliche Teil wurde 1960 wegen Baufälligkeit abgebrochen. Die Gräben sind verfüllt.
– KD Stadt Bonn 228, Duncker 44, T.

Bonn-Friesdorf

Burg Friesdorf (Turmhof)

Von der Burg der 1139 erstmalig erwähnten Ritter v. Friesdorf ist das aus dem 12. Jh. stammende zweistöckige Wohnhaus (Donjon) erhalten, das aus Bruchsteinen über einem Basaltsockel erbaut wurde. Die Toreinfahrt stammt aus dem 18. Jh. Nach starker Kriegszerstörung wurde die Anlage wiederhergestellt. Der Wohnturm mit 2 m starken Mauern hat eine Grundfläche von 9,5x11 m.
– KD Kreis Bonn 269, Janssen II 134, Haentjes Godesberg, Dehio N 209, Kubach-Verbeek 301, Hist. St. III 236, T.

Bonn-Graurheindorf

Rheindorfer Burg

Die Burg war seit der ersten Erwähnung 1131 bis zur Säkularisation ein Lehen des Bonner Cassiusstifts. Das um 1755 errichtete Herrenhaus ist ein zweigeschossiger Rechteckbau mit hohem, von einer turmartigen Laterne bekrönten Walmdach. An der Hofseite ist ein schwach betonter Mittelrisalit mit Dreieckgiebel und Freitreppe zu sehen. Die übereinanderliegenden Salons sind auf der Gartenseite als dreiseitiger Mittelrisalit vorgezogen. Der Bau wird Michael Leveilly zugeschrieben und zeigt die „bürgerlich abgewandelte" Form der schon von Falkenlust bekannten maison de plaisance und hat Ähnlichkeiten mit Schloß Arff in Köln.
– KD Kreis Bonn 297, Dehio N 83, Renard, T., W.

Bonn-Kessenich

Rosenburg

Das kleine Schlößchen wurde 1831 im klassizistischen Stil erbaut. Später ist es erweitert und umgestaltet worden.
– KD Stadt Bonn 230, T.

Bonn-Lengsdorf

Burg Gracht

1321 ist als erster Besitzer ein Johann v. Gracht nachzuweisen. Im 16. Jh. gelangte die Burg an die v. Lülsdorf, die im 17. Jh. das Erbbegräbnis in der Kirche hatten. Vermutlich wurde die Burg im 17. Jh. kriegszerstört.
– Janssen II 154, Weffer

Bonn-Muffendorf

Burg Muffendorf

Gegenüber der Kirche stand eine Burg, die im 16./17. Jh. von der Familie v. Steinen gen. Tricht bewohnt wurde. 1671 wird die Burg „adelicher Seß" genannt. 1830 wurde das Gut verkauft und kurze Zeit später abgebrochen.
– Janssen II 135, Wiedemann 123

Deutschordenskommende

Im 13. Jh. wurde die Kommende anstelle einer karolingischen Villa erbaut. Das Herrenhaus ist 1761 gestaltet worden. Der schlichte zweigeschossige Bau mit Mansarddach hat sieben Achsen. An der nördlichen Schmalseite befindet sich ein turmartiger Neubau auf quadratischem Grundriß und ein zweigeschossiger Trakt mit polygonalem Anbau. Der Garten wurde um 1900 neugestaltet. Die Deutschordenskommende ist die Residenz des belgischen Botschafters.
– KD Kreis Bonn 321, Hist. St. III 530, Wolf, Duncker 59, Haentjes Godesberg, T.

Bonn-Plittersdorf

Steinenhaus in Plittersdorf

Der Wohnturm, das steinerne Haus, wird 1419 genannt. Das Burghaus, offenbar romanisch, war bis zum Beginn des 18. Jh. vollständig erhalten; es wurde 1806 niedergelegt. An der Stelle der Burg befindet sich heute der Steinenhof in der Hohen Straße.
– KD Kreis Bonn 325, Hist. St. III 613, Janssen II 134, Dietz Bonn 66

Turmhof in Plittersdorf

Dieser Wohnturm befand sich ebenfalls in der Hohen Straße. Er wurde im 16. Jh. erwähnt. Eine Zeichnung von 1578 zeigt das Haus mit vier vorgekragten Ecktürmen und einem hohen Dach. Der Turmhof wurde im 19. Jh. abgebrochen. An seiner Stelle wurde eine Villa erbaut.
– Janssen II 134, Hist. St. III 613

Bonn-Poppelsdorf

Wasserburg Poppelsdorf/Schloß Clemensruh

Die mittelalterliche, im 16. Jh. ausgebaute Wasserburg wurde 1583 zerstört. Die Ruinen wurden im 17. Jh. beseitigt. Kurfürst Joseph Clemens ließ sich an ihrer Stelle 1715–1723 ein Lustschloß nach dem Entwurf von Robert de Cotte errichten, das erst unter seinem Neffen Clemens August vollendet wurde. Ein geplanter Kanal zwischen dem buen retiro des Bonner Residenzschlosses und Clemensruh kam nicht zur Ausführung. Nach der Kriegszerstörung erfolgte eine Rekonstruktion des Schlosses. Es handelt sich bei Clemensruh um eine quadratische Vierflügelanlage mit vorspringenden Eckbauten und vorgeschobenen Mittelpavillons um den zentralen, von einer gewölbten Arkadengalerie eingefaßten Rundhof. Heute noch kann man den bestimmenden Baugedanken bemerken, den in Frankreich geläufigen Typus der Vierflügelanlage mit dem in Italien entwickelten Motiv des Rundhofes zu verbinden.
– KD Stadt Bonn 239, Dehio N 85, Knopp-Hansmann, W., T., Katalog „Clemens August", Schlaun-Studie, Kalnein, Rh. Städteatlas, Renard

Katzenburg

1661 heißt es, die Katzenburg samt den darauf stehenden Hofrechten sei adlig. Seit 1755 fanden hier Versuche zur Porzellanherstellung statt, aus denen dann die Poppelsdorfer Fayence-Manufaktur hervorging. Die Katzenburg ist im 19. Jh. abgebrochen worden.
– Janssen II 140

Sternenburg

Ein älteres Gebäude aus dem 16. Jh. wurde um 1750 durch ein Rokokoschlößchen mit zwei risalitartig vorspringenden Flügeln ersetzt. Die reizende Anlage wurde später durch Um- und Zubauten entstellt.
– KD Stadt Bonn 250, Renard, T.

Bonn-Roettgen

Jagdschloß Herzogsfreude

Das von Kurfürst Clemens August von Köln 1754 erbaute Jagdschloß wurde von den Franzosen 1810 auf Abbruch verkauft. Es sind keine sichtbaren Bauspuren mehr vorhanden. Nur noch kleine Fundamentreste im Boden zeugen von dem Schloß mit seiner Front von 150 m und etwa 100 Räumen.
– KD Kreis Bonn 332, Janssen II 175, Renard, Hist. St. III 654, Katalog „Clemens August" 225, – zeitgenössische Beschreibung, vor allem der Ausstattung: Baillie 153 f.

Boos

Burghaus

In dem Burghaus der Grafen v. Virneburg hatte seit 1339 der Erzbischof v. Trier Öffnungsrecht. Reste des Anwesens sind keine erhalten.
– Laufner, Berns Nr. 103

Borler

Burg Heyer

Die kleine Anlage, angeblich eine Wasserburg, ist schon sehr früh untergegangen. Der Hof bestand bis um 1800.
– L. 31, KD Mayen 204, T., Müller Wüstungen 43–47

Bornheim

Burg Bornheim

1147 wurde die Burg als Sitz des gleichnamigen Rittergeschlechts genannt. Über die Beissel v. Gymnich und die Scheiffart v. Merode kam die Herrlichkeit Bornheim an die Waldbott v. Bassenheim, die 1728–1732 anstelle der mittelalterlichen Burg ein Schloß errich-

ten ließen. Im 19. Jh. wechselten die Besitzer häufig. Das Hauptgebäude ist neunachsig, hat zwei Geschosse und ein Mansarddach. Nach 1871 wurden die Räume in verschiedenen Kunststilen ausgestaltet. An der Gartenwie an der Hofseite sind die mittleren Achsen unter einem Dreieckgiebel zu einem Mittelrisalit zusammengefaßt. Von der älteren Bausubstanz blieb nur die Vorburg hinter einem Wassergraben erhalten. Den wehrhaften Torturm mit Zugbrücke ersetzte man durch einen Barocktorbogen und eine Steinbrücke. Das Glockentürmchen fiel 1972 einem Großbrand zum Opfer.
– KD Kreis Bonn 262, Hist. St. III 104, Zerlett, Renard, T., Duncker 34, Herzog

Burg Dorne

Die Burg stand an der Landstraße nach Waldorf, hinter dem heutigen Pingshof. Sie wird im 14. Jh. erwähnt, 1583 im Truchseßschen Krieg zerstört und 1608 wieder aufgebaut. Im Gelände sind nur noch sehr spärliche Reste der ehemaligen Burg sichtbar. Die Burggräben stehen in Verbindung mit dem hier durchlaufenden großen Landgraben. Die Hauptburg ist eine rechteckige Fläche, die von 10–12 m breiten Gräben umschlossen wird. Dieses Areal wird etwa in der Mitte durch einen 18 m breiten Graben quergeteilt. Wann die Burg wüst wurde, ist nicht bekannt, doch scheint es während der Pfälzischen Erbkriege gewesen zu sein.
– Janssen II 141

Bornheim-Hemmerich

Burg Hemmerich

Die Burg wird 1210 erstmals erwähnt und befand sich lange Zeit im Besitz der v. Hemberg. 1729–33 wurde die Burg ganz im Rokoko-Stil umgestaltet. Die Vierflügelanlage mit vorspringenden Ecktürmen wurde nach einem Großbrand 1869 wiederaufgebaut und mit historisierenden Zutaten versehen. 1945 fiel Hemmerich erneut einem Brand zum Opfer.
– KD Kreis Bonn 305, Hist. St. III 308, Duncker 63, T., Zerlett, Herzog

Stefenshof

(Alte Burg der v. Roisdorf)
1308 werden Haus, Hof und Weingärten genannt. 1599 gehörte die Burg dem Wilhelm Wolf v. Roisdorf, 1647 dem Bonner Cassiusstift. 1805 wurde der Hof versteigert und teilweise abgerissen. Von der alten Burg waren bis vor einigen Jahren noch die starken Gebäude eines Burgkellers erhalten.
– Janssen II 143

Wehranlagen „Am Tümpel"

Schon um die Mitte des 15. Jh. wird die Anlage im Londorfer Zins- und Pachtregister genannt. Hier hat sich eine aus Wällen und Gräben bestehende Wehranlage erhalten. Die offensichtlich zweiteilige Anlage erweckt den Eindruck einer nicht fertiggewordenen Wasserburg. Die Anlage kann als früh wüst gewordener befestigter Hof bezeichnet werden. Die bei Tranchot als unbenanntes eingehegtes Grundstück erkenntliche Fläche ist heute mit Gebüsch und niederen Bäumen bestanden.
– Janssen II 516

Bornheim-Dersdorf

Burg Dersdorf

Bis 1226 wird ein Ritter Hartliev v. Degersthorp (Dersdorf) genannt, dessen Familie mit der Burg in Verbindung gebracht wird. 1808 wurde die Burg Bauernbesitz und verfiel 1819 dem Abbruch. Die Tranchot-Karte zeigt noch gut den Charakter. In dem etwa ovalen, von einem Wassergraben umschlossenen Areal steht nur ein mächtiges Gebäude, der Wohnturm. Offenbar lag der Gutshof außerhalb der Anlage auf der Nordseite des Grabens. Bis 1935 standen mitten in Dersdorf in einer Mulde die Reste der Burg. Erhalten waren damals noch sechs Mauerecken und -stümpfe des Donjons, der bei einer Mauerstärke von 1,80 m die Ausmaße von 8,80 auf 14,80 m hatte.
– Janssen II 141, Zerlett

Haus Rankenberg

Oberhalb von Dersdorf liegt inmitten eines

großartigen Parks Haus Rankenberg. Ursprünglich war es wohl ein 1405 genannter Sommersitz der Herrschaft Dersdorf. Das heutige Gebäude wurde 1897 von Grund auf neu erbaut, lehnt sich aber in der äußeren Gestalt den barocken Bauten der Umgebung an.
– Zerlett

Bornheim-Hersel

Burg Hersel

Die Burg der Ritter v. Hersel wird nördlich des Ortes dicht am Rhein vermutet und soll bei einem Hochwasser untergegangen sein.
– Hist. St. III 318, Zerlett

Burg Urfeld

Hier soll für die Zeit um 1100 eine Burg bezeugt sein, über deren Aussehen nichts bekannt ist. Möglicherweise ist Urfeld identisch mit Hersel.
– Janssen II 151

Bornheim-Lohndorf

Burghaus Lohndorf

Das freiadelige Haus Lohndorf oder Luynrich ist im 19. Jh. verfallen. Reste sind keine erhalten. In der Nachbarschaft des Burghauses befanden sich mehrere Höfe.
– T (ohne nähere Angaben), Hist. St. III 511, Janssen II 177 und 512

Bornheim-Merten

Burg Merten

Eine kleine Burganlage aus dem späten 12. Jh. befand sich direkt unterhalb der alten Martinskirche auf einem römischen Villenbezirk. Erhalten ist nur noch das bemerkenswerte Trachyt-Portal mit einem schweren, farbig gefaßten Rundstab. Das Portal dient heute als Eingang zum Friedhof.
– Zerlett

Bornheim-Rösberg

Motte in Rösberg

Zwischen der Auelsgasse und dem Greesbergsweg wurde 1969 ein zwei bis zweieinhalb Meter hoher Burghügel mit einem Durchmesser von 10 bis 12 m entdeckt, der von einem 5–7 m breiten Graben umgeben war. Im Südwesten der Anlage verbreiterte er sich auf etwa 15 m. Auf der Hügelmitte und an den Rändern war die Anlage durch Eingrabungen gestört. Der Motte war westlich eine Vorburg vorgelagert, deren südliche Begrenzung noch festzustellen ist. Die Anlage ist dem besonderen Typus einer Höhenmotte zuzurechnen, weil sie auf einem Hochplateau angelegt ist. Wahrscheinlich ist sie die Vorgängerin der ungefähr 250 m entfernten Burg Rösberg.
– Janssen II 180, Zerlett

Burghaus in Rösberg

In der Nähe der Kirche erbauten die Freiherren v. Weichs um die Mitte des 17. Jh. ein einfaches Burghaus.
– KD Kreis Bonn 331

Burg Rösberg

Bis 1276 treten die Herren v. Rodenberg auf, deren Burg, vielleicht auch eine Turmhügelburganlage, sich mitten im Ort erhob. Sie wurde 1371 durch den Kölner Erzbischof Friedrich III. v. Saarwerden zerstört und nicht wiederaufgebaut.
– KD Kreis Bonn 331, Hist. St. III 653, Zerlett

Schloß Rösberg

Westlich des Ortes ließen die Freiherren v. Weichs 1731/32 durch Johann Conrad Schlaun das heutige Schloß errichten. Die regelmäßige Anlage mit freistehendem Herrenhaus befindet sich in einer reizvollen Landschaft. Das siebenachsige Gebäude wurde nach einem Brand im 19. Jh. auf drei Geschosse erhöht. Die Mittelachse der Straßenseite ist durch Pilaster und Dreieckgiebel betont. 1941 wurde das Schloß durch Bomben zerstört. Die Reste des dritten Geschosses wurden abgetragen. Die für Schlaun charakteristischen Eckrundungen und die Hausteingliederung lassen auch noch in den Ruinen den noblen Bau erkennen. Zur Gartenseite war ein fünfseitig vorspringender Risalit

hauptsächlicher Blickpunkt, wie man es in Falkenlust ebenfalls erkennen kann.
- KD Kreis Bonn 626, Dehio N 574, Hist. St. III 653, T., Renard, Schlaun-Studie, Zerlett, Duncker 37, Herzog

Bornheim-Roisdorf

Burg Roisdorf (Donnerstein)

Von der alten Ritterburg, dem Stammsitz eines Geschlechts, das mit dem Hochmeister Paulus v. Roisdorf 1441 erlosch, befand sich beim Steffelshof noch ein etwa 4 m hoher Turmstumpf, der 1969 entfernt wurde.
- KD Kreis Bonn 691, Zerlett

Haus Wittgenstein

An der Stelle einer alten Burg, die im 16. Jh. den Herren v. Metternich gehörte und 1789 an Johann Jakob v. Wittgenstein kam, errichtete der Kölner Dombaumeister Ernst Friedrich Zwirner 1844/45 eine großzügige Sommervilla. Der dreigeschossige Mittelbau mit flachem Satteldach hat auf jeder Seite einen kurzen zweigeschossigen Flankenbau. Die Gartenfront (Ostseite) ist durch eine Veranda und einen Balkon im ersten Obergeschoß betont. Der Park besitzt einen bemerkenswerten Baumbestand. Das Anwesen ist umfriedet von Eisengittern zwischen behauenen Sandsteinblöcken.
- Dehio N 86, Zerlett, Duncker 67

Wolfsburg

Die Burg führt ihren Namen von den Besitzern, den Herren v. Wolff, die im 15. Jh. die spätgotische Anlage erbauten, nachdem sie den Grundbesitz erworben hatten. Der ursprüngliche Winkelbau wurde 1626 durch einen abschließenden Quertrakt geschlossen und erhielt geschweifte Treppengiebel. Unter den Waldbott v. Bornheim wurden die Ökonomiegebäude mit dem niedrigen Torturm mit Dreieckgiebel und Mansarddach gebaut. Bis 1874 war der unverputzte Backsteinbau von Wassergräben umgeben.
- KD Kreis Bonn 335, Dehio N 86, Zerlett, Duncker 67, Hist. St. III 651, T., W.

Haus von Wrede

1872 erbaute der schwedische Graf Wilhelm Mörner, ein bekannter Maler und Bauforscher, das Haus und ließ den Park anlegen. Auf einem hohen Sockelgeschoß erhebt sich der zweigeschossige Bau mit schiefergedecktem Steildach. Das Haus ist, der Zeit entsprechend, neogotisch gestaltet.
- KD Kreis Bonn 335, Zerlett

Bornheim-Sechtem

Motte Aldeburg

Der frühmittelalterliche Ringwall wird von zwei in Ost-West-Richtung verlaufenden Siefen begrenzt und hat eine ovale Innenfläche von etwa 120×65 m. Nach Westen ist dem Wall ein Graben vorgelagert. Es handelt sich wohl um eine frühmittelalterliche Wehranlage. Der Name „Aldeburg" wurde wahrscheinlich im Gegensatz zur Kitzburg gewählt.
- Janssen II 178 und 513

Burg Husen (Hausen)

Dieser Rittersitz ist bereits im 15. Jh. untergegangen. Die Burg wird 1236 Allod des Adolf v. Husen. Seit 1347 wird der Sitz nicht mehr erwähnt, war vielleicht schon damals wüst.
- Janssen II 177, Zerlett

Graue Burg

Wahrscheinlich wurde die „Graweburg" von den Herren v. Saffenberg erbaut. Durch Erbschaft kam sie an die Grafen v. Sayn, durch Schenkung an das Erzstift Köln. Später wurde die Graue Burg hessische Enklave. 1630 kam sie erneut an Köln. Nach einem Brand wurde die völlig zerstörte Ritterburg 1770/71 beseitigt. An einer anderen Stelle wurde eine Wasserburg erbaut. Das siebenachsige Gebäude stammt von Johann Georg Leydel. Es ist ein ungewöhnlich hoher dreigeschossiger Bau mit Walmdach. Unter einem Dreieckgiebel sind die mittleren drei Achsen zusammengefaßt. Eine doppelläufige Freitreppe und der Balkon im ersten Obergeschoß beto-

nen neben Gesimsbändern den wenig vortretenden Risalit.
- KD Kreis Bonn 366, Hist. St. III 681, Zerlett, T.

Weiße Burg

Angeblich stammt die Burg schon aus dem 11. Jh., doch wird sie erst 1472 urkundlich erwähnt. Ihren Namen hat sie von Wisse = Wiese. Später trug sie kurz die Bezeichnung „Kraneburg" (nach der Familie v. Krane). 1906 kam die Weiße Burg in Sechtem in bürgerlichen Besitz. Das heutige Burghaus wurde um die Mitte des 19. Jh. im Stil italienischer Landhäuser erneuert. Nur der 1846 errichtete neoromanische Torturm enthält noch Teile der alten Bausubstanz.
- KD Kreis Bonn 367, Hist. St. III 681, Zerlett, B., Herzog

Bornheim-Walberberg

Alte Burg zu Walberberg (Hexenturm)

Westlich der Kirche erhebt sich ein runder Bergfried, wohl aus der zweiten Hälfte des 12. Jh., der als letzter Rest der Walberberger Burg gilt. Er verjüngt sich nach oben, ist ca. 21 m hoch und viergeschossig. Im Erdgeschoß sind die Wände nahezu 2 m stark. 1388 gelangte die Burg durch Kauf in den Besitz des Kölner Domkapitels. Wann die Burg zerstört wurde, ist nicht überliefert.
- KD Kreis Bonn 387, Dehio N 575, Kubach-Verbeek 1204, Zerlett, Janssen II 176, Hist. St. III 746

Kitzburg

Seit 1472 war die Kitzburg Sitz des kurkölnischen Amtmanns von Brühl. Um 1600 ging sie als freiadeliges Gut an die v. Wolfskehl über. In späterer Zeit wechselten die Besitzer relativ häufig. Die heute noch vorhandene zweiteilige, auf einem regelmäßigen Grundriß errichtete Wasseranlage stammt aus dem 18. Jh. Die Vorburg lagert langgestreckt davor. Das Herrenhaus steht auf einer ummauerten und mit Eckpavillons besetzten Insel und ist ein behaglicher zweigeschossiger Bau aus dem Jahr 1761. Im Barockgarten ist ein Steinbrunnen aus der Erbauungszeit erhalten; der gepflegte Baumbestand ist unter Kennern berühmt.
- KD Kreis Bonn 388, Zerlett, Dehio N 575, T., W., Hist. St. III 746, Duncker 111, Herzog

Rheindorfer Burg

Die ursprüngliche Wasserburg wird 1140 erstmalig genannt. Seit 1925 ist hier der Hauptsitz des Dominikaner-Ordens in Deutschland. Die im wesentlichen aus dem 17. Jh. stammenden Bauten wurden 1932/34 und 1952/58 umfassend restauriert und erweitert. Bemerkenswert ist der oktogonale Torturm auf runder Basis mit welscher Haube. Der mächtige Flankenturm ist durch eine geschweifte Haube bekrönt.
- KD Kreis Bonn 388, Hist. St. III 746, Zerlett

Borr s. Erftstadt-B.

Boulich/Bulich, Haus s. Zülpich-Wichterich

Bourheim s. Jülich-B.

Bovenberg s. Eschweiler-B.

Bovendorf s. Sinzig-Ahrenthal

Brachelsburg = Burg Desdorf s. Elsdorf-D.

Brand s. Aachen-B.

Brandenberg, Burg s. Hürtgenwald

Brandesmühle, Burganlage s. Spangdahlem

Brandscheid

Burghaus

An der Stelle eines verschwundenen Burghauses steht heute die Pfarrkirche.
- KD Prüm 43

Breitenbend

Burg

Breitenbend wird im 14. Jh. als Brabanter Lehen genannt und im 15. Jh. befestigt. Von der großen und vieltürmigen, mit zwei Vorburgen und weiteren zwei vorgelagerten Tor-

burgen, einem die drei Kerninseln umziehen-den Wallgraben bewehrten Feste ist nichts mehr erhalten. Der im Zweiten Weltkrieg stark beschädigte Torbau vom Ende des 15. Jh. wurde 1946 entfernt.
– KD Jülich 174, Hist. St. III 471, T., W.

Breitmar, Haus s. Kerpen-Sindorf

Breitscheidt, Burg s. Adenau

Brockscheid

Freudenstein/Geisenburg

Von 1340 bis 1343 ließ König Johann der Blinde von Böhmen die Burg erbauen, die zwischen 1348 und 1353 zerstört und danach nicht wiederaufgebaut wurde. 1928 waren auf dem Burgplatz noch Reste von Mauern sichtbar. Im Gelände sind zwei starke Erd-wälle zu erkennen.
– KD Daun 34, Hist. St. V 105, Vannérus, Backes Eifel, Janssen II 215, T., B.

Brohl (Maifeld)

Burghaus

Das feste Haus der Ritter v. Brule war wohl ein Lehen der Abtei St. Maximin bei Trier. Hierbei dürfte es sich um einen kleinen Wohnturm gehandelt haben.
– KD Cochem 106

Brohl-Lützing

Burg Brohleck

Die Burg stand an einem nach Osten geneig-ten Hang. 1325 wurde das Allod des Burg-grafen dem Erzbischof Balduin von Trier zu Lehen aufgetragen. Die Burg war durchge-hend bis ins 19. Jh. bewohnt. Sie wurde jedoch 1888 so stark umgebaut, daß von der mittelalterlichen Anlage nur noch bescheide-ne Reste vorhanden sind.
– KD Ahrweiler 213, Janssen II 265, Ku-bach-Verbeek 154, T., B., Laufner, L., Hist. St. V 59, Berns Nr. 32 u. 155

Untere Burg

Im Ortskern findet sich ein Bezirk mit der Bezeichnung „Burg". Noch 1860 soll ein viereckiger Turm einer Burganlage gestanden haben. Das Burgtor wurde 1899 beseitigt. Weitere Reste fanden sich in Form von zwei großen Gewölbekellern unter Wohnhäusern in diesem Bereich.
– KD Ahrweiler 214, Janssen II 266

(Ortsteil Niederlützingen)

Burg der Ritter v. Lützingen

Das Geschlecht v. Lützingen wird 1163 ge-nannt und ist im 15. Jh. erloschen. Das Burg-haus in der Gemarkung Hellershof ist unter-gegangen. Bei Grabungen entdeckte man 1890 einige Mauerzüge im Boden.
– KD Mayen 374

Burghaus der Haust v. Ulmen

1352 trug der Ritter Haust v. Ulmen dem Trierer Erzbischof sein Haus und Hof zu Lehen auf. Weitere Angaben fehlen.
– KD Mayen 374

Schloß Schweppenburg

Seit 1365 ist die Schweppenburg, wohl ein kurkölnisches Lehen, im Brohltal urkundlich nachgewiesen. Sie erhebt sich auf einem Fels-vorsprung. Nach Norden ist sie durch einen natürlichen Wall geschützt. 1638 wurde auf einem hohen Sockelgeschoß der dreistöckige Schloßbau errichtet. Ursprünglich bildete dieser Teil den Ostflügel einer um einen In-nenhof gruppierten Anlage, dessen spätgoti-sche Bauten 1785 größtenteils niedergelegt wurden. An den beiden Ecken der Ostseite befinden sich polygonale Türme, an der Nordwestecke ein kleiner Flügelbau mit der Treppe für das Hauptgebäude. Im Äußeren ist der Bau des 17. Jh. noch burgähnlich. Im Inneren dagegen bemerkt man den Schloß-charakter. Die Wohnräume sind in jedem Geschoß von einem Flur aus zugänglich. Der Hauptsaal liegt in der Mittelachse des Erdge-schosses und hat eine Balkendecke mit drei Medaillons, darin das Christusmonogramm, wodurch die ursprüngliche Verwendung des Raumes als Kapelle erkennbar wird.

Die Wasserburg Bruch im Salmtal

– KD Mayen 406, Dehio 159, Hist. St. V 343, Duncker 8, Wegeler, B., T., L. Wilkes, Backes Eifel

Brohleck, Burg s. Brohl

Broich s. Bedburg-B.

Broich s. Jülich-B.

Broich, Burg s. Euskirchen-Kreuzweingarten

Broich, Haus s. Mechernich-Antweiler

Brubbchenburg s. Eschweiler-Lohn

Bruch

Wasserburg Bruch

Die Burg war anfangs ein luxemburgisches, seit 1338 ein kurtrierisches Lehen. Die Anlage umfaßt ein Rechteck von annähernd 50 × 100 Metern, das von einem Wall und einem (trockengelegten) Graben umgeben ist. Die Ringmauer ist auf drei Seiten erhalten, allerdings nicht in der ursprünglichen Höhe. Der nördliche Zug der Mauer wird von zwei charakteristischen Rundtürmen aus dem 14. Jh. flankiert, die mit ihren Kegeldächern und wegen ihrer Höhe auffallen. Der Einstieg befindet sich über dem gewölbten Erdgeschoß. Im Innern sind die Türme zu Wohnzwecken in mehreren Geschossen ausgebaut. Der westliche Turm besitzt eine Treppe in der Mauerdicke. Die Turmdächer haben je zwei Dacherker. An der Ostseite der Anlage steht der rechteckige, ursprünglich fünfgeschossige Torturm. Auf der Plattform in der Nordwestecke stand ein Wohnbau, der 1689 zerstört wurde. Das jetzige Wohnhaus stammt aus der Mitte des 18. Jh. Es ist ein einfacher Barockbau mit Mansarddach. Über dem Portal ist das Allianzwappen v. Kesselstatt/Raitz v. Frentz angebracht. Mit unter dem Dach des Herrenhauses befindet sich die um 1300 erbaute ehemalige Kapelle. Im quadratischen Chor mit Kreuzrippengewölbe, das auf frühgotischen Eckdiensten ruht, und

53

rundem Chorbogen wird ein spätgotisches Sakramentshäuschen aufbewahrt. Für die Zeit der ersten Erwähnung der Herren v. Bruch ist eher eine Motte denkbar, aus der sich die gewaltige Wasserburg entwickelte.

– KD Wittlich 44, Dehio 151, Hist. St. V 58, Laufner, T., B. Backes Eifel, Caspary Tagung, Janssen II 341, Graetz, Resch, Freckmann-Graetz, Berns

Brück s. Ahrbrück

Brüggen, Burg s. Kerpen/Rhld.

Brühl

Schloß Augustusburg

An der Stelle des 1689 zerstörten kurfürstlichen Schlosses, das vom 14. bis 16. Jh. erbaut worden war, wollte Kurfürst Joseph Clemens ein neues Jagd- und Lustschloß erbauen. Sein Neffe und Nachfolger Clemens August führte ab 1725 das Projekt fort. Neben Johann Conrad Schlaun, der den mittelalterlichen Grundriß weitgehend berücksichtigte, haben die Architekten Michael Leveilly und François Cuvilliés an dem Bau gearbeitet, so daß eine einheitliche Konzeption nicht vorhanden ist. Augustusburg wurde 1768 fertiggestellt. Das dreiflügelige Schloß mit drei Geschossen und Mansarddach ist ein vergleichsweise bescheidener Putzbau mit Werksteingliederung. Die Nordseite ist ohne künstlerischen Schmuck. An der Westseite sind niedrige Orangeriegebäude angelegt. In der Mitte tritt ein fünfachsiger Risalit mit Dreieckgiebel vor. Der Ostseite ist die dreiseitig umschlossene cour d'honneur vorgelegt. Die Seitenflügel enden in einachsigen Risaliten. Das Treppenhaus wurde von Balthasar Neumann gestaltet. Nach schweren Kriegszerstörungen wurde Schloß Augustusburg mustergültig wiederhergestellt. Die berühmten Parkanlagen von Dominique Girard wurden im 19. Jh. von Peter Joseph Lenné umgestaltet.

– KD Kreis Köln 79, Schlaun-Studie, Dohns, Lempertz, T., Hansmann Augustusburg, Renard, Dehio N. 97, Hist. St. III 124, Meynen, Kisky Köln 47–52, Duncker 1

Jagdschloß Falkenlust

Die Grundsteinlegung erfolgte am 16. Juli 1729. Das zweigeschossige Hauptgebäude von fünf zu fünf Achsen steht frei zwischen vorgezogenen eingeschossigen Nebenbauten für das Jagdgefolge. Das Herrenhaus entspricht den maisons de plaisance. Der Plan stammt von François Cuvilliés. In der Raumanordnung entsprechen Erd- und Obergeschoß weitgehend einander. Der Salon tritt als dreiseitiger Risalit aus der Gartenfront heraus, wodurch hier sieben Achsen zu sehen sind. Das verputzte Gebäude hat ein flaches Walmdach mit umgittertem Belvedere und Laterne als zentralem Dachakzent. In den Pilastervorbauten beherrschen Aufsatzvasen das Ensemble. Die Wände sind in mehrere Schichten aufgegliedert, die ein reizvolles optisches Spiel erzeugen. Die Ausgestaltung und Einrichtung des Rokokoschlosses ist bedeutend, z. B. das Spiegel- und das Lackkabinett.

– Hansmann, Renard, KD Kreis Köln 108, Dehio N 102, T., Hist. St. III 124, Firmenich in BuS 1971, Meynen, Kisky Köln 52–54

Schloß Fasanerie oder Indianisches Haus

Das gegen Ende der vierziger Jahre des 18. Jh. in Anlehnung an das Lustschlößchen Vinea Domini bei Bonn errichtete Haus war ein zweigeschossiger Zentralbau mit Seitenflügeln, die durch je eine eingeschossige Galerie mit wiederum zweigeschossigen Eckpavillons in gleicher Flucht verbunden war. Vorder- und Rückseite entsprachen einander. Interessant war Schloß Fasanerie, weil hier architekturgeschichtlich der Übergang vom Außen- zum Innenraum besonders bemerkenswert war. Die Fasanerie ist im Krieg untergegangen und wurde nicht wiederaufgebaut.

– Renard, Katalog „Clemens August"

Hyazinthenburg oder Schneckenhaus

Von dem wahrscheinlich kreisrunden Schlößchen war unter Kurfürst Clemens August nur der Außenbau fertig geworden. Eine doppelläufige Freitreppe führte zu dem zy-

linderförmigen Bau. Der Grundriß des zweiten Geschosses war enger gefaßt. Von hier aus erreichte man ein ebenfalls abgesetztes zweites Obergeschoß. Diese Art wiederholte sich ein weiteres Mal. Von dem „Schneckenhaus" sind uns keine Reste erhalten.
– Katalog „Clemens August" 229

Brühl-Schwadorf

Burg Schwadorf/Schallenburg

Die Wasserburg war seit dem 15. Jh. im Besitz der Schall v. Bell, von denen sich auch der Name Schallenburg herleitet. Das zweiflügelige (T-förmig!) zweigeschossige Herrenhaus mit Treppengiebeln wird von zwei in asymmetrisch-diagonaler Korrespondenz angeordneten runden dreigeschossigen Türmen flankiert. Die Helme sind nach 1900 gestaltet worden. Grundriß und Turmstellung belegen die spätgotische Anlage. Die Eingangsseite wird durch das rundbogige Trachyt-Portal mit Pilastern und vierteiligem Gesims beherrscht. Der südlich vorgelagerte Wirtschaftshof mit Fachwerkbauten ist jüngeren Datums.
– KD Kreis Köln 177, Hist. St. III 676, W., T., Meynen, Kisky Köln 54–56, Firmenich Brühl

Brühl-Vochem

Erzbischöflicher Burghof

Die mittelalterliche Burg wurde im Dreißigjährigen Krieg zerstört und danach als quadratische Hofanlage wiederaufgebaut.
– KD Kreis Köln 188, Firmenich Brühl, Kubach-Verbeek 1194, Hist. St. III 739, T., Kisky Köln 56–57

Adeliges Haus Vochem

Das adelige Haus Vochem, in dem wir einen Rittersitz vermuten müssen, lag westlich der Kirche. Es ist völlig untergegangen; über seine Gestalt ist nichts bekannt.
– Kisky Köln 57

Bubenheim s. Nörvenich-B.

Buchet

Burg Mombach

Auf dem Gelände, wo nach Meinung der eingesessenen Bewohner das „Schloß" der Herren v. Mombach gestanden haben soll, wurde mittelalterliche Keramik gefunden. Nach der „Eiflia illustrata" soll ein Glasfenster des „Schlosses" die Jahreszahl 1598 getragen haben. Der Grundstückseigner berichtet, beim Pflügen stoße man wiederholt auf alte Mauern. Eine benachbarte Parzelle soll den Namen „Schloßteich" tragen. Wahrscheinlich handelt es sich um einen befestigten Hof, der wohl im 17. Jh. wüst wurde.
– Janssen II 191, KD Prüm 42, T.

Büchelsburg s. Vettweiß

Bürresheim, Schloß s. St. Johann

Bürvenich s. Zülpich-B.

Bütershöfchen, Haus s. Aachen-Laurensberg

Buir s. Kerpen-B.

Bulich/Boulich, Haus s. Zülpich-Wichterich

Burberg s. Schutz

Burg a. d. Salm s. Landscheid

Burgau s. Düren-B.

Burgberg s. Bleckhausen

Burgberg s. Dreis (Kr. Bernkastel-Wittlich)

Burgbrohl

Schloß Burgbrohl

Auf einem Felsplateau über dem Ort erbauten die v. Brule im 12. Jh. ihre Burg. Vom 16. bis zum 19. Jh. war sie im Besitz der Familie v. Braunsberg. Heute wird das Schloß von den Patres vom Heiligsten Herzen genutzt. Die barocke Anlage ist auf älteren Grundmauern errichtet. Die mittelalterliche, wehrtechnisch stark ausgebaute Befestigung wurde dabei zum Teil eingeebnet und zu einem Park umgestaltet, wobei ein Teil der Wehrmauern als Futtermauern benutzt werden konnte. Die barocken Wirtschaftsgebäude in

der westlich vorgelagerten Vorburg enthalten noch mittelalterliches Mauerwerk. Sehenswert ist vor allem das ehemalige Kellnereigebäude, bezeichnet 1731, mit seinem hufeisenförmigen Grundriß. Der Westflügel hat acht Achsen; der Mittelrisalit mit dem hohen Blendbogen und das rechteckige Einfahrtstor sind abwechselnd aus Basaltlavaquadern und verputztem Tuff gegliedert. Darüber erheben sich der Giebel, das Mansarddach und der Dachreiter. Der ehemalige Hauptbau auf der nördlichen Seite des Anwesens weist mit der zweigeschossigen Front nach Süden. Er wurde 1879 um einen Ostflügel erweitert.
– KD Mayen 219, Dehio 158, Hist. St. V 62, Wegeler, T., B., Backes Eifel

Burgfey, Burg s. Mechernich

Burgknopp, Motte s. Orenhofen

Burgköpfchen, Wasserburg s. Großlittgen

Burglay s. Dedenbach

Burgley s. Minheim

Burgsahr s. Kirchsahr

Burg zur Nette/Nettegut s. Andernach

Burscheider Mauer s. Landscheid

Busch, Haus s. Zülpich-Niederelvenich

Buschbell s. Frechen-B.

Buschdorf s. Bonn-B.

Buschfeld, Haus s. Erftstadt-Bliesheim

Buschhoven s. Swisttal-B.

Cambach/Kambach, Haus s. Eschweiler-Kinzweiler

Cardenburg, Burghaus s. Bad Neuenahr-Ahrweiler (Heimersheim)

Castel/Friedland, Burg s. Lambertsberg

Castellaun, Burg s. Schweich

Clemensruh, Schloß s. Bonn-Poppelsdorf

Clusenhof s. Wiesbaum

Cluttinckhaus s. Frechen (Alte Burg)

Die Reichsburg Cochem an der Mosel

Cochem

Reichsburg

Wahrscheinlich um 1020, sicher aber vor 1056, wurde die Burg von Pfalzgraf Ezzo auf dem Bergkegel erbaut. 1294 kam sie als Pfand an Kurtrier. Erzbischof Balduin baute sie in der ersten Hälfte des 14. Jh. stark aus. 1689 wurde Burg Cochem von den Franzosen zerstört. In den Jahren 1868 bis 1877 ließ der Fabrikant Ravené die Anlage wiederaufbauen und einrichten. Die Reichsburg Cochem ist eine interessante neugotische Schöpfung unter teilweiser Verwendung des alten Mauerwerks. Von der mittelalterlichen Burg waren erhalten: das ehemalige Haupttor als Ruine, der im Innern aus der ersten Hälfte des 11. Jh. stammende, wohl im 14. Jh. ummantelte und erhöhte Bergfried mit Ansatz der Ecktürmchen und der sog. Hexenturm, der ursprünglich einen Fries und einen Zinnenkranz besaß, sowie der gewölbte Faßkeller.

Das Haupttor wurde stark verändert, die übrigen Teile wurden berücksichtigt.
- KD Cochem 214, Dehio 165, T., B., Kubach-Verbeek 496, Janssen II 376, Liessem-Löber, Hist. St. V 64, L., Städtebuch RLP 118, Backes Mosel

Burg Kemplon

1294 kam die Burg, die in die Stadtbefestigung einbezogen wurde, an Kurtrier. Nach Hogenberg bestand sie aus einem schweren Rundturm mit angebautem rechteckigem Burghaus. Das Innengelände war zur Stadt hin durch eine Quermauer abgeschlossen. Die Burg wurde 1623 abgebrochen. Aus den Steinen baute man die Kapuzinerkirche. Mauerfundamente wurden im Garten des Krankenhauses gefunden.
- KD Cochem 213, B., Janssen II 376

Winneburg

Über dem Enderbachtal, etwa 4 km von Cochem entfernt, erhebt sich die Winneburg. Sie wurde wahrscheinlich von Cuno v. Winneburg aus der Familie v. Beaumont/Schönberg, der auch die Herren v. Pyrmont angehören, erbaut. Im 15. Jh. wurde die Burg erweitert. Seit 1652 befand sie sich im Besitz des Geschlechts v. Metternich. 1689 wurde die Winneburg von den Franzosen zerstört und ist seither Ruine. Die umfangreiche, unregelmäßige Anlage befindet sich auf einem spitzen Felskegel. Zum älteren Bestand aus der Mitte des 13. Jh. gehören der ca. 22 m hohe Bergfried, der Palas mit zwei fast in ganzer Höhe erhaltenen Halbtürmen, wovon einer eine Tourelle ist, und die tonnengewölbte Toreinfahrt in den unteren Burghof. Aus dem 15. Jh. stammen die Reste von Wirtschafts- und von Wohngebäuden, die um den unteren Burghof gruppiert sind, aber auch die Zwingermauern der Vorburg im Westen und Norden mit den runden Schalentürmen.
- KD Cochem 791, Dehio 166, Kubach-Verbeek 1251, L., T., B., Janssen II 377, Laufner, Backes Mosel

Colynshof, Lehngut s. Aachen

Compendio, Königshof s. Monschau-Konzen

Dahl, Burg s. Blankenheim-Dollendorf (Burg Dollendorf)

Dahlem-Baasem

Burghaus Baasem

Ein Burghaus mit „Graben, Weyeren, Hoff" wurde 1606 von Heinrich v. Elverfeld und seiner Frau Henrica Schall v. Bell verkauft. 1649 erfolgte ein weiterer Besitzerwechsel. Wann das Burghaus unterging, ist unbekannt.
- KD Schleiden 39

Dahlem-Kronenburg

Kronenburg

Eine ältere Burganlage wurde 1306 geschleift. Es war wohl die Burg des Erzbischofs Brun v. Köln, die 1277 den v. Kronenburg aus dem Hause Dollendorf gehörte. Über mehrere Geschlechter kam die Herrschaft 1488 an das Haus Manderscheid, das mit einer kurzen Unterbrechung bis zur Französischen Revolution Besitzer war. 1809 kam die baufällige Kronenburg in bürgerliche Hände und verfiel im Laufe des 19. Jh. völlig. Auf dem höchsten Punkt des Bergrückens ist die seinerzeit stattliche Anlage mit einem polygonalen Mauerring erbaut worden. Dem fünfseitigen Hochschloß ist der sog. Amtshof vorgelagert. Von dem Haupthaus sind noch zwei halbrunde Flankentürme des Nordtores und die Ruinen des Bergfrieds und des Südtores erhalten. Reste der Umfassungsmauer und einer halbrunden Bastion lassen die Ausmaße der Anlage erkennen. Von dem tiefer gelegenen Amtshof stehen die Reste der Wirtschaftsgebäude und das heute als Hotel genutzte Amtshaus von 1766, ein schlichter zweigeschossiger Bau mit Mansarddach.
- KD Schleiden 223, Dehio N 436, T., B., Olessak, Backes Eifel, Janssen II 72, Rh. Städteatlas, Hist. St. III 434

Dahlem-Schmidtheim

Schloß Schmidtheim

Die heutige Anlage ist aus einem – noch erhaltenen – viergeschossigen Wohnturm entstanden, der möglicherweise auf einem römischen Gutshof erbaut wurde. 1340 mußten die Herren v. Schmidtheim die Lehnsherrlichkeit der Grafen v. Blankenheim anerkennen. Seit 1511 sind die (heute: Grafen) Beissel v. Gymnich Besitzer der Burg. Die stattliche zweiteilige Wasseranlage, die Gräben sind zugeschüttet, entstand im 16. bis 18. Jh., wobei Haupt- und Vorburg als hufeisenförmige Anlagen zueinandergekehrt sind. An der Nordseite des dreiflügeligen Herrenhauses ist der Wohnturm in den Bau einbezogen. Die beiden anderen Flügel mit zwei vorspringenden Ecktürmen auf der Gartenseite wurden 1627 als zweigeschossige verputzte Bruchsteinbauten mit Sandsteingliederungen errichtet. Der neunachsige Haupttrakt und der Südflügel haben seit dem 1890 erfolgten Innenausbau, bei dem auch eine neue Treppe eingebaut wurde, Mansard- statt der bis dahin verwendeten Walmdächer. Die Vorbauten an den Seitenflügeln stammen aus dem 18. Jh., ebenso wie die steinerne Brücke zwischen Schloß und Ökonomie und das vierteilige Brunnenbecken. Die Vorburg wurde im 17. Jh. auf einem älteren Grundriß erneuert. Das Torhaus stammt aus dem 18. Jh.
– KD Schleiden 363, Dehio N 569, T., B., Führer 26 S. 108, Hist. St. III 673, Backes Eifel, Herzog

Dasburg

Burg

Die Dasburg gehörte ursprünglich den Grafen v. Vianden, seit dem 15. Jh. den Grafen v. Nassau. 1813 wurde sie auf Abbruch verkauft. Erhalten geblieben sind Teile des doppelten, etwa ovalen Berings und der große Hauptturm, wohl ein spätmittelalterlicher Donjon.
– KD Prüm 58, Dehio 173, Hist. St. V 69, Backes Eifel, T., v. Behr, B.

Daufenbach

Diesburg/Diederichsburg

1284 wird sie im Echternacher Besitz genannt. Wahrscheinlich handelt es sich um eine Wehranlage in der Nähe des heutigen Diesburger Hofes. Dieser dürfte der zugehörige Wirtschaftsbetrieb sein. Möglicherweise hatte aber der Diesburger Hof auch eine Vorgängeranlage gehabt, die man auf Grund ihrer Befestigungswerke als Burg bezeichnete.
– KD Bitburg 102, B., T., Janssen II 311

Daun

Burg

1222 wird die Burg der Herren v. Daun genannt. Sie brannte 1511 ab. 1650 war nur noch ein Teil der Gebäude in Benutzung. Vom alten Baubestand der unregelmäßig länglichen Anlage sind noch die Umfassungsmauern im unteren Teil erhalten. Reste des Bergfrieds mußten 1865 dem Bau der evangelischen Kirche weichen.
– KD Daun 50, Dehio 174, Janssen II 215 und 517, T., B., Hist. St. V 70, Berns Nr. 116 und 166, Resch, Laufner, Backes Eifel, Städtebuch RLP 122

Daun-Rengen

Motte Kolbenrath

Im Hasenbachtal bei Rengen findet sich ein breiter, flacher, kreisrunder Hügel, der ringsum von einem versumpften Wassergraben umgeben ist. Hier fand man bei Grabungen Asche, Holzkohle und Hüttenlehm. In der Umgebung des Hügels gab es früher auffallend viele kleine Hügel, sog. Tummen, die sich beim Planieren als Stein- und Trümmerhaufen, also Siedlungsüberreste erwiesen. Hier fand man sehr viel mittelalterliche Keramik.
– Janssen II 233

Daun-Schalkenmehren

Alteburg oder Alt-Dune

Diese Burg war der Stammsitz der Dynasten v. Dune (Daun). 1341 erfolgte ein Neubau.

Reste waren noch im 19. Jh. sichtbar, so die Ruine eines festen Hauses von 35 mal 13 Schritt lichter Weite. Westlich davon stand ein weiterer Bau. 1914 wurden noch die Reste eines flachen Grabens beobachtet. Es sollen Teile eines Tores gefunden worden sein. Die Burgstelle ist modern überbaut. Besondere Bedeutung hat die Alteburg für die Siedlungsentwicklung als Vorgängeranlage von Burg Daun. Ob sich eine Burgsiedlung gebildet hatte, ist fraglich.
– KD Daun 52, Janssen II 234, Hist. St. V 70, T., B.

Dedenbach

Burglay
Die Gemarkung „Burglay" deutet nach Bornheim auf eine frühere Burg- oder Wehranlage hin.
– B.

Densborn

Alte Burg
Zwischen der Kyll und dem heutigen Bahndamm stand diese Burg, deren Mauern im 19. Jh. noch bis zu 10 m hoch aufragten. Damals waren zwei Türme und die Ringmauer noch vorhanden. Im Süden und Westen lag ein ca. 10 m breiter Graben. 1677 wurde innerhalb des Berings ein Neubau aufgeführt, der aber um die Mitte des 19. Jh. einzustürzen drohte. Dem Typus nach handelte es sich um eine ausgesprochene Niederungsburg. Erhalten sind Teile der Ringmauer mit dem Rundturm an der Südwestecke sowie die Fundamente älterer Wohnbauten. Das heutige Wohnhaus wurde stark verändert. Die ursprünglich regelmäßige Rechteckanlage befand sich schon 1290 im Besitz der Herren v. Daun.
– KD Prüm 65, Janssen II 192, Dehio 179, Hist. St. V 71, T., Backes Eifel

Derichsweiler, Motte s. Düren

Derkum, Haus s. Weilerswist-Lommersum

Dernau

Rittersitz
Das wohl aus der Mitte des 13. Jh. stammende Burghaus der Ritter v. Dernau wird bis ins 15. Jh. genannt. Es scheint relativ früh untergegangen zu sein, da neuere Erwähnungen fehlen.
– KD Ahrweiler 226, T.

Dersdorf s. Bornheim-D.

Desdorf s. Elsdorf-D.

Deudesfeld

Burg
Ritter Ludwig v. Dudensvelt ist der Stifter des Klosters St. Thomas an der Kyll. Von der Lage der Burg ist nichts mehr bekannt.
– KD Daun 59

Dhron s. Neumagen-D.

Diederichsburg/Diesburg s. Daufenbach

Dieffenthal, Burg s. Weilerswist-Lommersum

Dierfeld

Haus Dierfeld
Hierbei handelt es sich um ein ehemals mit Mauern und Graben befestigtes Hofgut der Grafen v. Manderscheid. Das Wohnhaus stammt aus der Mitte des 16. Jh. und hat in der Mitte der Hoffront einen achtseitigen Treppenturm. Neben dem Hoftor im Westen befindet sich eine schlichte Kapelle des 17./ 18. Jh. Nach Tillmann diente Haus Dierfeld als Jagdschlößchen.
– KD Wittlich 100, Dehio 184, T.

Diesburg/Diederichsburg s. Daufenbach

Dietzenley s. Gerolstein

Dirmerzheim s. Erftstadt-D.

Disternich s. Vettweiß-D.

Schloß Dodenburg

Dockweiler

Dreiser Burg

Ein ehemaliges Burghaus aus dem Jahr 1579 stellt die Dreiser Burg dar. Das dreigeschossige Rechteckgebäude mit halbrundem Treppenturm und den Resten von vier Ecktürmen gehörte zum Besitz der Grafen v. Manderscheid.
– KD Daun 65, T.

Dodenburg

Schloß

Das Schloß, eine ehemalige Wasserburg, wird 1279 als trierisches Lehen genannt. Von 1690 bis 1967 war es Besitz der Grafen v. Kesselstatt. Der rechteckige Grundriß des 16. Jh. mit runden Ecktürmchen wurde 1891–1894 durch Ergänzungen in „deutscher Renaissance" verfremdet. Im barocken Garten findet sich ein

achteckiger Pavillon mit Haubendach aus der Mitte des 18. Jh.
– KD Wittlich 103, Dehio 192, Hist. St. V 79, Berns Nr. 98, T., Backes Eifel

Dörbach s. Salmtal

Dohm-Lammersdorf

Burghaus Dohm

Von einer Burgstätte sind westlich der Kirche noch Reste vorhanden.
– Dehio 195

Dollendorf s. Blankenheim-D.

Dom-Esch s. Euskirchen-D.

Donnerstein, Burg s. Bornheim-Roisdorf

Dorff s. Stolberg-D.

Dorne, Burg s. Bornheim

Schloß Dreis

Dorsel s. Antweiler-D.

Dottendorf s. Bonn-D.

Dottel

Burghaus

Ein 1625 genanntes turmähnliches Gebäude mit gotischen Kreuzgewölben war Pachtsitz eines im 18. Jh. parzellierten Gutshofs und wurde 1904 abgebrochen. Von der Hofesfeste ist nichts mehr erhalten.
– KD Schleiden 111

Dransdorf s. Bonn-D.

Dreiborn s. Schleiden-D.

Dreimühlen, Burghaus s. Adenau

Dreimühlen, Burg s. Üxheim-Ahütte

Dreiser, Burg s. Dockweiler

Dreis

Schloß

Als Jagdschloß und Sommerresidenz der Äbte v. Echternach wurde Dreis 1774, vielleicht von Paul Mungenast, erbaut. Es ist ein verputzter Bruchsteinbau mit roten Sandsteingliederungen. Das Gebäude ist zweieinhalbgeschossig und hat kurze, vorspringende Flügel. Die Gartenfront verfügt über eine reich behandelte Mittelachse. Das aufgetreppte Portal hat eine Sandsteinrahmung. Die beiden flankierenden Fenster besitzen runde Oberlichter. Als Schlußsteine dienen vier Fratzenköpfe. Über der Balkontür ist die Halbfigur eines Abtes zu sehen. Dahinter befand sich ursprünglich eine Sonnenuhr. Die flankierenden Pilaster haben als Bekrönung Köpfe. Im Giebelfeld ist die Halbfigur eines Jägers (wohl ein Hinweis auf die Funktion als Jagdschloß) angebracht. An der

Rückseite sind die zweigeschossigen Wirtschaftsgebäude angebaut, die einen Hof umschließen. Im Innern sind zwei bemerkenswerte Bildtapeten (1810, 1840) erhalten.
- KD Wittlich 113, Dehio 199, Hist. St. V 81, T., Backes Eifel

Drimborn, Rittersitz s. Dürwiss

Drove s. Kreuzau-D.

Dudeldorf

Burghaus

Die Edelherren v. Dudeldorf werden zwischen 1052 und um 1400 genannt. Ihre Burg ist verschwunden.
- KD Bitburg 84, Resch

Neue Burg

Ein Anshelm v. Dudeldorf soll diese Burg errichtet haben. Im 17. und 18. Jh. war die neue Burg im Besitz der Braun v. Schmidtburg. Die Burg liegt an der Nordwestecke der Stadtbefestigung. Das heutige Gebäude ist ein dreigeschossiger Winkelbau von 1735. Die Ecke wird betont durch den älteren mächtigen, quadratischen Wohnturm. Ein Mauerrest der mittelalterlichen Anlage dient als Gartenmauer.
- KD Bitburg 84 Dehio 200, Hist. St. V 82, Backes Eifel, Brand, Laufner

Martinsburg

Die starken Fundamente der erzbischöflichen Burg aus der Zeit um 1200 wurden 1907 entdeckt und 1927 bei Ausgrabungen freigelegt.
- KD Bitburg 89, T., B.

Düngenheim

Burghaus

In Düngenheim waren die Edelfreien v. Lare begütert, die im Ort sicher ein Burghaus besessen haben. Ob die Flurbezeichnung „Malburg" mit dem Adelssitz in Verbindung gebracht werden kann, ist fraglich.
- Resch

Dünstekoven, Motte s. Swisttal-Heimerzheim

Dürboslar s. Aldenhoven-D.

Düren

Burg Düren

Die aus einem fränkischen Königshof hervorgegangene Burg ist relativ früh untergegangen. Sie stand im Bereich der St.-Anna-Kirche und wird 774–843 genannt. Möglicherweise wurde sie von Normannen zerstört.
- KD Düren 106, Dehio N 120, Rh. Städteatlas, Rh. Städtebuch 96

Burg Landau

Die kleine Burg der Herren v. Hochstaden ist 1543 abgebrannt. Die Reste der Anlage wurden zu Beginn des 19. Jh. abgebrochen.
- T. (ohne weitere Angaben)

Junker Emonts Hof

Hierbei handelte es sich um eine kleine Hofesfeste oder Wasserburg, die in der Zeit zwischen 1550 und 1700 wüst wurde.
- Führer 25 S. 176

Motte Derichsweiler

Die Anlage ist zerstört. Es war ein Hügel von 15 bis 18 m im Durchmesser, den ein teilweise verfüllter, 100–120 cm breiter und 40–50 cm tiefer Graben umgeben haben soll. In dem Erdhügel sollen sich zahlreiche Steinpackungen mit Brandschichten gefunden haben. Die geborgenen Scherben sind spätmittelalterlich.
- Janssen II 21

Motte Weyerhof

Der Burghügel liegt etwa 150 m südlich des Forsthauses Weyerhof und ist ungefähr 10 m hoch und von einem kreisrunden Graben umgeben, der 4–6 m tief ist, am Rand 8–10 m, an der Sohle noch 3–4 m breit. Das Plateau ist ungefähr 13 × 22 m groß. Trotz der römischen Funde ist die Anlage als mittelalterlicher Burghügel anzusprechen. Somit könnte sie eine Vorgängerin des benachbarten Hofes Weyer (auch Grewenweyer genannt) gewesen sein.
- Janssen II 22, Müller-Wille Nr. 94

Düren-Arnoldsweiler

Haus Rath

Obwohl erst 1591 erwähnt, handelt es sich bei Haus Rath um eine im Kern mittelalterliche Wasseranlage. Die Hauptburg ist eine Vierflügelanlage um einen quadratischen Innenhof mit vier quadratischen Ecktürmen. Die Südostfront des zweigeschossigen Backsteinbaues wurde um 1620 erbaut. Das Portal ist risalitartig vorgesetzt und rustiziert. Die Front ist durch den hübschen Giebel und den dahinterliegenden Dachreiter mit offener Laterne betont. Die Laubengänge im Innenhof waren ursprünglich offen; heute sind sie teils vermauert, teils mit Türen versehen. An den Ecktürmen sind die Schießscharten und die halben Kreuzstockfenster noch erhalten. Die geräumige dreiflügelige Vorburg aus der ersten Hälfte des 18. Jh. mit zweigeschossigem Flankenturm ist ebenfalls von Gräben umgeben. 1956 wurden die Kriegsschäden behoben. Haus Rath hatte früher eine streng geometrische barocke Gartenanlage, von der nur noch ein sechsseitiger Pavillon aus dem Jahr 1793 erhalten ist.
- KD Düren 22, Hist. St. III 28, Nellessen, Duncker 23, T., W., Herzog

Wehranlage „In den Eldern"

Etwa 1 km nördlich der Kirche finden sich umfangreiche Grabensysteme mit Wällen, die einer Wehranlage zugerechnet werden müssen. Nach der Volksüberlieferung ist In den Eldern ein altes Schloß versunken.
- Janssen II 15

Düren-Birgel

Burg Birgel

Die Burg war der Stammsitz des 1269 erstmals genannten Geschlechts, das ab 1271 das Erbmarschallamt in Jülich innehatte. Seit 1733 befindet sich Birgel in bürgerlichem Besitz. Die schlichte Anlage zeigt die Form des vierseitigen, von Wirtschaftsgebäuden aus dem 17./18. Jh. umschlossenen Burghofs, die ganz von Wassergräben umzogen ist. Der Torturm und der südöstliche Eckturm haben

geschweifte Helme. Das Herrenhaus wurde um die Jahrhundertwende in einfachen Formen erneuert.
- KD Düren 38, Hist. St. III 79

Hof Mozenborn

Diese befestigte Hofanlage wird im 14. und 15. Jh. mehrfach erwähnt. Die alte Anlage ist bis auf den Rest eines Turmes sowie das im Gelände noch erkennbare Grabensystem vergangen.
- KD Jülich 39, Janssen II 19, Hist. St. III 79, T.

Burg Pimmenich

Haus Pimmenich war schon im 14. Jh. Tafelgut der Grafen und späteren Herzöge von Jülich. Die unregelmäßige Anlage in ihrer jetzigen Gestalt geht auf das 16./17. Jh. zurück. An der Westseite steht ein rundbogiges Tor in Haustein. Das zweigeschossige Herrenhaus aus Backstein hat an allen vier Seiten Staffelgiebel. Die Fenster wurden teilweise verändert. An das Gebäude stößt ein niedriger Wohnbau, die ehemalige Wohnung des Halbwinners (Hofpächters).
- KD Düren 198, T.

Düren-Birkesdorf

Wasserburg Schloßberg

1365 wurde der Hof zu Birkesdorf, ein Jülicher Lehen, von der Familie v. Erp an Philipp v. Merode verkauft. Aus dieser Anlage ging die Wasserburg hervor, die 1543 abbrannte und 1580 neu aufgebaut wurde. 1794 wurde die Burg von Franzosen belagert, wobei sie total ausbrannte. Die Anlage wurde 1798 parzelliert. Schloßberg hatte die Form eines verschobenen Quadrats mit umlaufendem Wassergraben. Die Hauptburg lag im Norden, die Vorburg mit den Wirtschaftsgebäuden im Süden. Beide waren durch eigene Gräben gesichert. Die ovale Vorburg könnte ursprünglich ein Burghügel gewesen sein. Heute sind nur noch Teile des Grabensystems sichtbar.
- KD Düren 41, Janssen II 20, Hist. St. III 80, T.

Düren-Burgau

Schloß Burgau

Die große zweiteilige Wasserburg war Sitz einer Unterherrschaft des Herzogtums Jülich. Haupt- und Vorburg sind jeweils dreiflügelig und mit den offenen Hofseiten zueinandergekehrt. Ältester Teil der Hauptburg ist der mächtige Wohnturm aus dem späten Mittelalter mit hohem Walmdach, begleitet von vier runden Ecktürmchen. An der Westfront des Donjons befand sich ein großartiger Erker der frühen deutschen Renaissance. Die Wohngebäude stammen aus dem 17. und 18. Jh. Die wehrhafte Vorburg hatte über der Wasserlinie auf Sandsteinkonsolen vorgekragte runde Flankierungstürmchen mit geschweiften Hauben und z. T. Schießscharten in zwei Ebenen. Das Renaissance-Tor mit rustizierten Quaderungen ist über eine Steinbrücke zu erreichen. Im Zweiten Weltkrieg wurde das Schloß sehr stark beschädigt; der Wiederaufbau hat in den letzten Jahren begonnen.
– KD Düren 262, Dehio N 508, Duncker 29, Hist. St. III 134, T., W., Topel, Herzog

Haus Boisdorf

Die Burg erscheint erst 1547 auf dem Ritterzettel. Die Wasserburg hat eine rechteckige Gesamtanlage. Das zweigeschossige Herrenhaus und der Torbau stammen aus dem 17./18. Jh. Nach 1869 wurde der Ostflügel abgebrochen und somit eine Dreiflügelanlage geschaffen. Dagegen sind die Wirtschaftsgebäude erneuert.
– KD Düren 197, T., Herzog

Düren-Gürzenich

Wasserburg Gürzenich

Die Burg wird 1232 von Caesarius v. Heisterbach genannt. 1830 brach man sie ab. Es war eine große Wasserburg mit dreiflügeligem, nach Westen geöffnetem Herrenhaus. Eine Vorburg als gesonderte Anlage läßt sich nicht unterscheiden. Südlich des Herrenhauses lag der Schloßgarten. Geringe Baureste

fanden in dem nach 1830 errichteten Bauernhof Verwendung.
– KD Düren 167, Janssen II 30, Hist. St. III 273, T.

Gut Weierhof

Das seit dem 14. Jh. bekannte Gut war eine Hofesfeste, die im 19. Jh. Stammsitz der Familie des Komponisten Max v. Schillings wurde. Die Gutsgebäude sind sehr schlicht.
– KD Düren 167

Düren-Roelsdorf

Burg Roelsdorf

Die Burg wird 1553 genannt. Sie scheint aber schon nach relativ kurzer Zeit untergegangen zu sein.
– T., KD Düren

Dürffenthal, Haus s. Zülpich-Ülpenich

Dürscheven s. Zülpich-D.

Dürwiss

Rittergut Drimborn

Im 16. Jh. wurde das Gut Eigentum der Herren v. Drimborn. 1585 ist Wilhelm v. Drimborn mit dem Rittergut auf dem Jülicher Ritterzettel aufgeführt. Später gelangte der Besitz in andere Hände. Es handelt sich um einen viereckigen, ehemals wasserumzogenen Wirtschaftshof. An den Seiten befinden sich die Ökonomiegebäude. Das Wohnhaus hat an der Rückseite einen viereckigen Turm. Der Grabenverlauf bestätigt, daß das Areal ursprünglich größer gewesen ist. Vermutlich befand sich die Hauptburg einmal nordöstlich der heutigen Anlage.
– KD Jülich 60

Dützhof, Hofesfeste s. Swisttal-Heimerzheim

Duisdorf s. Bonn-D.

Dunkelsburg, Rittersitz s. Vettweiß-Lüxheim

Ecka, Burg s. Altenahr

Ediger-Eller

Befestigter Lehmenhof

Um den ehemals befestigten Hof an einer Moselfurt bildete sich eine kleine Siedlung, von der aus drei Moselwehre überwacht wurden. Auf der Tranchot-Karte wird noch der ganze Lehmenhof gezeigt, eine zur Straße Ediger-Nehren hin offene dreiflügelige große Hofanlage. Die dazugehörige Nikolauskapelle wurde 1820 abgebrochen. Das letzte Haus von Lehmen brannte 1901 ab. Erhalten ist nur der mächtige fünfgeschossige romanische Wohnturm aus dem 13. Jh., der auf einer fast quadratischen Grundfläche aus Schieferbruchstein erbaut wurde.
– KD Cochem 307, Janssen II 379, Friderichs-Gilles-Wolpert, T., L.

Kurfürstliches Hofhaus im Ortsteil Ediger

Der sehr hohe spätgotische Wohnturm entstand unter Erzbischof Richard von Trier (1511–1531). Die oberen Geschosse sind in Fachwerk aufgeführt. An der Außenseite ist der Kaminansatz durch einen Bogenfries gekennzeichnet, ähnlich dem über dem hochliegenden Eingang.
– KD Cochem 293, Friderichs-Gilles-Wolpert

Kurfürstliche Kellerei im Ortsteil Eller

Dieser adelige Hof wird 1585 genannt, muß aber älter sein. Die heutige Anlage entstand vom 16. bis zum 19. Jh. Im Erdgeschoß des Kelterhauses ist noch der alte Kelterraum mit der großen Rundbogentür erhalten. Die Rechteckfenster im Obergeschoß dieses Hauses mit den verkümmerten Profilen der Spätgotik deuten auf die Zeit der ersten Erwähnung. Das hohe Giebelhaus mit unregelmäßigen Fenstern wurde zu Anfang des 17. Jh. angefügt. Auf dem Podest vor der Giebelseite an der Mosel steht eine (unterkellerte) Kapelle mit Stuckdecke.
– KD Cochem 331, Dehio 207, Friderichs-Gilles-Wolpert

Edingen s. Ralingen-E.

Effartzburg s. Erftstadt-Friesheim

Effelsberg

Burg

Nach dem Bericht des Pfarrers zu Schönau wurden beim Bau des Pfarrhauses die Grundmauern einer Burg freigelegt. Außerdem gab es hier einen Weiher, der zur Burg gehört haben soll.
– Janssen II 93

Efferen s. Hürth-E.

Ehlenz

Hof Beifels

Um 1400 werden zahlreiche Mitglieder der Familie v. Beifels genannt, die wohl aus Luxemburg stammte. Auf dem Hügel sind Reste von Mauerwerk, bis 3 m lang und 1 m hoch, erhalten. Es könnte sich um einen Wacht- oder Signalturm gehandelt haben, aber auch um einen Donjon (Wohnturm), zu dem dann der Gutshof gehörte.
– KD Bitburg 92

Ehlingen, Burghaus s. Bad Neuenahr-Ahrweiler (Heimersheim)

Ehrang s. Trier-E.

Eich s. Andernach-E.

Eicherscheid, Lehngut s. Simmerath

Eicks s. Mechernich-E.

Eilen, Haus s. Niederzier

Eisenschmitt

Burg Metzenhausen

Noch 1900 konnte man im Schloßpark von Bergfeld am nördlichen Ortsausgang auf der Höhe des Berges die Reste der mittelalterlichen Burg Metzenhausen sehen, die zeitweise der gleichnamigen Familie gehört hatte. Außer Dachziegeln fanden sich in dem Bruchsteinmauerwerk Reste gelbglasierter, hartgebrannter Keramik.
– KD Wittlich 123, Janssen II 345, T., B.

Jagdschloß Bergfeld

Das Schloß wurde 1896 erbaut. Es ist ein

dreigeschossiger schlichter Rechteckbau mit sehr hohem Walmdach.
– Eiflia illustrata Bd. 1 (Kreis Wittlich)

Eitgenbach/Nutzenbach, Motte s. Berg-Vischel

Eldern, Burg s. Swisttal-Heimerzheim

Ellenz-Poltersdorf

Burghaus der v. Burgthorn

Das Burghaus ist untergegangen. Reste sind keine erhalten.
– KD Cochem 323, T., L. (dort: Warsberger Haus)

Burghaus der v. Warsberg

Das feste Haus mit zwei runden Ecktürmen wurde um 1475 erbaut. Nach dem Krieg erfolgte eine umfassende Restaurierung.
– KD Cochem 316, Dehio 211, Backes Mosel 33, B., L.

Eller s. Ediger-E.

Elsdorf-Berrendorf

Burg Grouven

Der würfelförmige, dreigeschossige Hauptbau aus Backstein, mit hohem viereckigem Turm stammt aus dem 19. Jh. Von der älteren Anlage des 18. Jh. ist nur noch ein Teil der Wirtschaftsgebäude erhalten.
– KD Bergheim 45, Denkmäler Rheinland 16 (Bergheim 2) 21, T., Herzog

Elsdorf-Desdorf

Gut Desdorf/Brachelsburg

Der ehemalige Rittersitz wird 1141 genannt. Das Herrenhaus ist ein verputzter zweigeschossiger Backsteinbau aus dem 16./18. Jh. Das rundbogige Portal mit Diamantmuster wird von kannelierten Säulen flankiert. Über der Toreinfahrt ist das Wappen Bongart angebracht. Die Wirtschaftsgebäude sind teils in Fachwerk errichtet.
– Denkmäler Rheinland 15 (Bergheim 1) 88, Welters Brachelsburg

Elsdorf-Esch

Fronhof Esch

Hierbei handelte es sich um eine einteilige kleine Wasserburg, eine sog. Hofesfeste, die wohl in den Pfälzisch-Spanischen Erbfolgekriegen untergegangen ist. An ihrer Stelle wurde im 19. Jh. ein Neubau errichtet, allerdings keine Wasseranlage.
– Denkmäler Rheinland 15 (Bergheim 1) 92, Führer 25

Elsdorf-Niederembt

Haus Richardshoven

Die malerische, ehemals wasserumwehrte Anlage stammt im Kern aus dem 14. Jh. Später kam sie in den Besitz der Abtei Kornelimünster. Das Herrenhaus wurde 1664 als schlichter Backsteinbau errichtet. Die beiden parallelen Trakte sind zweigeschossig und haben an der Gartenseite Volutengiebel. An der Hofseite tritt ein kräftiger Viereckturm mit laternenbekrönter Schweifhaube vor. Die Wirtschaftsgebäude wurden um 1830 weitgehend erneuert.
– KD Bergheim 134, Dehio N 509, Hist. St. III 564, T., W., Denkmäler Rheinland 17 (Bergheim 3) 34, Meynen

Elsdorf-Oberembt

Burghügel in Oberembt

Gegenüber dem Brachelshof erhebt sich ein sehr flacher, nur 80 cm hoher Burghügel, der einen Durchmesser von 23 m hat. Im Westen, Süden und Osten erkennt man die Reste eines Grabens. Auf der Motte wurden Überreste eines Pfostenbaues (10,30 × 7 m) und Scherben ergraben.
– Müller-Wille Nr. 72, Denkmäler Rheinland 17 (Bergheim 3) 52

Elsdorf-Reuschenberg

Burg Reuschenberg

Die seit dem 14. Jh. bekannte Wasserburg wurde gegen Ende des 19. Jh. umfassend gesichert und wiederhergestellt. Vom alten Bestand der heute als Gutshof genutzten Anlage sind in der Hauptsache der rechteckige

Turm aus dem 14. Jh. mit der gotischen Kapelle im 3. Geschoß, die Fundamente zweier Rundtürme und Mauerwerk der Hauptgebäude. Das Herrenhaus ist mit Treppengiebeln verziert. Das 4. Geschoß des Turmes mit dem Bogenfries und den Eckürmchen wurde 1896/97 ergänzt. Die Hauptburg und die (nicht mehr genutzte) Vorburg sind durch einen ausgetrockneten Wassergraben getrennt, über den eine Steinbrücke führt.
– KD Bergheim 56, Denkmäler Rheinland 15 (Bergheim 1) 88, Hist. St. III 200, Neu Reuschenberg, Meynen, Herzog

Elsig s. Euskirchen-E.

Eltz, Burg s. Wierschem

Endenich s. Bonn-E.

Engelgau s. Nettersheim-E.

Engelsdorf s. Aldenhoven-E.

Entenfang, Jagdschloß s. Wesseling-Berzdorf

Entersburg/Nantersburg s. Hontheim

Enzen s. Zülpich-E.

Eppenberg
Unbenannte Burganlage
Am südwestlichen Ortsausgang fand man Fundamente eines Gebäudes von quadratischem Grundriß 6×6 m). Dabei könnte es sich um die Reste eines Wohnturms handeln. Allerdings ist nicht auszuschließen, daß dieser Bau in Zusammenhang mit den Schanzen in den Gemarkungen Eppenberg, Laubach und Masburg gebracht werden könnte.
– KD Cochem 346, Janssen II 380

Erdorf s. Bitburg-E.

Erftstadt-Bliesheim
Wasserburg Bliesheim
Hierbei handelt es sich um eine zweiteilige Wasseranlage, die dem Stift St. Maria ad Gradus in Köln gehörte, später verlehnt und verpachtet wurde. Über den Ursprung der Wasserburg war nichts zu erfahren. Die schlichten Bauten sind aus neuerer Zeit.
– Hist. St. III 86, Führer 25

Haus Buschfeld
Die Wasserburg wurde 1276 erwähnt. Nach dem Abbruch der 1705 teilweise eingestürzten alten Anlage wurde außerhalb des Burgweihers 1711 das zweigeschossige Herrenhaus mit neun Achsen und hohem Walmdach erbaut. Es ist ein einfacher Ziegelbau, der von einem schlichten Barockportal mit Sprenggiebeln betont wird. In der Vorburg stammen einige Gebäude, die z. T. mit Staffelgiebeln besetzt sind, noch aus dem 16. Jh. Eindrucksvoll ist das Korbbogentor der Vorburg.
– KD Euskirchen 133, Kisky 85, Welters, Hist. St. III 86, T., Meynen

Erftstadt-Borr
Wasserburg Borr
Die kleine Hofesfeste war früher eine zweiteilige Wasserburg. Die einfachen Bauten sind aus neuerer Zeit.
– Hist. St. III 105, Führer 25

Erftstadt-Dirmerzheim
Wasserburg Dirmerzheim
Diese Hofanlage war früher eine zweiteilige Wasserburg. Heute stellt sie nur noch eine einteilige Hofesfeste dar.
– Welters, Führer 25, Welters Dirmerzheim

Erftstadt-Erp
Burg Erp I
Die Wasserburg war das Zentrum der Herrlichkeit Erp. Erhalten ist nur noch das kleine Wachhäuschen von 1752 vor dem Westturm der Kirche.
– KD Euskirchen 34, Dehio N 169, Kisky Euskirchen 87, Welters, T., Führer 25

Burg Erp II
Die kleine einteilige Wasserburg, eine sehr schlichte und unauffällige Anlage, hat eher

den Charakter einer Hofesfeste.
– Welters, Führer 25

Burg Erp III
Dies ist eine ehemals zweiteilige befestigte Hofanlage.
– Welters, Führer 25

Erftstadt-Friesheim
Effartzburg
Im 14./15. Jh. war die Effartzburg Fronhof und Herrensitz der Erbvögte. Von der zweiteiligen Wasserburg ist nur noch der Weiher sowie ein darin gelegenes Kellergewölbe erhalten.
– KD Euskirchen 62, Janssen II 101, Kisky Euskirchen 91, Welters, T., Hist. St. III 236

Hoverhof
Hierbei handelt es sich um eine kleine, unauffällige Wasserburg.
– Führer 25

Hofesfeste II
Bei diesem befestigten Hof handelt es sich um eine wasserburgähnliche Anlage.
– Führer 25

Kraheshof
Dieser Hof macht auch heute noch den Eindruck einer wasserumgebenen Hofesfeste. Es ist eine einfache Weiheranlage des 17. Jh. und wurde erst im 18. Jh. wasserburgähnlich ausgebaut.
– KD Euskirchen 64, Kisky Euskirchen 91, T., Hist. St. III 236

Redinghovener Burg
In Friesheim gab es fünf Burghöfe. Neben der Weißen Burg ist dies die größte Anlage. Das Backsteingebäude ist auf einer erhöhten Insel errichtet und besteht aus vier übergangslos ineinandergefügte Trakte: in die einfache Winkelanlage wurden zwei kürzere Flügel parallel hineingesetzt. Ein rechteckiger Vorbau ist dem Haus vorgelagert. Die Redinghovener Burg ist mit vielen Treppen-

giebeln geschmückt. Das Gebäude stammt aus dem 17. Jh. Die Vorburg mit dem einfachen Torbau wurde im 18. Jh. errichtet.
– KD Euskirchen 63, Hist. St. III 236, T., Führer 25, Welters, Kisky Euskirchen 91, Meynen

Schwarze Burg
Unweit der Weißen Burg hat die Burg der Herren v. Schwarzenberg gestanden, die 1642 zerstört wurde.
– Hist. St. III 236

Weiße oder Quentels-Burg
Die zweiteilige wasserumwehrte Viereckanlage mit einem stattlichen zweigeschossigen Herrenhaus von 1645 und einem dreiflügeligen Wirtschaftshof des 16./17. Jh. wurde im Zweiten Weltkrieg weitgehend zerstört. Die in ihren Umfassungsmauern noch erhaltene Vorburg mit runden Flankentürmen machte durch ihre fensterlose Geschlossenheit einen sehr wehrhaften Eindruck. Über eine dreibogige Steinbrücke erreicht man das wirkungsvolle Renaissanceportal aus dem 17. Jh. Ein Wiederaufbau der Quentelsburg mit ihren Volutengiebeln ist wohl nicht mehr möglich; das Grabensystem ist noch vorhanden.
– KD Euskirchen 62, Kisky Euskirchen 90, Dehio N 196, Welters, T., Hist. St. III 236, W., Führer 25, Meynen

Wymarsburg
Die zweiteilige Wasserburg wurde im Dreißigjährigen Krieg zerstört und nicht wiederaufgebaut. Bei einer späteren Parzellierung des Geländes wurden die verbliebenen Gebäude gänzlich abgetragen. Reste des Grabensystems sind noch zu erkennen.
– KD Euskirchen 64, Kisky Euskirchen 91, Janssen II 101, Welters, T., Führer 25, Hist. St. III 236

Erftstadt-Gladbach
Motte Gladbach
Im Flurstück Kronenburg wurden geringe Reste eines mit einem Graben umwehrten

Burghügels mit einem Durchmesser von 40 bis 60 m beobachtet.
– Janssen II 29

Erftstadt-Gymnich
Schloß Gymnich
Das heutige Gästehaus der Bundesrepublik Deutschland ist der dritte Bau an dieser Stelle. Die älteste Burg der Herren v. Gymnich, die seit dem 12. Jh. bekannt sind und 1801 im Mannesstamm erloschen, wurde 1390 vom Kölner Erzbischof Friedrich v. Saarwerden zerstört. Den Neubau brannten die Franzosen 1642 teilweise nieder. Nach 1655 konnte mit dem Wiederaufbau begonnen werden. Die Schloßkapelle in dem runden Türmchen an der Südostecke des Herrenhauses wurde 1547 errichtet und 1659 wiederhergestellt. Der im rechten Winkel anstoßende Ostflügel von 1722 wurde um die Mitte des 18. Jh. im Innern schloßartig ausgestaltet. Weitere Bauarbeiten erfolgten 1835. Der Südtrakt springt risalitartig in den Hof vor und stammt im Kern noch vom Umbau 1547. Die heute nur noch zweiflügelige Vorburg stammt vom Anfang des 18. Jh.; der linke Eingangstrakt wurde 1955/56 durch einen Neubau ersetzt. Schloß Gymnich ist von einem bemerkenswerten Landschaftspark umgeben.
– KD Euskirchen 81, Dehio N 218, Kisky Euskirchen 97, Renard, T., B., Welters, Weber, Führer 25, Duncker 115, Hist. St. III 275, Herzog, Meynen

Erftstadt-Lechenich
Landesburg Lechenich
Die große Wasseranlage wurde in der ersten Hälfte des 14. Jh. erbaut. Von der ausgedehnten Vorburg ist das ehemals doppelte Tor mit zwei Fünfecktürmen und einem Eckturm sowie einem Wohngebäude – das jetzige wurde 1720 errichtet – erhalten. Das großartige Hochschloß bildete eine etwa quadratische Anlage mit vier Ecktürmen, darunter der starke Bergfried. Während die übrigen Türme noch in der ursprünglichen Höhe erhalten sind, wurde der Bergfried verkürzt. Es ist ein imposanter trutziger Wohnturm. Der Palas wurde 1350–66 errichtet. Er enthielt zwei riesige Säle, eine Tribüne auf geschweiften Kragsteinen und Wandmalereien, von denen Reste erhalten sind. Die Verbindungsmauer zwischen Bergfried und Außentor wurde 1895 niedergelegt.
– KD Euskirchen 116, Dehio N 444, Stommel, T., B., W., Müller-Janssen, Kisky Euskirchen 107, Welters, Janssen II 104, Meynen, Führer 26 S. 19, Hist. St. III 448, Rh. Städtebuch 288

Burg Konradsheim
Die bekannte Wasserburg wurde um 1300 begonnen. 1337 wurde Konradsheim kölnisches Offenhaus. 1354 mußten auf Befehl Erzbischof Wilhelms „dye turne von dem selben huyss gelich der nedersten vensterbanck" abgetragen werden. Es ist ungeklärt, ob der neue Bau, der sich dem alten Grundriß anlehnt, dem 15. oder dem 16. Jh. angehört. Burg Konradsheim ist eine im Grundriß etwa quadratische zweiteilige Anlage mit vier runden Ecktürmen. Die Gräben sind teilweise zugeschüttet. Das Wohngebäude, ein zweigeschossiger Winkelbau aus Backstein mit Kreuzstockfenstern und Stufengiebeln, ist auf einem künstlichen Hügel errichtet. Das Gebäude wird von zwei Rundtürmen flankiert. An der Westseite schmückt ein prächtiger Renaissance-Erker aus feinem Sandstein das Haus. Die Holzgalerie an der Hofseite wurde nach altem Befund erneuert. Dem Wohnbau ist rechtwinklig ein mit Stufengiebeln geschmückter Torbau vorgesetzt. Von der unregelmäßigen Vorburg ist der Reitstall aus gotischer Zeit erhalten. Die übrigen Gebäude stammen aus dem 19. Jh. Ein kostbarer Wappenkamin aus Konradsheim befindet sich heute im Schloß Adendorf.
– KD Euskirchen 104, Dehio N 446, Domsta Konradsheim, Welters, W., T., B., Kisky Euskirchen 101, Müller-Janssen, Führer 25, Duncker 107, Meynen, Hist. St. III 425, Herzog

Hofesfeste Konradsheim

Unweit der Wasserburg Konradsheim steht eine Hofesfeste, eine einteilige, ehemals zweiteilige Wasseranlage.

- Kisky 102, Domsta Konradsheim, Führer 25 S. 174

Motte „Alte Burg"

Der flache, einschließlich Wall- und Grabenanlage nur etwa 1,5 ha große Burghügel ist wohl als Vorläufer der Landesburg anzusehen.

- Janssen II 104, Rh. Städteatlas, Hist. St. III 448, Führer 26 S. 19

Erftstadt-Liblar

Burg Blessem

Hierbei handelt es sich um eine kleine, ehemals zweiteilige Wasserburg. Das Herrenhaus ist untergegangen, die Gräben sind ausgetrocknet. Die heutige Burg Blessem ist die alte Vorburg. Die Gebäudeteile stammen meist aus dem 19. Jh. und sind verschieden hoch, was den Reiz der „zusammengesetzten" Anlage hebt.

- Kisky Euskirchen 81, Welters, Führer 25, Meynen, Welters Blessem

Schloß Gracht

Die Wasserburg wird schon 1233 erwähnt. Nach 1650 fand unter den Wolff-Metternich ein fast vollständiger Neubau der zweiteiligen Anlage statt. Die hufeisenförmige Vorburg mit den flankierenden Ecktürmen wurde nach dem Brand von 1879 neugotisch wiederaufgebaut, lediglich das barocke Wappenportal ist vom alten Bestand erhalten. Das Haupthaus des Schlosses besteht aus zwei im rechten Winkel aneinanderstoßenden Trakten mit zwei Ecktürmen. Ihr heutiges Aussehen verdankt die Hauptburg dem Umbau in englisch-viktorianischem Stil 1850–1853 nach Plänen des Schinkelschülers Johann Anton Wallé. An der Hofseite des dreigeschossigen, mit flachem, hinter einer Balustrade zurücktretenden Walmdach versehenen Hauptflügels ist eine Loggia angebracht. Der Ne-

benflügel ist schmaler und nur zweigeschossig. Er besitzt an der Parkseite zwei unterschiedlich hohe Vierecktürme mit mehrfach geschweiften Hauben. Das barocke Gartenparterre, das von der Hauptburg über eine Steinbrücke zu erreichen ist, gilt als frühes Beispiel französischer Gärten im Rheinland; leider ist es nur in Resten erhalten, da unvollständig ausgeführt.

- KD Euskirchen 65, Dehio N 450, Renard, Kisky Euskirchen 93, T., W., Welters, Lempertz, Hagen, Hist. St. III 461, Meynen, Führer 25, Duncker 85, Herzog, Hansmann-Knopp Gracht

Erftstadt-Niederberg

Wasserburg Niederberg

Seit 1497 hatten die v. Metternich die Burg in Besitz. Die schlichte zweiteilige Wasseranlage besteht aus einer kleinen Vorburg in Fachwerk und einem einfachen Herrenhaus aus Backstein. Der Haupttrakt stammt im Kern aus dem Jahr 1710. Erst 1920 wurden die relativ kurzen Seitenflügel angefügt, wodurch Niederberg zu einer Ehrenhofanlage erweitert wurde.

- KD Euskirchen 152, T., Simons, Führer 25, Meynen, Hist. St. III 563, Herzog

Burghaus in Niederberg

In Niederberg steht ein einfaches spätmittelalterliches Burghaus, wohl aus dem 15. Jh. Es ist das einzige Bauzeugnis der adeligen Lehnshäuser im Ort, deren mehrere bestanden.

- Hist. St. III 563, Kisky Euskirchen 113, Welters

Erlenbach

Burg

Das untergegangene Burghaus der Ritter v. Esch wurde 1340 Offenhaus für den Kurfürsten v. Trier.

- Laufner, Berns 107

Ernich, Schloß s. Remagen

Ernst

Burg in Oberernst

Ernst Wackenroder schreibt, der Flurname „Wünneburg" weise auf eine ehemalige Burg in Oberernst hin.
– KD Cochem 346

Burganlage auf dem Steineschweinberg

Nach Josef Lönartz hat sich auf dem angegebenen Berg in der Gemarkung Ernst eine Burg befunden.
– J. Lönartz, Eine vergessene Burg in Ernst an der Mosel (Heimat zwischen Hunsrück und Eifel, 4. Jg., Nr. 4, Juli 1956)

Ernzen

Burghaus

Der Ort war seit 895 im Besitz der Abtei Echternach. Der Hof wird 1401 erwähnt. Die Bauten, vor allem das Burghaus mit den schmalen gotischen Fenstern, stammen z.T. noch aus dem frühen 15. Jh.
– KD Bitburg 94

Ersdorf s. Meckenheim-E.

Erp s. Erftstadt-E.

Esch s. Elsdorf-E.

Esch, Burg s. Plein

Esch, Burg s. Sehlem

Eschenhof, Rittersitz s. Jülich-Barmen

Eschweiler

Burg Eschweiler

Um die Mitte des 13. Jh. wurde die Burg als Sitz der ritterlichen Schultheißen des Kölner Domkapitels gegründet. Seit dem 17. Jh. ist sie in Verfall. Gegen Ende des 18. Jh. wurden die Gebäude innerhalb des Berings und zwei Mauertürme abgebrochen. Erhalten sind Teile der Umfassungsmauern mit vier, teilweise erneuerten Rundtürmen. 1858 wurden die Gebäude des Antonius-Hospitals an der Stelle des Herrenhauses errichtet. Mitte der sechziger Jahre des 20. Jh. wurde die Anlage bis auf geringe Reste (3 Türme und Erweite-

rungsbau) zugunsten eines Krankenhausneubaues niedergelegt.
– KD Kreis Aachen 99, Dehio N 169, Rh. Städtebuch 150, B., T., Hist. St. III 211, Limpens

Königshof

Aus dem Königshof gingen im 11. Jh. eine Kirche und eine Siedlung hervor.
– KD Kreis Aachen 96, Dehio N 169, Hist. St. III 211

Patternhof

Als erste Besitzer der Burg werden 1242 Ritter Stanislaus v. Jupelen und Sophia von und zu Pattern genannt. Seit 1905 ist das Haus Eigentum der Stadt Eschweiler. Von der ursprünglichen Anlage ist nur noch wenig erhalten. Im 17. Jh. bestand sie aus einem dreigeschossigen Wohnturm mit Anbauten. Das Erdgeschoß der vierflügeligen Backsteinanlage gehört dem 15./16. Jh. an, die Obergeschosse dem 18./19. Jh. Die Wirtschaftsgebäude (bez. 1619) sind größtenteils erneuert.
– KD Kreis Aachen 101

Burg Roetgen

Die Wasserburg wird schon im 13. Jh. genannt. Die einstmals vierflügelige Hauptburg aus dem 15. Jh. war um einen unregelmäßigen Innenhof gruppiert. Erhalten sind zwei Flügel der Anlage mit zwei runden Ecktürmen. Die hufeisenförmige Vorburg stammt aus dem 17./18. Jh. und wurde teilweise erneuert.
– KD Kreis Aachen 102, T., Limpens

Eschweiler-Bovenberg

Haus Bovenberg

Die fünfeckige Wasserburg wurde wohl im ausgehenden 14. Jh. gegründet. Seit dem 16. Jh. war sie Eigentum des Grafen v. Hatzfeld und kam 1840 in den Besitz der Herzöge v. Arenberg. Hierbei handelt es sich um eine unregelmäßige Fünfeck-Anlage des 15. bis 18. Jh. Der stattliche Wohnbau aus der Zeit um 1500 wurde zu Beginn des 19. Jh. verän-

dert und nach der Kriegszerstörung neugebaut.
– KD Düren 296, T., B., Herzog

Eschweiler-Dürwiß

Rittergut Drimborn

Der Adelssitz wurde 1585 erstmals urkundlich erwähnt als Rittersitz. Vermutlich geht er auf eine ältere Anlage aus dem 14./15. Jh. zurück. 1945 wurde Drimborn bis auf die Umfassungsmauern zerstört. 1962/63 konnte das Haus in Anlehnung an das frühere Aussehen wiederaufgebaut werden. Aus der Kapelle des Gutes entwickelte sich die Pfarrkirche.
– Hist. St. III 184, Limpens

Eschweiler-Kinzweiler

Haus Kambach

Das ehemalige Lehngut der Propstei Eschweiler ist eine guterhaltene kleine Wasserburg inmitten eines Hausteiches. Das schlichte Herrenhaus ist von einem Eckturm mit Schweifhaube und Laterne flankiert, der das Bild der 1701 auf alten Fundamenten errichteten Wehrmauer prägt. Zu Haus Kambach gehört eine dreiflügelige Vorburg.
– KD Kreis Aachen 140, Granrath, Limpens

Motte Mühlenbongert

Von der Turmhügelanlage sind so gut wie keine Reste erhalten.
– Müller-Wille Nr. 99, Granrath, Cramer (Bonner Jahrbb. 116, 1907 S. 165), Limpens

Obere Burg Kinzweiler

Ein Geschlecht v. Kinzweiler wird 1234 erwähnt. Das Gut wurde wohl im 14. Jh. geteilt, aber schon 1477 in der Hand der v. Palant wieder vereinigt. Die mittelalterliche Burg war bereits im 18. Jh. verfallen.
– KD Kreis Aachen 138, Granrath, T., Hist. St. III 393

Untere Burg Kinzweiler

1370 gehörte die Untere Burg – sie ist die ältere Anlage – dem Stabbart v. Kinzweiler.

Die aus einer Motte hervorgegangene Wasseranlage besaß eine dreiflügelige Hauptburg, die 1733 unter Karl Theodor v. d. Pfalz erbaut wurde, und zwei Vorburgen. Heute ist von der Burg das von Efeu überwucherte Herrenhaus erhalten.
– KD Kreis Aachen 138, Granrath, T., Hist. St. III 393, Limpens

Eschweiler-Laurenzberg

Wasserburg Laurenzberg

(Burg ten Bergen, Siegersburg, Schwalmersburg)
Die Burg wird im 15. Jh. genannt. Nach der Zerstörung 1542 erfolgte der Wiederaufbau. Laurenzberg ist eine rechteckige Gesamtanlage mit drei starken runden Ecktürmen, hauptsächlich aus der zweiten Hälfte des 16. Jh. Der Torturm ist barock. Der ehemalige Palas dient als Scheune. Die Wasserburg ist ziemlich verfallen.
– KD Jülich 152, Hist. St. III 447, T.

Burghügel Laurenzberg

Südöstlich der Wasserburg ist ein mehrere Meter hoher, teilweise abgetragener Hügel erhalten. Vielleicht ist hier die Vorgängeranlage der Wasserburg, die sich dann aus der Vorburg entwickelt hätte.
– Müller-Wille Nr. 102

Alte Burg in Lürken

Das vier Meter hohe Areal ist etwa 28 × 14 m groß und von einem 12 m breiten Graben eingefaßt. Darauf stand ein quadratischer romanischer Torturm mit einer Kantenlänge von 12 m, an den sich im Osten ein Erweiterungsbau mit 2 m starken Mauern anschloß. Nordwestlich der Hauptburg befand sich die 40 × 50 m große Vorburg. Die Alte Burg in Lürken wurde wegen des Braunkohleabbaues eingeebnet.
– Müller-Wille Nr. 101, Kubach-Verbeek, Hist. St. III 447, T., W.

Wasserburg Lürken/Burg Lurich

Die kleine Anlage wurde 1188 erstmalig genannt. Erhalten sind davon der runde Eck-

turm und die Vorburg. Der heutige Wohnbau stammt aus dem Jahr 1607.
– KD Jülich 157, T.

Haus Nierstein

Die Burg wird 1369 genannt, brannte 1542,
1610 und 1621 ab, wurde immer wiederaufgebaut. Das Wasserschloß wird von einer
einfachen rechteckigen Anlage gebildet, die
teilweise noch aus dem 18. Jh. stammt. Die
meisten Bauten sind neu.
– KD Jülich 141, T.

Eschweiler-Lohn

Motte Brubbchenburg

Ungefähr 550 m südwestlich des Ortes erhebt sich in einem Weidegelände ein nur etwa
1,80 m hoher Hügel mit einer Ausdehnung
von 31×37 m. Der 1,30 m tiefe Graben ist
15–32 m breit und erweitert sich nach Nordosten teichartig.
– Müller-Wille S. 112

Rittergut Hausen

Das Gut scheint schon im 13. Jh. genannt zu
sein. Es war der Stammsitz der Bruch v.
Hausen. Das gotische Herrenhaus wurde
schon im 18. Jh. ruiniert und nicht wieder-
aufgebaut. Die Vorburg stammt von 1716.
Der rechteckige Wirtschaftshof hat einen
Torturm mit volutengeschweifter achteckiger
Haube.
– KD Jülich 185, Hist. St. III 447

Eschweiler-Nothberg

Burg Nothberg

Wahrscheinlich ist die 1361 genannte Burg
eine Gründung der Grafen v. Jülich. Später
wurde sie Lehen der v. Palant. Die zweiteilige Anlage mit ummauertem Außenbezirk ist
auf einem Höhenrücken über dem Inde-Tal
errichtet. Von dem Herrenhaus, einem spätgotischen Ziegelbau von 1555 mit zwei (ehemals vier) Rundtürmen, stehen noch die Außenmauern der Westseite. Erker und Portal
sind in Hochrenaissanceformen gestaltet. In
der weitläufigen Vorburg aus dem 18./19. Jh.

sind Teile aus dem späten Mittelalter verbaut,
vor allem der Torbau.
– KD Düren 290, Dehio N 170, Grimme,
   Hist. St. III 572, T., Limpens

Eschweiler-Schöntal

Schloß Schöntal

Das Gut wurde 1831 als Adelssitz immatri-
kuliert. Der Bau stammte von Vincenz Statz
und wurde in der zweiten Hälfte des 19. Jh.
erneuert. 1943 wurde Schöntal durch Bomben zerstört. Während die Ruinen abgetragen
worden sind, hat man den Wirtschaftshof
erneuert.
– Duncker 11, T. (ohne Angaben), Herzog

Eschweiler-Weisweiler

Burg Weisweiler

Ein Winricus de Wizwilre erscheint 1176;
später werden die Herren v. Weisweiler, vielleicht Bastarde der Grafen v. Jülich, öfters
genannt. Von der Burg aus dem 15./16. Jh.
sind nur Reste der Umfassungsmauern mit
Tor und mehreren Türmen, darunter ein seitlich abgeflachter Rundturm erhalten.
– KD Düren 329, T., Limpens

Befestigter Hof Bongarten/Haus Bongart

Godfrid de Pomerio (v. Bongart) trägt 1301
sein Haus den Grafen v. Jülich zu Lehen auf.
Die Burg, die häufig den Besitzer wechselte,
war spätestens im 18. Jh. verfallen. Auf der
Tranchot-Karte erkennt man die ausgedehnte
längsrechteckige Hofanlage, die befestigt ist.
Innerhalb des Grabenbereiches heben sich
zwei Teile ab, im Nordwesten ein besonders
umwallter quadratischer Bezirk, im Südosten
ein rundliches Areal, auf dem ein Haus eingetragen ist. Wahrscheinlich war dies ein Burghügel. Heute ist der Hof gänzlich wüst. Im
Luftbild sind die Wassergräben noch erkennbar.
– KD Düren 295, Janssen II 44, T.

Burg Palant

Die ehemalige Wasserburg wird im 14./15.
Jh. als Hauptsitz des weitverbreiteten Geschlechts v. Palant errichtet. Sie soll aus ei-

nem Königshof hervorgegangen sein. Das Hauptschloß in niederländischer Renaissance wurde 1828 abgetragen, nachdem es durch ein Erdbeben 1765 baufällig geworden war. Erhalten ist nur die stattliche dreiflügelige Vorburg aus der Mitte des 18. Jh. Die Anlage mit Walmdach ist durch Eckrisalite und Blaustein-Gliederungen leicht betont. Der prächtige Torturm ist an den Ecken abgerundet. Der Wechsel zwischen Back- und Blaustein und die große Pilastergliederung mit Dreieckgiebel vor einem hohen Mansarddach erinnern an die Bauten J. J. Couvens. Die Anlage wurde nach schweren Kriegsbeschädigungen 1957 wiederhergestellt.
– KD Düren 330, Dehio N 626, Hist. St. III 764, W., T., Limpens

Etgendorf, Haus s. Bedburg-Lipp

Ettringen

Burghaus
Die Edelfreien v. Ettringen hatten im Ort ein Burghaus, was allerdings von Fabricius negiert wird. Reste sind keine nachweisbar.
– Resch, Fabricius 7,1 S. 52

Etzweiler, Haus s. Bergheim-Heppendorf

Euchen s. Aachen-E.

Euren s. Trier-E.

Euskirchen

Stadtburg (auch Bliewers- oder Schallenburg)
Die wohl Ende des 14. Jh. angelegte, aus einer Hofanlage hervorgegangene Wasserburg ist völlig untergegangen. Die adlige – nicht landesherrliche – Burg im Stadtkern ist noch 1829 genannt.
– Kisky Euskirchen 88, Welters, Firmenich Euskirchen, Führer 26 S. 1, Rh. Städteatlas, Rh. Städtebuch 174

Auels- oder Adolfsburg
Um die Mitte des 19. Jh. war als letzter Rest der Burg nur noch ein etwa neun Morgen

großes Areal sichtbar, das von einem Wassergraben umgeben war. Vermutlich handelte es sich um eine Hofesfeste.
– Janssen II 96

Freiadeliges Hofgut Augenbroich
Das Hofgut wird 1555 erstmalig genannt. Es brannte 1892 vollständig aus und wurde nicht wiederaufgebaut. Vielleicht ist der Hof identisch mit dem Spichenhof.
– Janssen II 95

Stamburg
Westlich des Friedhofs soll die Burg der 1516 genannten Familie v. Stammen gelegen haben. Reste wurden keine entdeckt.
– Janssen II 100

Euskirchen-Billig

Burg Billig
Die Burg gehörte im 13. Jh. den Grafen v. Limburg, wurde aber ab 1337 als Jülicher Lehen vergabt. Burg Billig ist bis auf das Grabensystem untergegangen.
– KD Euskirchen 22, Hist. St. III 77, T.

Motte „Knöpp"
Das Gelände der heute ganz verschwundenen Burg am Südausgang des Ortes trägt den Namen „Auf der Burg". Im Gelände hebt sich der guterhaltene quadratische Burghügel mit einer Kantenlänge von 25 m und 4 m Höhe gut ab. Er wird von einem 6 m breiten und 2,50 m tiefen Sohlgraben umzogen. Eine viereckige Vorburg ist noch teilweise von Wassergräben umzogen.
– KD Euskirchen 22, Janssen II 91, Kisky Euskirchen 81, T., Firmenich Euskirchen, Führer 26 S. 141

Euskirchen-Dom-Esch

Burg Dom-Esch
Das 1423 genannte „sloss", eine zweiteilige Anlage, die das Kölner Domkapitel an adlige Erbpächter verlehnte, wurde in den Reformationskämpfen des 16. Jh. niedergebrannt, danach aber wiederaufgebaut. Die jüngere

Anlage ist bis auf wenige Reste von Kellermauerwerk untergegangen.
- Hist. St. III 164, Kisky Euskirchen 85, Firmenich Euskirchen

Euskirchen-Elsig

Burg Elsig

1649 wurde die zweiteilige Wasserburg als landtagsfähiger Rittersitz begründet. In der Hauptburg stand ein zweigiebeliges Palasgebäude, in der Vorburg der Wirtschaftshof. 1828 war das Herrenhaus verschwunden. Auf dem gesamten Burggelände entstanden zwei neue Höfe.
- Kisky Euskirchen 87, Janssen II 94, Welters, Hist. St. III 201, Firmenich Euskirchen

Euskirchen-Flamersheim

Schloß Flamersheim

1358 wird „huß Vlamresheim vorburg und vestenen" dem Grafen v. Jülich zu Lehen und als Offenhaus aufgetragen. Das gegen Ende des 18. Jh. erbaute schlichte Barockschloß wurde um 1860 von der Familie v. Bemberg in klassizistisch-historischen Formen umgestaltet. Dabei wurden der Wirtschafthof abseits neugebaut und ein Landschaftspark angelegt. Ursprünglich war Flamersheim eine zweiteilige Wasseranlage.
- KD Rheinbach 29, Dehio N 192, Hist. St. III 226, T., Welters, Führer 26 S. 209, Firmenich Euskirchen, Duncker 80, Herzog

Euskirchen-Großbüllesheim

Burg Großbüllesheim

1407 wird Reymar Spies v. Büllesheim als Eigentümer von „huyß und vurburgh" bekundet. In späterer Zeit wechselten die Besitzer häufig. Von dem landtagsfähigen Rittersitz, einer zweiteiligen Weiheranlage, vielleicht ursprünglich einer Hofesfeste, steht nur noch das an den Torturm angelehnte Wohnhaus der Vorburg mit einer umlaufenden Galerie. Die heutigen Gebäude wurden im 17. Jh. errichtet und im 19. Jh. stark verändert.

- KD Rheinbach 35, Kisky Euskirchen 96, Firmenich Euskirchen, Welters, T., W., Hist. St. III 270, Welters Großbüllesheim

Euskirchen-Kessenich

Burg Kessenich/Haus Stammen

Von der Wasserburg, einer Gründung der Familie v. Binsfeld ist der zweiflügelige Wohnbau mit rundem Eck-(Treppen-)turm erhalten. Die Gebäude stammen aus dem 16. und 17. Jh. Der Torbau ist noch aus der Erbauungszeit. Die Wirtschaftsbauten sind jüngeren Datums.
- KD Euskirchen 97, Kisky Euskirchen 98, Firmenich Euskirchen, T., Welters, Hist. St. III 220

Gut Bartelshof

Das Gut ist eine einfache Wasserburg.
- Führer 26 S. 3

Euskirchen-Kirchheim

Motte Hockebur/Hockenbroich

Es ist nicht festzustellen, wie weit die Besiedlung der auch Hockenburg genannten Motte zurückreicht, ob sie aus vorromanischer Zeit stammt oder erst eine stauferzeitliche Gründung ist, die später ihren Rang der Tomburg überlassen mußte.
- Kisky Euskirchen 98, B. 246

Euskirchen-Kleinbüllesheim

Große Burg in Kleinbüllesheim

An der Stelle einer mittelalterlichen Burg, dem Mittelpunkt der Herrlichkeit Büllesheim, erbaute J. C. Schlaun nach 1728 das heutige Schloß. Es ist ein zweigeschossiger Backsteinbau mit den für den Architekten typischen abgerundeten Ecken und Mansarddächern. Die Flügel der H-förmigen Anlage umfassen auf der Südseite eine Terrasse, auf der Nordseite eine kleine cour d'honneur. Vor der barocken Anlage steht noch das spätgotische Torhaus aus dem 16. Jh. mit Rundturm-Eckverstärkungen. Die Vorburg wurde nach einem Brand von 1726 neu aufgeführt.

– KD Rheinbach 57, Duncker 106, Kisky Euskirchen 101, Dehio N 287, Renard, Welters, T., W., Schlaun-Studie, Führer 26 S. 6, Hist. St. III 396, Welters Kleinbüllesheim

Kleine Burg oder Haustenhof

Wahrscheinlich handelte es sich um eine einteilige Hofesfeste, die 1463 mit der Großen Burg an die Familie v. Bourscheid kam und 1566 als Kleine Burg bezeichnet wird. Über die bauliche Gestaltung ist wenig bekannt, da sie 1873 bis auf die quadratischen Umfassungsmauern abbrannte.
– KD Rheinbach 58, Janssen II 103, Kisky Euskirchen 101, Welters, T., Hist. St. III 396, Führer 26 S. 6, Welters Kleinbüllesheim

Motte Kleinbüllesheim

Südlich der Burg Kleinbüllesheim lag ein etwa 1,70 m hoher, viereckiger, als Schloßhügel oder Duckenburg bekannter Burghügel mit einem Durchmesser von 40 m. Er wurde 1948 abgetragen, nachdem die Bedeutung als Motte und wahrscheinliche Vorgängeranlage der Großen Burg nachgewiesen worden war.
– Janssen II 102, Kisky Euskirchen 101, Hist. St. III 396, T., W., Führer 26 S. 6, Welters Kleinbüllesheim

Euskirchen-Kreuzweingarten

Wasserburg Broich

Der Sitz der Ritter v. Rheder kam im 15. Jh. an das Kloster Schweinheim. Es war eine Hofesfeste, die zu Beginn des 19. Jh. untergegangen ist.
– KD Euskirchen, Welters

Euskirchen-Kuchenheim

Obere Burg Kuchenheim

1259 trug Hermann v. Are sein von ihm erbautes Schloß dem Erzbischof v. Köln zu Lehen auf. In der zweiten Hälfte des 17. Jh. erfolgte der weitgehende Neubau der zerstörten Burg; zu Ende des 18. Jh. wurde sie erneuert. Nach Tranchot war es ein grabenumwehrtes rechteckiges Areal, zu dem ein

Brückenzugang auf der Nordseite bestand. Im Westteil befand sich ein dreiseitiger, nach Osten offener Hof. Heute sind nur noch geringe Reste der Burg vorhanden. Auf dem Grundstück wurde eine Fabrik errichtet.
– KD Rheinbach 59, Janssen II 103, Kisky Euskirchen 103, Welters, T., Hist. St. III 436

Untere Burg Kuchenheim

1482 wurde Stephan v. Boulich mit der Weiherburg belehnt, die 1573 erneuert wurde. Die Tranchot-Karte von 1808 zeigt ein viereckiges Grabensystem mit Weiher und großem Gebäude. 1968 wurden bei Ausschachtungsarbeiten Reste einer hölzernen Brücke gefunden. In der Mitte der Hauptburg stand ein mehrgeschossiger rechteckiger Turm auf einer leichten Erhebung, möglicherweise auf einer Motte. Die Vorburg war viermal größer als die Hauptburg und hatte ein eigenes Grabensystem. Von der unteren Burg ist das kleine Tor mit pilasterumrahmter Durchfahrt und halbrund vortretenden Türmchen erhalten.
– KD Rheinbach 60, Janssen II 103, Welters, Kisky Euskirchen 104, Hist. St. III 436, Welters Kuchenheim

Euskirchen-Niederkastenholz

Wasserburg Niederkastenholz

Die Burg wird 1287 als Besitz des Werner v. Kastenholz erwähnt und gelangte später in den Besitz der Abtei Kornelimünster, die hier eine Propstei einrichtete. Von der regelmäßigen zweiteiligen Weiheranlage, deren Wohnbau 1747, das Brückentor 1648 und die Vorburg im 18. und 19. Jh. entstanden, sind nur noch Ruinen erhalten, vor allem des Wohnturms aus Bruchsteinplatten mit unregelmäßig verteilten Fenstern.
– KD Rheinbach 124, Kisky Euskirchen 113, Hist. St. III 565, T., Welters, Firmenich Euskirchen

Euskirchen-Obergartzem

Wehranlage Antonigartzem

Im Billiger Wald liegt eine kleine, von einem

Graben umgebene Wehranlage von ca. 30 Quadratmetern. Die äußeren Grabenränder sind leicht erhöht. Wahrscheinlich handelt es sich um eine mittelalterliche oder frühneuzeitliche Hofesfeste. Auf der Nordseite zeichnet sich eine deutliche wallartige Erhöhung des Geländes ab, vor der ein breiter Sohlgraben liegt, der auf der Westseite mit dem quadratischen Grabensystem verbunden ist.
– Janssen II 103

Burg Gertzen

Die Burg wurde 1642 zerstört, die Ruine 1804 abgetragen. Reste haben sich keine erhalten.
– KD Euskirchen 12, Welters, Kisky Euskirchen 93, T., Hist St. III 576

Burg Veynau

Eine der größten Festungen der Gegend ist die wie ein Sperriegel in der Talenge des Veybachs gelegene Wasserburg Veynau. Die Hauptburg in der Form eines unregelmäßigen Rechtecks wird durch eine Mauer mit Bastionen und einen breiten Wassergraben geschützt. Nordöstlich vorgelagert ist die langgestreckte Vorburg mit den Ökonomiegebäuden. Die Burg wird 1340 erwähnt und verdankt ihre Gestalt dem 15. Jh. Im Kern des Herrenhauses sind ursprüngliche Bauteile erhalten. Eine zweite Vorburg aus dem 17. Jh. grenzt im Nordwesten an die Große Vorburg. 1708 zerstörten die Franzosen Veynau, die danach wiederaufgebaut wurde.
– KD Euskirchen 172, Dehio N 520, Führer 26 S. 139, T., B., W., Kisky Euskirchen 119, Lempertz, Welters, Neu Veynau, Hist. St. III 734, Duncker 2

Euskirchen-Roitzheim

Burg Roitzheim

Eine Burg in Roitzheim ist untergegangen.
– Kuback-Verbeek 970

Hof Roitzheim

Hierbei handelt es sich um eine schlichte, wasserumwehrte Hofesfeste.
– Führer 25

Euskirchen-Schweinheim

Alte Burg Ringsheim

Die Herren v. Ringsheim erbauten im 13. Jh. eine zweiteilige Burg mit großem „huyß", um die sich Fehden zwischen Köln und Jülich entspannten. 1249 wurde sie zerstört, danach wieder aufgebaut. Im 15. Jh. erwarb der Ritter Johann Hurth v. Schöneck Ringsheim. Die Lage der Burg, die verschwunden ist, ist durch die Gemarkung „Alte Burg" gekennzeichnet.
– KD Rheinbach 145, Kisky Euskirchen 113, Firmenich Euskirchen, Hist. St. III 647, Führer 26 S. 208

Burg Ringsheim

Im 18. Jh. errichtete man neben den Ruinen der alten Burg ein von quadratischen Ecktürmen flankiertes zweiflügeliges Landschloß, das gartenwärts kurze Seitenflügel hat. Umbauten erbrachten 1890 eine Änderung der Inneneinteilung. Die Arkaden wurden zu Fenstern geschlossen. Im Gartenrisalit wurde ein dorischer Portikus mit Treppen eingefügt. Die Vorburg stammt aus dem 19. Jh.
– KD Rheinbach 145, Kisky Euskirchen 113, Dehio N 572, T., Welters, Führer 26 S. 208, Firmenich Euskirchen, Hist. St. III 647, Herzog

Burg Schweinheim

Von der zweiteiligen Wasserburg, einer ziemlich umfangreichen Anlage aus dem 18. Jh., wohl auf älteren Fundamenten erbaut, ist nur noch ein Flügel der Vorburg mit fünfeckigem Flankenturm erhalten.
– KD Rheinbach 154, Kisky Euskirchen 116, T., Führer 26 S. 209, Welters, Hist. St. III 679

Euskirchen-Stotzheim

Burg Stotzheim

Der Rittersitz ist schon früh untergegangen.
– Kisky Euskirchen 117, Welters

Motte Hardtburg

Die Hardtburg wurde bisher stets für eine Höhenburg gehalten, ähnlich der Tomburg.

Tatsächlich aber stellt sie, wie Kisky bereits vermutete, das klassische Beispiel einer Motte dar. Sie besteht aus zwei Teilen. Im Südosten liegt die Hauptburg. Auf einem 10 m hohen, künstlich aufgeschütteten Burghügel stand der Wohnturm. Im Nordwesten, durch einen Graben getrennt, befand sich die Vorburg mit Wirtschaftshof. Die Hardtburg wurde zu Beginn des 12. Jh. aus Holz erbaut. Ein Neubau aus Stein erfolgte im 13./14. Jh. Gut erhalten sind der Bergfried und Reste des Berings mit Torburg und Spuren von Wehrgängen.

– KD Rheinbach 157, Janssen II 118, Dehio N 592, T., B., Führer 26 S. 159, Kisky Euskirchen 97, Backes Eifel, Hist. St. III 291, Firmenich: Die Hardtburg in Euskirchen Stotzheim (BuS 1972, H. 2, S. 82–85)

Euskirchen-Weidesheim

Kleeburg

Die zweiteilige Wasserburg war auf zwei Inseln errichtet. Bis zur Mitte des 15. Jh. war sie im Besitz der gleichnamigen Familie. Im Kern stammt die heutige Burg noch aus dem 16. Jh. Sie wurde 1747 umgebaut zu einer Dreiflügelanlage mit Mansarddächern. Das Herrenhaus ist über eine steinerne Steigbrücke zu erreichen mit anschließender ehemaliger Zugbrücke. Vom Ende des 16. Jh. stammt die ebenfalls dreiflügelige Vorburg mit zwei Rundtürmen und Treppengiebel. Nach dem Brand von 1939 konnte die Hauptburg nach alten Plänen wieder errichtet werden.

– KD Rheinbach 162, Kisky Euskirchen 120, Welters, Dehio N 625, T., W., Duncker 117, Hist. St. III 763

Kreuz- oder Heidgeshof

Möglicherweise war dieser Hof der Stammsitz der Ritter v. Weidesheim. Der schon im 13. Jh. genannte, von Wassergräben umgebene Herrenhof mit Befestigungen hatte ein eigenes Hofgericht.

– Hist. St. III 763

Eynrode, Haus s. Herzogenrath

Falkenlay s. Bad Bertrich

Falkenlust, Jagdschloß s. Brühl

Falkenstein s. Waldhof-F.

Fasanerie, Schloß s. Brühl

Ferschweiler

Niederburg

Hierbei handelt es sich um eine vorzeitliche Fliehburg.

– B., KD Bitburg 69, Hist St. V 97

Wickingerburg

Bei der sog. Wickingerburg handelt es sich um eine vorzeitliche Befestigung, die auch noch im Mittelalter benutzt wurde.

– KD Bitburg 69, Dehio 231, Hist. St. V 97

Firmenich s. Mechernich-F.

Fischenich s. Hürt-F.

Flamersheim s. Euskirchen-F.

Fleringen-Oberhersdorf s. Hersdorf

Flerzheim s. Rheinbach-F.

Fleuth s. Stolberg-F.

Fließenhof s. Swisttal-Miel

Fliesteden s. Hüchelhoven-F.

Flussbach

Landwehr

1933 waren noch mehr als 600 m der Wallanlage erhalten. Beim Autobahnbau wurde sie am Ostende um ca. 100 m verkürzt. Bei der Landwehr handelt es sich um einen doppelten Wall mit 7 m breitem und 4,50 m tiefem Graben. Der südliche Wall überragt den nördlichen. An der Ostseite befindet sich eine kleine Schanze, von tiefen Gräben umgeben, die mit der Landwehr in Verbindung stehen.

– Janssen II 346, Trierische Zeitschrift 8, 1933, S. 137

Föhren

Schloß Föhren/Schloß Kesselstatt

Oberhalb des Ortes liegt die ehemalige Wasserburg, die seit 1438 Stammsitz der Grafen v. Kesselstatt ist. Der Hauptbau ist eine Vierflügelanlage um einen Binnenhof. Der Südflügel ist noch mittelalterlich, die übrigen stammen von 1663. 1713 wurde der nödliche Saalbau zum größten Teil erneuert. An der Südostecke steht ein dreigeschossiger Turm auf ungefähr quadratischem Grundriß. Im Hof ist ein älteres Säulenportal von 1580 sehenswert. Vor dem Saalbau ist eine doppelläufige Freitreppe angelegt. Im Innern sind bemerkenswerte Stuckdecken und Marmorkamine. Der Hauptsaal zeigt in Stuckrahmen zwei große mehrteilige Schabkunstblätter von G. P. Rugenas d. A. Dem Herrenhaus sind die um mehrere Höfe gruppierten Wirtschaftsgebäude vorgelagert. Vor dem äußersten Hof steht ein prächtiger dreiteiliger Torbau des frühen 17. Jh. mit einem Giebelaufsatz über dem Mittelbogen. Die seitlichen Fußgängerpforten sind vermauert.
– Dehio 236, Hist. St. V 99, W., Laufner, T., Backes Mosel, KD Kreis Trier 118, Berns Nr. 106–125 und 158

Prümer Hof

Der Hof wird schon im Prümer Urbar genannt. Zu Anfang des 13. Jh. ging er als Lehngut an das Kloster St. Thomas an der Kyll über. 1524 belehnte der Abt von Prüm den Clemens v. Orley mit einem halben Haus und einem halben Turm zu Föhren. Zuletzt war der Hof im Besitz der Grafen v. Kesselstatt. 1858 wurde er aufgegeben und ein Teil der Gebäude zur Schule umgebaut.
– KD Kreis Trier 127, Janssen II 405

Frangenheim, Motte s. Vettweiß-Froitzheim

Frankenberg s. Aachen-F.

Frauenhof s. Hellenthal-Reifferscheid

Frechen

Alte Burg
(auch Cluttinckhaus oder Spiesburg)

Die Frechener Burg wurde 1256 in der Schlacht des Erzbischofs Konrad v. Hochstaden gegen die Stadt Köln als Stützpunkt gebraucht. Von dem im wesentlichen aus dem 15. Jh. stammenden schloßähnlichen Bau auf einer Weiherinsel, der nach den späteren Besitzern, den Spies v. Büllesheim, genannt wurde, ist nichts mehr erhalten. Die Alte Burg wurde 1830 niedergelegt.
– KD Kreis Köln 126, Hist. St. III 229, Rh. Städteatlas, Kisky Köln 58–61

Festes Haus der v. Hochstaden

Die im 14. Jh. genannte Wasserburg stand südlich der Frechener Kirche. Nach der Zerstörung 1639 ist sie völlig untergegangen.
– KD Kreis Köln 127, Hist. St. III 229, Rh. Städteatlas, T., Kisky Köln 61

Festes Haus der v. Palant

Die Wasseranlage aus dem späten Mittelalter ist im 19. Jh. abgebrochen worden. Reste sind keine erhalten.
– KD Kreis Köln 127, Hist. St. III 229, Rh. Städteatlas, T., Kisky Köln 61

Frechen-Bachem

Burg Bachem (Obere Burg)

Schon 1178 wird die Burg erwähnt. Seit 1326 war sie Lehen und Offenhaus der Grafen v. Jülich. Nach 1420 folgten verschiedene Geschlechter im Besitz der Burg, die seit 1836 den Freiherren v. Fürstenberg gehört. Der heutige Bau wurde 1705 auf einem künstlich aufgeschütteten Hügel innerhalb eines doppelten Grabensystems errichtet und ist aus zwei aneinanderstoßenden Trakten gebildet, wovon der eine einen Treppengiebel und ein Satteldach, der andere ein Walmdach besitzt. Der runde Eckturm mit dem hübschen Helm ist wohl auf älterem Gemäuer errichtet. 1890 erfolgte ein Innenausbau in „altdeutscher" Manier. Damals wurde der inzwischen baufällig gewordene Westgiebel vereinfacht. In

den letzten Jahren wurde der Graben gereinigt. Durch Grabungen im Burghof wurde das hohe Alter der Burg bestätigt: Das Fundament eines Wohnturms und ein Ziegelstein-Kreuzrippengewölbe gehören der Stauferzeit an. Die Vorburg stammt von 1786.
– KD Kreis Köln 10, Hist. St. III 40, Rh. Städteatlas, T., Rose, Kisky Köln 64–65, Herzog, Meynen

Haus Bitz (Mittlere Burg)

Gegenüber der Marienkirche wurde Haus Bitz als regelmäßige Wasseranlage im 15. Jh. erbaut. Im 18. Jh. entstand der heutige Bau, der aber in jüngerer Zeit erneuert wurde. Das Herrenhaus ist ein zweigeschossiger Ziegelbau von 5 Achsen. Die Gewände sind aus Trachyt. Eine feste Brücke führt über einen Trockengraben zum Portal, das von einem Dreieckgiebel überhöht ist. Die Stallungen sind bis auf einen Rest verschwunden. Einer der ursprünglich zwei Wachttürmchen mit gebrochenem Mansarddach ist erhalten.
– KD Kreis Köln 11, Rh. Städteatlas, Hist. St. III 40, Kisky Köln 65–67, Meynen

Haus Hemmerich (Untere Burg)

Von diesem Adelssitz, der 1371 Offenhaus der Erzbischöfe von Köln wurde, sind Reste eines fast quadratischen Burghauses aus dem 13. Jh. und ein sich anschließender Mauerrest aus dem 17./18. Jh. erhalten.
– KD Kreis Köln 12, Kubach-Verbeek 72, Hist. St. III 40, T., Rh. Städteatlas, Kisky Köln 67–68

Frechen-Benzelrath

Haus Benzelrath

Die Wasserburg ist seit dem 15. Jh. bekannt. Das rechteckige Burghaus mit dem schlanken quadratischen Eckturm wurde 1617 errichtet. Die anschließenden kleinen Nebengebäude waren spätere Ergänzungen. Haus Benzelrath ist zugunsten des Braunkohleabbaus niedergelegt worden.
– KD Kreis Köln 14, T., Kisky Köln 69–70

Frechen-Buschbell

Haus Buschbell

Der Lehnshof der Herzöge v. Jülich wurde als „borch" bezeichnet. Er ist im 19. Jh. untergegangen.
– Rh. Städteatlas, Kisky Köln 70

Haus Vogtsbell

Das oft mit Horbell und Bell verwechselte Burghaus Vogtsbell war von 1185 bis etwa 1400 Eigentum der Familie v. Belle, zuletzt (1750–1831) Besitz der Familie v. Gelder. Das Haus ist völlig untergegangen, hatte aber in seiner baulichen Gestalt durchaus den Charakter einer Burg.
– Kisky Köln 70

Frechen-Königsdorf

Königshof in Königsdorf

Angeblich stand hier ein Königshof oder gar ein Jagdschloß Karls des Großen. Ein zu Anfang des 19. Jh. abgebrochener Turm soll der letzte Rest der Anlage gewesen sein.
– KD Kreis Köln 144, T.

Frechen-Vorst

Haus Vorst

1292 sollte auf Befehl des Königs Adolf v. Nassau die Burg der Herren v. Vorst zerstört werden. 1329 erklärte sich Heinrich v. Vorst bereit, im Notfall die steinerne Vorburg niederzulegen und den Platz nicht mehr zu befestigen. 1419 und 1476 wurde Haus Vorst zerstört. Die heutige, zweiteilige Wasseranlage, deren Vorburg völlig erneuert ist, stammt aus dem 18. Jh. Es ist ein fünfachsiger Backsteinbau mit Trachytgewänden und Mansarddach. Das zweigeschossige Herrenhaus ist durch einen flachen, giebelbekrönten Mittelrisalit betont. Haus Vorst gehört zu den Landsitzen, die unter dem Einfluß der kurkölnischen Hofkunst entstanden sind. Zwei Remisenbauten begleiten den Haupttrakt.
– KD Kreis Köln 128, Dehio N 195, Hist. St. III 229, Meynen, Kisky Köln 62–63

Freialdenhoven, Burg s. Aldenhoven

Freilingen, Burg s. Blankenheim-Lommers-dorf

Frenkingen/Alt-Bettingen, Burg s. Bettingen

Frens, Schloß s. Kerpen-Horrem

Frenz s. Inden-F.

Frenzerhof s. Hüchelhoven-Fliesteden

Freudenkoppe, Burg s. Neroth

Freudenstein/Geisenburg, Burg s. Brockscheid

Friedland/Castel, Burg s. Lambertsberg

Friesdorf s. Bonn-F.

Friesenrath s. Aachen-F.

Friesheim s. Erftstadt-F.

Fritzdorf s. Wachtberg-F.

Froitzheim s. Vettweiß-F.

Füssenich s. Zülpich-F.

Gabrielsburg, Hofesfeste s. Vettweiß-Lüxheim

Garsdorf s. Bedburg-G.

Gappenach s. Münstermaifeld-G.

Gehn s. Mechernich-G.

Geisbüschhof, Rittersitz s. Mayen

Geisenburg/Freudenstein, Burg s. Brockscheid

Geisenhof s. Bitburg

Gelsdorf s. Grafschaft-G.

Gemünd s. Schleiden-G.

Genovevaburg s. Mayen

Geretzhoven s. Hüchelhoven-G.

Gerhardstein/Löwenburg, Burg s. Gerolstein

Gerolstein

Burg Gerolstein

Wahrscheinlich wurde die Burg nicht, wie vielfach angenommen, um 1115 von Gerhard I. v. Blankenheim errichtet, sondern von Gerhard IV., der sich auch Herr v. Casselburg und Gerhardstein nannte. Die Burg brannte 1691 ab und wurde nicht wiederaufgebaut. 1777 erfolgte der Abbruch. Die Burg Gerolstein stand auf einem Bergsporn. Die einzig zugängliche Seite wurde durch eine 11 m hohe und 35 m lange Schildmauer gesichert. Im Norden lag die Vorburg. Erhalten sind geringe Überreste aus dem späten Mittelalter, und zwar nur Umfassungsmauern, die in die Stadtbefestigung eingebunden wurden.
- KD Daun 85, Janssen II 217 und 518, Hist. St. V 114, B., Städtebuch RLP 144, Backes Eifel

Burg Gerhardstein/Löwenburg

Die Burg wurde von Graf Gerhard VI. v. Blankenheim in der ersten Hälfte des 14. Jh. gegründet; daher der Name. Sie wurde 1691 zerstört und 1777 auf Abbruch verkauft. Erhalten sind von der Hauptburg Reste der Wohngebäude, von der Vorburg die 11 m hohe Schildmauer.
- KD Daun 85, Dehio 264, Hist. St. V 113, Backes Eifel, T., Führer 33 S. 317

Dietzenley

Hier sind die Reste einer vorgeschichtlichen, angeblich keltischen Fliehburg erhalten, die aber auch noch im Mittelalter benutzt wurde. Der Ringwall umfaßt ein Areal von ca. 235 × 80 m. Die oberste Kuppe des Berges ist planiert, die Hänge sind künstlich geglättet. Am Fuß befindet sich ein Steinwall, der von der Kuppe durch einen Graben getrennt ist.
- KD Daun 70, Dehio 264, Führer 33 S. 318

Gerolstein-Birgel

Wasserburg Birgel

Unterhalb der Kapelle stand die Burg auf einem von Wassergräben umschlossenen Platz, den man wegen seiner leichten Erhö-

Burg Lissingen bei Gerolstein

hung heute noch erkennt. Im Kern stammt Birgel aus dem 13. Jh. Die Gebäude gruppierten sich um einen trapezförmigen Innenhof. Um 1840 waren die Ruinen der malerischen Anlage noch zu sehen.
– KD Daun 152, Janssen II 214, T.

Burgstelle in Birgel

Die Flur Burgberg soll eine Burgwüstung sein. Reste einer Wehranlage wurden allerdings nicht gefunden; sie können jedoch modern überbaut sein. Im Nordwesten und Südosten begrenzen eingeschnittene, hohlwegartige Gräben den Verlauf des Burgberges.
– KD Daun 151, Janssen II 214

Gerolstein-Lissingen

Burg Lissingen

Als Lehen der Abtei Prüm wird die Burg 1212 erstmalig erwähnt. 1559 wurde der Besitz in die Ober- und die Unterburg geteilt.

Die stattliche Anlage nahe der Kyll war ursprünglich von Wassergräben umgeben. Der wehrhafte Charakter ist durch Veränderungen verwischt; anstelle der Ringmauer befinden sich heute Wirtschaftsgebäude. Über dem Außentor von 1624 an der Südwestecke der Oberburg sind zwei Gießerker angebracht, seitlich eine Maulscharte. An der Grenze zwischen beiden Burgteilen steht ein viergeschossiger Turm aus dem 14. Jh., ursprünglich ein Torturm, mit angebautem rundem Treppentürmchen. Die Fenster sind barock verändert. Nach Osten schließt sich der ältere Teil eines Wohnhauses an, das 1590 auf etwa die doppelte Länge erweitert wurde; die Fenster stammen aus dem 18. Jh. Im Erweiterungsbau sind noch die ursprünglichen Fenster und das Portal erhalten. In der Unterburg steht ein großer dreigeschossiger Wohnbau über hakenförmigem Grundriß, der im Kern noch gotisch, aber 1661/62 umgebaut wurde. Auf der Nordwestecke der

Hofmauer befindet sich ein haubenbekrönter Steinerker von etwa 1700. Das Gartenhäuschen stammt von 1793.
- KD Daun 156, Dehio 264, Hist. St. V. 208, v. Behr, T., B., W., Backes Eifel

Gersdorf, Motte s. Nattenheim

Gertzen, Burg s. Euskirchen-Obergartzem

Gevenich s. Linnich-G.

Geyen s. Pulheim-G.

Gielsdorf, Burg s. Alfter

Gierschnach

Sog. Burg

Bei dem alten Burghof, einem kurtrierischen Lehen, das zuletzt an die Grafen v. Eltz vergeben war, handelt es sich um eine schlichte, aus einem kleinen Wohnturm hervorgegangene Hofesfeste.
- Fabricius VII 1 S. 100

Giescheid

Burg Kopp

Bei dieser Burganlage handelt es sich um eine Motte.
- Eifelführer (36. Aufl.) S. 161

Gillenfeld-Saxler

Burg Saxler

Die Burg der Ritter v. Saxler ist untergegangen. Ihre genaue Lage ist unbekannt. Es kann sich nur um eine Niederungsburg im Alfbachtal handeln, zu der ein Fischweiher gehört haben soll.
- KD Daun 99, Janssen II 240

Ginnick s. Vettweiß-G.

Glaadt s. Jünkerath-G.

Gladbach s. Erftstadt-G.

Gladbach s. Vettweiß-G.

Glehn s. Mechernich-G.

Glesch s. Bergheim-G.

Glessen s. Hüchelhoven-G.

Gleuel s. Hürth-G.

Glimbach s. Linnich-G.

Godenhaus, Erbhof s. Sinzig

Godesberg/Godesburg s. Bonn-Bad G.

Gödersheim, Burg s. Nideggen-Wollersheim

Goloring s. Winningen

Golzheim s. Zülpich-Merzenich

Gondelsheim-Weinsheim

Vorgeschichtlicher Ringwall

Nördlich von Weinsheim liegt auf einer an drei Seiten durch tief eingeschnittene Wasserläufe geschützen Anhöhe ein Ringwall von 150×75 m Ausdehnung. Die Eiflia illustrata bringen ihn mit einem Gebäude in Verbindung, so daß eine mittelalterliche und evtl. frühneuzeitliche Verwendung des Walles vermutet werden darf. Der Zugang am Westende wird durch einen natürlichen Felsgrat geschützt.
- B., KD Prüm 201

Gondorf s. Kobern-G.

Gracht, Burg s. Bonn-Lengsdorf

Gracht, Schloß s. Erftstadt-Liblar

Grachthof, Wasserburg s. Zülpich-Füssenich

Grafschaft-Bengen

Motte Bengen

Im Garten des Gasthofes Rieck befindet sich ein etwa 20 m breiter Hügel mit umlaufendem Graben. Dabei handelt es sich eher um eine Motte als um einen Grabhügel. Eine genaue Untersuchung steht noch aus.
- KD Ahrweiler 197, Janssen II 261

Grafschaft-Birresdorf

Befestigter Hof Alte Burg

Die Tranchotkarte (1808/1809) zeigt die Gräben eines befestigten Hofes. Innerhalb der

ovalen Grabenanlage sind jedoch keine Baulichkeiten mehr vorhanden, so daß der Hof spätestens zu Beginn des 19. Jh. wüst geworden sein muß. Die modernen topografischen Karten verzeichnen hier den Namen „Alteburg".
– KD Ahrweiler 201, T., Janssen II 264

Grafschaft-Gelsdorf

Burghaus Gelsdorf

Die Wasserburg Gelsdorf war ein ehemaliges Kölner Lehen. Die heutige ausgedehnte Wasserburg-Anlage wurde 1766 durch Konstantin v. Gruben erbaut. Das Hauptgebäude in Hufeisenform wird weiträumig von einem Graben umgeben. Die langgestreckte, in gleicher Achse liegende und sich zum Hauptbau öffnende Vorburg wird ebenfalls von einem Graben umzogen. Die gesamte Anlage war dann noch einmal von einem, heute zugeschütteten Graben umgeben. Der risalitartig vortretende Vorbau der Vorburg wird durch den Wechsel von Sandstein und Ziegel, aber auch durch den Wappengiebel betont. In der Nacht vom 19. auf den 20. Juli 1979 ist Burg Gelsdorf ausgebrannt.
– KD Ahrweiler 254, L. 53, Dehio 259, Welters, T., Rhein-Zeitung 21./22. 7. 79

Grafschaft-Holzweiler

Burghaus Holzweiler

Ein Geschlecht v. Holzweiler ist vom 14. bis zum 16. Jh. erwähnt und stellte zahlreiche Lehnsleute der Grafen v. Wied. Reste eines Burghauses, das als sicher angenommen werden darf, haben sich keine erhalten.
– KD Ahrweiler 315

Grafschaft-Lantershofen

Burg Lantershofen

Der Bau stammt aus dem Mittelalter, wurde im 17. Jh. umgebaut, brannte zu Anfang des 18. Jh. ab und wurde 1712 zum Teil wieder aufgebaut. Erhalten sind ein quadratischer Turm vom Anfang des 17. Jh. und das Burghaus von 1712.
– KD Ahrweiler 380, T., Diederich, Backes Eifel

Grafschaft-Vettelhoven

Burg Vettelhoven

Von der im 13. Jh. gegründeten Burg (nach Welters gab es sogar drei Burghäuser) ist nur noch ein Eckrundturm, bezeichnet 1593, erhalten.
– KD Ahrweiler 658, T., Rausch

Gramannshaus, Burghaus s. Nickenich

Graue Burg s. Bornheim-Sechtem

Graurheindorf s. Bonn-G.

Green

Burghaus

Das Haus der vom 13. bis ins 15. Jh. genannten Ritter v. Green ist schon früh untergegangen.
– KD Ahrweiler 266, T.

Grittern, Haus s. Linnich-Glimbach

Großbüllesheim s. Euskirchen-G.

Großer Hanbuch s. Aachen

Großer Welscher Bau im Süsterfeld s. Aachen

Großkönigsdorf s. Frechen-Königsdorf

Grosslittgen

Wasserburg Burgköpfchen

1878 wurden in der Flur ‚Weicherchen' auf einer kleinen Erhöhung in einem Wiesengelände, dem sog. Burgköpfchen, unzusammenhängende Mauerreste ausgegraben, die einer Wasserburg zugewiesen werden. Da es sich um eine runde Anlage gehandelt haben soll, könnte es auch eine Motte gewesen sein.
– KD Wittlich 136, Janssen II 348, T., Laufner

Burg Musweiler

Die Burg, wohl eine Wasseranlage, ist untergegangen. Mauerreste wurden 1878 ergraben.
– KD Wittlich 137, T.

Großvernich s. Weilerswist-Vernich

Grouven, Burg s. Elsdorf-Berrendorf

Gudenau, Schloß s. Wachtberg-Villip

Gülichsburg s. Zülpich-Schwerfen

Güls s. Koblenz-G.

Gürath

Burg

Ort und Burg Gürath sind wegen des Braunkohleabbaus untergegangen.
– T.

Gürtzgensburg s. Weilerswist-Vernich

Gürzenich s. Düren-G.

Güsten s. Jülich-G.

Guppenbusch/Gypenbusch, Burg s. Nörvenich-Oberbolheim

Gymnich s. Erftstadt-G.

Gymnicher Burg s. Nörvenich

Gypenbusch/Guppenbusch, Burg s. Nörvenich-Oberbolheim

Hahn, Haus s. Kerpen/Rhld.

Hain s. Niederdürenbach-H.

Hakhof s. Vettweiß-Müddersheim

Hallenburg s. Vettweiß-Disternich

Hallerburg s. Monschau

Hambach s. Niederzier-H.

Hamich, Motte s. Langerwehe-Wenau

Hamm

Burg

Die Burg wird bereits 1052 genannt als Lehen der Grafen v. Vianden. Der Besitz wurde bis heute stets im Erbgang weitergegeben.

Burg Hamm im Prümtal

Hamm ist eine der größten noch bewohnten Eifelburgen. Auf einem langgestreckten, von der Prüm in einer großen Schleife umflossenen Bergrücken erhebt sich die Burg. Die ältesten Bauten standen wohl an der Stelle der heutigen Tennisanlage. Im wesentlichen ist die Anlage spätmittelalterlich. Es ist ein ziemlich regelmäßiger Bering mit runden Halbtürmen, von denen zwei den Zugang in der Mitte der Südfront flankieren; ein zweiter Zugang im Nordwesten führt durch zwei rechteckige Tortürme in den Burghof, vorbei an der 1700 erneuerten Kapelle. Neben dem äußeren Torturm steht der hufeisenförmige Bergfried aus dem 14. Jh. Die oberen Teile der Türme und der Zinnenkranz der Mauern stammen von der Restaurierung um 1890. An der Nordseite des Burghofes stand das wohl im 14. Jh. errichtete, um 1586 veränderte viergeschossige Wohnhaus, das 1945 durch Brandstiftung zerstört wurde. Erhalten blieben nur die von zwei schlanken runden Treppentürmen flankierte Fassade und die westliche Schmalwand. Zwischen dem linken

Treppenturm und der Kapelle befindet sich ein Saalbau mit vier schönen, bandartigen Kreuzrippengewölben auf Säulendiensten, wohl aus dem 15. Jh. In der Kapelle werden hervorragende Bildnisgrabsteine aufbewahrt, die ursprünglich aus Maria Laach stammen.
– KD Bitburg 113, Dehio 287, Hist. St. V 126, v. Behr, Resch, T., B., Backes Eifel, Gondorf Hamm

Hardtburg s. Euskirchen-Stotzheim

Harff, Burg s. Bedburg-Kaster

Harffenburg s. Jülich-Güsten

Harffsche Burg s. Nörvenich

Hartelstein, Burg s. Schwirtzheim

Hasselholz, Lehngut s. Aachen

Hasselrath, Haus s. Pulheim-Stommeln

Hausen, Hof s. Aachen-Laurensberg

Hausen/Husen, Burg s. Bornheim-Sechtem

Hausen, Rittergut s. Eschweiler-Lohn

Hausen s. Heimbach-H.

Haustenhof/Kleine Burg s. Euskirchen-Kleinbüllesheim

Hebscheider Hof s. Aachen

Heidenburg s. Alf

Heidgeshof/Kreuzhof s. Euskirchen-Weidesheim

Heimbach

Burg Heimbach/Hengebach
Die auf einem Bergrücken errichtete ovale Ringburganlage wird schon zu Beginn des 11. Jh. genannt. Die heutige Burg stammt überwiegend aus dem 12.–14. Jh. Heimbach wurde mehrfach zerstört und wiederaufgebaut, bis sie 1687 nach dem Stadtbrand endgültig aufgegeben wurde. In diesem Jh. begannen die Restaurierungsarbeiten. Kern der Anlage ist die Bergfried-Palas-Kombination im westlichen Hof. Erhalten sind die Umfassungsmauern auf der Nordseite und der

Bergfried mit dem quadratischen Untergeschoß aus romanischer Zeit und zwei runden Obergeschossen von 1556 sowie Reste des Palas aus der ersten Hälfte des 13. Jh. Die Torbauten und der Zwinger, aber auch die Wohnbauten an der Südseite gehören dem 14. Jh. an.
– KD Schleiden 169, Dehio N 225, Kubach-Verbeek 365, T., Janssen II 64, Hist. St. III 302, Führer 26 S. 54, B., Neu Heimbach, Backes Eifel

Wehranlage Thonsberg/Tuensberg
Auf der höchsten Spitze des Thons- oder Tuensberges befindet sich ein quadratischer Turm mit 9,20 m Kantenlänge und einer Mauerstärke von 2,30 m. Die Mauern sind bis zu 1,70 m hoch erhalten und bestehen aus rohbehauenen, mörtelverbundenen Quadern. Besonders auf der Ostseite der Burganlage ist eine 0,70 m dicke Umfassungsmauer sichtbar, die zugleich den Turm stützte. Nach Osten ist das Areal durch Wall und Graben abgesichert, die den rückwärtigen Berggrat abschneiden. Es scheint sich um eine früh wüst gewordene Wehranlage zu handeln.
– Janssen II 64

Heimbach-Blens

Burg Blens
Die relativ unbekannte Burg gehörte zu Beginn des 12. Jh. einem Johann v. Blens, der im Dienst des Kölner Erzbischofs stand. Von der mittelalterlichen Anlage sind der Stumpf eines Rundturmes und geringe Reste der Umfassungsmauern erhalten. Das Herrenhaus von 1791 ist ein einfacher Wohnbau.
– KD Schleiden 159, T.

Heimbach-Hausen

Burg Hausen
Die typische, ehemals wasserumwehrte Wirtschaftsburg gruppiert sich um zwei Höfe. Von der spätgotischen Anlage sind nur noch der Eingangstrakt an der Ostseite, das zweigeschossige Wohnhaus aus Bruchstein und

Reifferscheidt bei Hellenthal

die Umfassungsmauern erhalten. Die Vorburg stammt von 1716. Wegen einer Besitzteilung wurde 1820 ein Wohnhaus im Hof errichtet. 1900 hat man die Gräben zugeschüttet.
– KD Schleiden 156, Dehio N 224, T., B., Hist. St. III 297, Herzog

Heimbach-Vlatten

Niederburg Vlatten

Von dieser ehemals größeren Anlage, die später als Unterburg diente, ist nur noch ein Teil des spätmittelalterlichen Wohnturmes sichtbar.
– KD Schleiden 445, T., Welters, Hist. St. III 738

Obere Burg Vlatten

Von der ehemals stattlichen Wasserburg des 14. Jh., die an der Stelle einer karolingischen Königspfalz stehen soll, sind die Reste der Umfassungsmauern mit Rundtürmen in mäßiger Höhe erhalten. Ein zweigeschossiger Turm und ein tonnengewölbter Trakt des Wohnbaues an der Westseite sind die einzigen bemerkenswerten Teile der ganzen Anlage, wie sie auf uns gekommen ist.
– KD Schleiden 442, Dehio N 608, Welters, Führer 26 S. 58, Hist. St. III 738, T.

Burg Vlatten

Die Tranchot-Karte verzeichnet hier eine bedeutende zweiteilige Wasserburg. Gebäude befanden sich damals nur noch innerhalb der Vorburg an der Stelle des heutigen Wirtschaftshofes. Nach Südwesten schloß sich die quadratische Hauptburg an, die, ganz von Wassergräben umzogen, in der Mitte ein erhöhtes Gelände hat, auf dem das Burghaus gestanden hatte.
– Janssen II 85

Heimersheim s. Bad Neuenahr-Ahrweiler

Heimerzheim s. Swisttal-H.

Heistart, Burg s. Langerwehe-Holzheim

Heisterbach, Haus s. Rheinbach-Flerzheim

Heistern s. Langerwehe-H.

Heisterscheid, Burghaus s. Niederlauch

Heistert s. Blankenheim-H.

Hellenthal-Reifferscheidt

Burg Reifferscheidt

Reifferscheidt war der Stammsitz eines der vornehmsten Geschlechter der Eifel. Die Besitzergeschichte ist sehr verwickelt, so daß hier auch nicht andeutungsweise darauf eingegangen werden soll. Von der hochmittelalterlichen Anlage, die um 1106 genannt ist, blieb nichts mehr erhalten. Die heutige Burg stammt aus dem 14. Jh. Nach einem Brand wurde Reifferscheidt 1669 wiederaufgebaut, aber schon 1698 durch die Franzosen zerstört und ist seither Ruine. Erhalten ist der stattliche runde Bergfried aus verputztem Bruchsteinmauerwerk und ein Rest der Umfassungsmauer. Von den im äußeren Burghof nach 1698 errichteten Gebäuden sind ein einfaches Rundbogenportal aus dem 18. Jh. und der sog. neue Torbau, ein mächtiges zweitürmiges Wachtlokal mit übergiebelter Durchfahrt, erhalten.
– KD Schleiden 299, Janssen II 65, Dehio N 230, T., B., Hist. St. III 629, Backes Eifel

Frauenhof

1700 wurde diese maison de plaisance als Witwensitz der Grafen v. Salm-Reifferscheidt erbaut. Das gefreite Anwesen wurde 1808 versteigert und kam in bürgerlichen Besitz. Das zweigeschossige Wohnhaus zu acht Achsen mit abgewalmtem Satteldach und zwei Nebengebäuden wurde später verändert. Zum Anwesen gehört ein hübsches Gartenhäuschen aus dem 18. Jh.
– KD Schleiden 307

Burg Ramscheid

Von der mittelalterlichen Anlage, einer Motte, hat sich eine kleine kreisförmige Erhöhung erhalten, an deren Südostseite ein trockener Weiher liegt.
– KD Schleiden 191

Unbenannte Burganlage

Auf dem Altenberg sollen noch Fundamente und der Brunnen einer Burg sichtbar gewesen sein. Die Anlage wurde irrtümlich für eine Tempelherrenburg gehalten. Urkundliche Überlieferungen sind nicht bekannt.
– KD Schleiden 299, Janssen II 65

Hemmerich, Haus s. Frechen-Bachem

Hemmerich s. Bornheim-H.

Hemmersbach, Burg s. Kerpen-Horrem

Hemmessen s. Bad Neuenahr-Ahrweiler

Hengebach s. Heimbach

Heppendorf s. Bergheim-H.

Heppingen s. Bad Neuenahr-Ahrweiler

Hermülheim s. Hürth-H.

Herschbroich

Alte Burg

Etwa 1 km südlich des Dorfes befindet sich auf einem Berg, der durch Steinbrüche stark abgetragen ist, eine Wehranlage unbestimmter Zeitstellung. Im Gelände sind Reste eines Abschnittswalls mit vorgelagertem Graben zu beobachten. Angeblich handelt es sich um eine vorgeschichtliche Wehranlage, die auch im Mittelalter benutzt worden sein könnte.
– KD Ahrweiler 303, Janssen II 272, Klemann Kreis Ahrweiler 89

Hersdorf-Niederhersdorf

Adelshof v. Aer, sog. Schlößchen

Das einfache rechteckige Burghaus wurde 1509 erbaut. Einziger Schmuck an diesem spätgotischen Gebäude bilden der halbrund vortretende Treppenturm und die 1660 angelegte Freitreppe.
– KD Prüm 211, Dehio 641, T.

Hersdorf-Oberhersdorf

Rittersitz Oberhersdorf

Dieser Rittersitz ist untergegangen. Spuren haben sich keine erhalten.
– KD Prüm 77, Forst Fürstentum Prüm 45

Hersel s. Bornheim-H.

Herzogenrath

Haus Eynrode

Die Vierflügelanlage, die auf den Fundamenten einer älteren Burg im 17. und 18. Jh. errichtet wurde, dient seit 1898 als Kloster.
– KD Kreis Aachen, T., Rh. Städtebuch 206

Schloß Rode/Herzogenrath

Die bedeutende Anlage wurde im 13. Jh. an Stelle einer älteren, zerstörten Burg aus dem 11. Jh. errichtet. 1684 wurde Herzogenrath von den Franzosen teilweise zerstört. Erhalten blieb der starke Rundturm, an den im 18. Jh. zwei rechtwinklig zueinanderstehende Flügel angebaut wurden. 1880 erfolgten gotisierende Zutaten wie Ecktürmchen und Zinnenkranz. Zu Anfang des 20. Jh. wurde die Burg im romantischen Sinn verändert und dient heute ausschließlich kulturellen Zwecken.
– KD Kreis Aachen 118, T., B., Hist. St. III 321, Herzog

Burg Wildnis

Die Burg wurde möglicherweise durch Erzbischof Engelbert v. Köln als Jagdschloß erbaut, ist aber von den Grafen v. Limburg gegen Ende des 13. Jh. niedergelegt worden. Die Ruinen wurden im 19. Jh. beseitigt.
– KD Kreis Aachen 121

Herzogenrath-Merkstein

Schloß Rimburg

Begründet wurde die Burg im 12. Jh. Vor allem nach der Zerstörung 1543 verfiel der Adelssitz immer mehr, da nur die notdürftigsten Instandsetzungen an der Hauptburg erfolgten. Erst 1899 wurde die Rimburg durch eine gründliche Instandsetzung, die fast einem Wiederaufbau gleichkam, gerettet. Dabei wurden der Eckturm erhöht, der Bergfried mit einem Mansarddach versehen, die Fassaden erneuert, am Innenhof ein Fachwerkobergeschoß gebaut und eine neobarocke Vorburg an alter Stelle errichtet. Initiatorin war damals Johanna v. Brauchitsch. In den letzten Jahren geriet Schloß Rimburg durch den Braunkohleabbau und daraus resultierende Berg- und Wasserschäden in die Gefahr eines erneuten Verfalls.
– KD Kreis Aachen 168, Hist. St. III 509, Herzog

Herzogsfreude, Jagdschloß s. Bonn-Roettgen

Heyden, Haus s. Aachen-Horbach

Heyer, Rittersitz s. Borler

Hickeshausen s. Arzfeld

Hillesheim

Burg

Die 1306 genannte Burg wurde 1689 von den Franzosen zerstört. Reste sind keine erhalten. Schon im 12. Jh. dürfte eine ältere Burganlage zum Schutz der wichtigen Verkehrsstraßen errichtet worden sein, die dann im 14. Jh. ausgebaut wurde.
– KD Daun 117, Dehio 303, T., Führer 33 S. 308, Wagner, Meyer, Backes Eifel

Hillesheim-Niederbettingen

Burg Niederbettingen

An der Stelle des Friedhofs und der Kapelle stand früher eine aus dem 13. Jh. stammende Wasserburg. Von ihr waren gegen Ende des 18. und noch um die Mitte des 19. Jh. Reste zu sehen; wahrscheinlich wurde die Burg im 17. Jh. zerstört. Heute sind noch erkennbar ein verstürzter Keller, geringe Mauerfundamente und ein von der Kyll gespeister Grabenabschnitt.
– KD Daun 178, Janssen II 231, T.

Himmelsburg s. Bad Neuenahr-Ahrweiler (Bachem)

Hinkelsburg s. Spangdahlem

Hirsch, Haus s. Aachen-Laurensberg

Hocherbach, Motte/Haus s. Hürtgenwald-Straß

Hochkirchen, Haus s. Eschweiler-Laurenzberg

Hochstaden, Haus s. Frechen

Hockebur/Hockenbroich, Motte s. Euskirchen-Kirchheim

Hohenfels-Essingen

Bauernburg

Die Feldfestung, eine sog. Bauernburg, stammt angeblich aus dem Dreißigjährigen Krieg. Wahrscheinlich ist die durch Steinbrüche teilweise zerstörte Anlage jünger, vielleicht aus dem 18. Jh. Die Tranchot-Karte gibt keinen Hinweis.
- KD Daun 147, Janssen II 221, Hörter
   Schwedenfeste

Hohn, Gut/Motte s. Swisttal-Miel

Hollerath

Motte

Urkundliche Belege sind bisher nicht bekannt. Man nimmt an, die Burg sei bereits zu Anfang des 12. Jh. wüst gewesen. Der sog. Burgberg ist durch einen schwachen Sattel vom anschließenden Gieschberg getrennt. Mittelpunkt der Anlage ist ein ovaler Hügel von 20×40 m Ausdehnung. Nach Norden, Osten und Süden ist die Erhebung durch etwa 5 m tiefe und 10 m breite Gräben gesichert, die in den gewachsenen Felsen eingetrieben sind.
- KD Schleiden 191, Janssen II 67

Holsthum

Burghaus

Nach der Eiflia illustrata wurde 1769 ein altes Schloß abgebrochen und an seiner Stelle die Glasfabrik errichtet. Wahrscheinlich handelte es sich um ein mittelalterliches Burghaus,

von dem die Flurbezeichnung „Die Burg" herrührt.
- KD Bitburg 264

Sog. Haus Laeis

Das große barocke Haus, ein Herrensitz mit Mansarddach, wurde 1789 erbaut. Der ebenfalls barocke Rundbau der ehemals dazugehörigen Glashütte wurde 1945 bis auf einen Rest der Umfassungsmauern zerstört.
- Dehio 312

Holtrop, Haus s. Bergheim-Niederaußem

Holzheim s. Langerwehe-H.

Holzheim s. Mechernich-H.

Holzweiler s. Grafschaft H.

Honerath

Burghaus

Das kurkölnische Lehen wird zu Anfang des 15. Jh. erwähnt. Wahrscheinlich ist der Rittersitz schon 1618 untergegangen.
- KD Ahrweiler 315, T.

Hontheim

Enters- oder Nantersburg

Auf einem etwa 40 m hohen Plateau über dem Üßbach, das nach Westen, Norden und Osten steil abfällt, lag die Entersburg. Sie wurde 1138 zerstört, aber 1335 wieder genannt und im 16. Jh. erneut zerstört. Nach Süden sichern mehrere Gräben, die in den Bergrücken eingearbeitet sind, das Plateau. Im Burginnern finden sich mehrere künstliche Terrassierungen, die als Standorte für Bauten in Betracht kommen. Sichtbare Mauerreste der Abschnittsbefestigung auf vorgeschobenem Bergsporn sind keine vorhanden.
- KD Wittlich 178, Janssen II 349, T., Bakkes Mosel, Gilles

Hoppenburg s. Wachtberg-Villip

Horbach s. Aachen-H.

Horchheim, Burg s. Weilerswist-Vernich

Horrem s. Kerpen-H.

Horrido, Gut s. Nettersheim-Engelgau

Hospelt, Gut s. Bad Münstereifel-Mutscheid

Hoverhof s. Erftstadt-Friesheim

Hüchelhoven-Fliesteden

Oberburg Fliesteden

Der ehemalige Rittersitz wird 1292 erstmals erwähnt. Das Wohnhaus ist ein zweistöckiger Backsteinbau von fünf Achsen mit Walmdach und Kreisöffnungen im Drempel, der um 1840 entstand. Im Tor sind vielleicht noch Reste aus dem 18. Jh. erhalten. Es existieren geringe Reste der ursprünglichen Grabensysteme.
– Denkmäler Rheinland 16 (Bergheim 2) 53, Meynen, Welters Fliesteden

Frenzerhof/Kitzhof, sog. Unterburg

Der Rittersitz wurde 1250 urkundlich erstmals erwähnt. Die Viereckanlage ist von Wassergräben umgeben. Das Herrenhaus ist ein stattlicher zweigeschossiger Putzbau von 3 : 4 Achsen und gewalmtem Mansarddach, der um 1760 errichtet wurde.
– Denkmäler Rheinland 16 (Bergheim 2) 53

Hüchelhoven-Geretzhoven

Burg Geretzhoven

Die ausgedehnte Anlage wird durch das malerische Herrenhaus, einen unregelmäßigen Backsteinbau mit Rundtürmen zum Graben beherrscht. Die Hofseite vermittelt ein uneinheitliches Bild. Der Nordflügel des rechteckigen Wirtschaftshofes mit dem eleganten Tor stammt noch aus dem 17. Jahrhundert, während die übrigen Trakte im 19. und 20. Jh. erneuert wurden. Die Burg ist der Stammsitz der 1328 genannten Ritter v. Geretzhoven.
– KD Bergheim 94, Denkmäler Rheinland 16 (Bergheim 2) 54, T., Meynen

Hüchelhoven-Glessen

Gut Neuhoff

Die ehemals befestigte Anlage war seit 1292 Jülicher Besitz. 1856 erfolgte ein Neubau des Wohnhauses, eines fünfachsigen zweigeschossigen Baues mit querovalen Öffnungen im Drempel unter dem Walmdach. 1898 wurde der Wirtschaftsflügel ausgebaut. Die rechteckige Backsteinanlage mit der doppeltürmigen Toreinfahrt aus dem 15./16. Jh. ist von z. T. ausgetrockneten Wassergräben eingefaßt. Im Untergeschoß der Türme sind noch Schießscharten erhalten.
– Denkmäler Rheinland 16 (Bergheim 2) 59, Meynen

Hürtgenwald

Burg Bergstein/Berinstein

Bergstein wird 1172 genannt. Möglicherweise war es eine ehemalige Reichsfeste, die 1198 dem Erzbischof von Köln aufgetragen und von diesem (mit Erlaubnis) zerstört wurde. Auf dem steilen Gipfel des Burgberges befindet sich ein ovales Plateau von ungefähr 72×46 m Ausdehnung. Im Südwesten beginnt ein noch etwa 5–6 m breiter Graben, hinter dem ein 6–7 m breiter und noch bis zu 2 m hoher Wall aufgeschüttet wurde, der sich nach Westen und Nordwesten fortsetzt. Im Südosten und Osten war durch natürliche Abstürze eine künstliche Befestigung überflüssig. Unterhalb des Felsens befindet sich eine Quelle.
– KD Düren 29, Janssen II 18, T., B., Führer 26 S. 64

Burg Brandenberg

Die Wasserburg wird 1477 erwähnt, als sie den Kreuzherren aus Ehrenstein übergeben wurde.
– B. 183

Hürtgenwald-Simonskall

Wehrhöfe

In diesem Tal sind drei von wahrscheinlich mehreren Wehrhöfen erhalten, die gegen Ende des Dreißigjährigen Krieges aus Bruch-

stein erbaut wurden. Das Haus der Familie Cramer wird „Burg" genannt. Die Hauptburg umgibt einen quadratischen Binnenhof. Der zweigeschossige Wohnflügel hat Schießerker an den Ecken und Kreuzstockfenster. Unmittelbar an die Hauptburg schließt sich der Wirtschaftshof an. Ein weiterer Hof, ein Doppelhaus, hat einen vorgebauten Wehrturm. Die Höfe sind Hugenottensiedlungen, tragen aber ganz den Charakter von Hofesfesten.
– KD Monschau, Dehio N 610, T., W.

Hürtgenwald-Straß

Motte Binnesburg

Der viereckige Burghügel von 35 × 37 m war von bis zu 12 breiten, vom Beybach gespeisten Wassergräben umzogen. Die behauenen Sandsteine bezeugen einen Steinbau. Auf der Südwestseite findet sich ein an der Basis 18 m und an der Krone 10 m breiter Wall, mit dessen Hilfe der Bach aufgestaut werden konnte. Auch im Nordwesten zeigen sich die Reste eines solchen Walles. Eine Erinnerung an eine Burg gibt es nicht mehr. Der Platz war schon um 1800 wüst. 1974 erbrachten Grabungen mehrperiodige Mauerreste und Keramik aus dem 14. und 15. Jh.
– Janssen II 42 und 509, Müller-Wille 95

Motte Hocherbach

Hierbei handelt es sich um einen der besterhaltenen Burghügel des alten Kreises Düren. Auf einer Insel inmitten eines Weihers soll ein turmartiger Bau gestanden haben, dessen Quadern bei der Renovierung des Burghauses verwendet wurden. In der Nähe des Beybaches vermutet man ein von Wassergräben umschlossenes quadratisches Gelände, das als Platz der Hauptburg angesehen wird. Die Gräben wurden 1870 zugeschüttet.
– KD Düren 152, Janssen II 42

Haus Hocherbach

Die 1388 erstmals genannte Wasserburg wurde im 19. Jh. unter Verwendung älteren Mauerwerks neugebaut.
– KD Düren 152, T.

Hürth

Burg

Von der im 19. Jh. abgetragenen mittelalterlichen Burg, wohl aus dem 13. Jh., ist nur noch ein Tor erhalten, das zu dem auf den Fundamenten des Palas errichteten Pfarrhaus gehört. Die Wirtschaftsgebäude der zweiteiligen Wasseranlage wurden bis 1866 genutzt.
– KD Kreis Köln 149, T., Firmenich Hürth, Kisky Köln 73

Hürth-Berrenrath

Burg Schallmauer

In der zweiten Hälfte des 16. Jh. wurde das Lustschloß des Kölner Domkapitels erbaut. Haus Schallmauer oder Schallmoor, das eine mittelalterliche Burg ersetzte, brannte 1673 ab. 1714 wurde die kleine erhaltene Wasseranlage, eine maison de plaisance, nach den Plänen von Michael Leveilly errichtet. Das dreigeschossige Herrenhaus mit Walmdach wurde in den letzten Jahren restauriert. Bemerkenswert ist im Innern die Eichenholztreppe. Der nördlich vorgelagerte Wirtschaftshof ist kurz nach dem Zweiten Weltkrieg verschwunden.
– KD Kreis Köln 135, Hist. St. III 259, Firmenich Hürth, T., Meynen, Kisky Köln 79–81

Hürth-Efferen

Burg Efferen

Im 14. Jh. war Efferen Eigentum der Kölner Familie Overstolz. Torturm und Palas wurden 1391 befestigt. Die aus der Zeit erhaltenen Gewölbe und Pfeiler tragen den Torturm und das Herrenhaus. Das Torgebäude wurde zu Anfang des 16. Jh. errichtet und hat eine interessante barocke Schweifhaube. Das zweigeschossige Herrenhaus mit gebrochenem Walmdach wurde 1769 errichtet. Die Gartenseite wird durch einen Mittelrisalit mit Balkon und wappengeschmücktem Dreieckgiebel betont. Von der einteiligen Wasser-

anlage sind keine weiteren Befestigungen erhalten.
– KD Kreis Köln 114, Dehio N 253, Hist. St. III 193, T., W., Firmenich Hürth, Meynen, Kisky Köln 74–75

Hürth-Fischenich

Burg Fischenich

1189 wurden die kurkölnischen Ministerialen v. Viskenich genannt. Die mittelalterliche Burg hatte eine ovale Form und war mit vier Türmen bewehrt. Bei den Kämpfen im Truchseßschen Krieg (1584) wurde Burg Fischenich zerstört und ist seither Ruine.
– KD Kreis Köln 122, Kubach-Verbeek 288, Kisky Köln 75–76, Hist. St. III 225, Firmenich Hürth, T.

Hürth-Gleuel

Wasserburg Aldenrath

Der Herrensitz ist seit dem 13. Jh. bekannt. Die Wasseranlage war von einer Strebepfeiler-Stützmauer umgeben. Die Wirtschaftsgebäude waren von der Hauptburg getrennt. Der hohe zweiflügelige Backsteinbau wurde 1558 erbaut und 1836 verändert. Interessant war der Turm im Winkel der beiden Flügel. Er hatte ein vierseitiges Fundament, wurde aber schon im Erdgeschoß pentagonal. Der Zinnenkranz war eine Zutat von 1836. Burg Aldenrath wurde 1936 abgebrochen.
– KD Kreis Köln 138, T., Hist. St. III 259, Herzog, Kisky Köln 78

Haus Bell

Der Rittersitz Bell wird 1463 genannt. Er wurde in der ersten Hälfte des 17. Jh. mit Horbell vereinigt. Von den ursprünglichen Gebäuden ist nichts mehr erhalten. Der Platz ist überbaut, so daß keine Aussage über Größe und Gestalt von Haus Bell möglich ist.
– Kisky Köln 83

Haus Gleuel

1249 wird die Wasserburg als Besitz der Kölner Dompropstei genannt. Bis ins 16. Jh. war sie Lehen der Ritter v. Gleuel. 1632 wurde

das zweiflügelige Herrenhaus, ein zweigeschossiger geschlämmter Backsteinbau mit Volutengiebeln, neugebaut; ein barocker Umbau erfolgte 1713. Im sog. Rittersaal ist eine hübsche Stuckdecke mit Wappen erhalten. Die Gartenanlage mit den Gräben bewahrt den Charakter des frühen 19. Jh. Die Vorburg stammt aus dem 18. und dem 19. Jh.
– KD Kreis Köln 134, Kisky Köln 77–78, Hist. St. III 259, Meynen, T.

Hürth-Hermülheim

Burg Hermülheim

1166 war Hermülheim Tafelgut der Kölner Erzbischöfe. Neunzig Jahre später kam das Gut durch Kauf an den Deutschen Orden. Das Herrenhaus stammte aus dem 18. Jh., wurde im 19. Jh. erneuert und verändert und schließlich im Zweiten Weltkrieg beschädigt. Der Restbau wurde 1964 abgebrochen. Der Weiher ist verlandet. Die Trockengräben sind vor einem leeren, überdimensionalen Tor erkennbar.
– KD Kreis Köln 145, Hist. St. III 317, Firmenich Hürth, Brohl, T., Kisky Köln 81–82

Hürth-Kendenich

Burg Kendenich

Im 12. Jh. werden die Herren v. Kendenich als kölnische Lehnsleute genannt. Die heutige Burg wurde im 17. Jh. als zweiteilige Wasseranlage erbaut. Das Herrenhaus ist ein quadratisches Gebäude mit geschweiftem Zeltdach, an dessen Ecken Zwiebeltürmchen stehen, und das von einer Zwiebel-Laterne bekrönt ist. Das Gebäude ist auf mittelalterlichen Fundamenten errichtet. Hervorzuheben ist die strenge Achsenbezogenheit des Herrenhauses. Die Front des über eine Steinbrücke zu erreichenden Gebäudes wird durch ein Barockportal betont. Die weiträumige Vorburg ist dreiflügelig und wird von vier quadratischen Ecktürmen mit Schweifhelmen eingefaßt. Das Haupttor im Osttrakt der Vorburg aus rustiziertem Sandstein ist die klassische Durchbildung der Zeit um

1670. Nach 1962 wurde Schloß Kendenich umfassend restauriert.

– KD Kreis Köln 155, Dehio N 253, Hist. St. III 387, T., W., Klug, Duncker 21, Herzog, Meynen, Kisky Köln 85–88

Motte „Teufelsburg"

Bei Kranzmaar befindet sich eine, im Volksmund als Teufelsburg bekannte zweiteilige Anlage. Die Hauptburg wird von einem 10 m hohen, grabenumwehrten Kegel gebildet, an den sich nach Nordwesten die Vorburg anschließt, welche im Delta zwischen zwei Bächen liegt und nach Nordwesten durch Graben und Wall begrenzt ist.

– Müller-Wille Nr. 61

Hürth-Stotzheim

Burghof oder Schlebuschhof

Der sog. Schlebuschhof ist der wasserumwehrte ehemalige Burghof. Der Weiher wird vom Stotzheimer Bach gespeist. Das Herrenhaus wurde 1875 neu aufgerichtet. Um diesen Ziegelbau gruppieren sich in Hufeisenform die Wirtschaftsgebäude. Heute wird hier ein Reiterzentrum betrieben.

– Firmenich Hürth

Hundesley, Fliehburg s. Nideggen-Abenden

Hyazinthenburg s. Brühl

Igel

Wohnhaus v. Kahn

Das ehemalige Wohnhaus der Familie v. Kahn, heute Gasthaus „Zum Löwen", wurde zu Anfang des 18. Jh. erbaut. Den Adelssitz bildet ein hübscher Bau mit haubengekrönten Türmchen über den Ecken der Straßenfront. Im Erdgeschoß sind mehrere Räume mit Stuckdecken aus der Erbauungszeit erhalten.

– KD Kreis Trier 172, Dehio 323

Inden-Frenz

Burg Frenz

1104 wird die Burg im Besitz eines Harper v. Fragenzo aus dem Limburger Grafenhaus genannt. Im 16. Jh. begann man mit der Modernisierung der Anlage. Aus der Zeit stammte noch das reiche Grabensystem. Das zweigeschossige Herrenhaus wurde nach dem Brand von 1719 errichtet. Die Gartenfront war von zwei schlanken, polygonalen Türmen mit reizvollen Helmen flankiert. Die Hoffront war durch die quadratischen Ecktürme betont. Die dreiflügelige Wirtschaftsburg mit trutzigem Torhaus und Mansarddächern hatte durch die barocken Fenster den wehrhaften Charakter verloren. Die Frenzer Burg wurde im Zweiten Weltkrieg stark beschädigt, kam 1956 an die Braunkohle-Union und wurde 1964 gesprengt.

– KD Düren 139, Duncker 94, Hist. St. III 234, T., W., Herzog

Inden-Lammersdorf

Haus Lützeler

Die rechteckige Wasserburg wird 1393 als Besitz des gleichnamigen Geschlechts genannt. Das Herrenhaus mit den Treppengiebeln und dem hübschen Erker gehörte dem späten 16. Jh. an. Der Torbau und die Wirtschaftsbauten stammen aus dem 17. und 18. Jh. Im Krieg wurde das Haupthaus stark beschädigt und in einfachen Formen, ohne Erker und Treppengiebel, wiederaufgebaut.

– KD Düren 184, Hist. St. III 442, T., W.

Motte

Im Tal der Inde befindet sich ein flacher, etwa 1 m hoher, runder kleiner Hügel mit einem Durchmesser von 12 m, der von einem nur 3 m breiten, flachen Graben umgeben ist. Da die Anlage neben dem Engelshof liegt, könnte die Motte auch für einen Spieker angelegt worden sein.

– Janssen II 33

Inden-Lucherberg

Haus Merödgen (Burg Röthgen)

Ein Werner v. Merödgen wird 1373 genannt. Das kleine Schlößchen besitzt einen zweigeschossigen Wohnbau aus dem 16. Jh. mit zwei Renaissancegiebeln und einem angelehnten Halbturm. Die ausgedehnten Wirtschaftsgebäude rahmen einen unregelmäßigen Hof malerisch ein. Haus Merödgen wurde im Zweiten Weltkrieg beschädigt. Den Nordost-Flügel hat man um 1970 zu Wohnzwecken neu ausgebaut. Da das Mauerwerk nach der Hofseite mit Ausnahme einiger kleiner Öffnungen keine Fenster zeigte, wurden neue geschaffen und die alte Eingangstür versetzt.
– KD Düren 199, Duncker 118, Hist. St. III 510, T.

Inden-Pier

Haus Pesch

Die Geschichte von Haus Pesch ist noch weitgehend ungeklärt, aber 1444 gibt Daniel v. Efferen das Gut dem Adam Rummel v. Hetzingen in Erbpacht. Die Wasserburg ist eine langgestreckte Rechteckanlage des 16. bis 18. Jh. Der zweigeschossige Wohnbau hat einen quadratischen Eckturm. Helm und Dach schließen in einer Höhe ab. Die Kriegsschäden sind behoben.
– KD Düren 301, T., Hist. St. III 611

Haus Verken

Die Wasserburg aus dem 12. Jh. war von Anfang an Jülicher Lehen. Im 19. Jh. wurden die Gräben teilweise zugeschüttet. Die Hauptburg ist eine Ruine mit geringen Mauerresten. Die Vorburg wurde teilweise niedergelegt. Der Rest stammt aus dem 17./18. Jh. Von der noch 1910 gerühmten Stattlichkeit der Anlage ist nichts mehr zu spüren.
– KD Düren 302, T., Hist. St. III 611

Inden-Schophoven

Haus Müllenark

1129 wird ein Edelherr Gerhard v. Melenark genannt. 1234 belagerte der Graf v. Jülich die Burg vergeblich. Neben dem zweigeschossigen Herrenhaus, das von zwei quadratischen Türmen aus dem 16. Jh. flankiert ist, steht ein schwerer runder, isolierter Batterieturm, dem diagonal ein schlanker runder Ziegelturm aus der Zeit um 1500 entgegensteht. Die ausgedehnte regelmäßige Vorburg von 1670 hat zwei Ecktürme mit Schweifhauben und einen prachtvollen barocken Torbau: Rustikapilaster rahmen das korbbogenförmige Tor und den großen Wappengiebel ein. Das Herrenhaus wurde 1927 neugebaut.
– KD Düren 305, Dehio N 571, T., Hist. St. III 535, Herzog

Indianisches Haus/Schloß Fasanerie s. Brühl

Ingendorf s. Pulheim-Stommeln

Irnich, Haus s. Zülpich-Schwerfen

Irresheim s. Nörvenich-I.

Ivenhof s. Bedburg-Lipp

Iversheim s. Bad Münstereifel-I.

Jülich

Herzogliches Schloß

Die Grundsteinlegung für das Renaissanceschloß, eine ehemals geschlossene, großartige Vierflügelanlage, erfolgte am 30. April 1549. Der stark befestigte Bau, ein palazzo fortezza, ist kunsthistorisch bedeutsam, vor allem die Hofkapelle, die in architektonischer Hinsicht ein einmaliger Bau ist. Das herzogliche Schloß mit den quadratischen Flankentürmen und den Band- und Gesimsgliederungen ist in die Zitadelle eingebunden. Die Ostfront wird von Chor und Apsis der Hofkapelle beherrscht. Das Portal des Schlosses ist im Stil der italienischen Hochrenaissance mit Rustikaquadern und Dreieckgiebel gestaltet. Nach den Kriegszerstörungen wurde die Anlage wiederhergestellt.
– KD Jülich 127, Dehio N 257, Neumann, Lempertz, T., B., Hist. St. III 367, Rh. Städtebuch 220

Deutschordenkommende Kringen

Die Kommende, die seit dem 14. Jh. als Grablege verschiedener Geschlechter diente, wurde 1542 zerstört und nicht wiederaufgebaut. Reste sind keine erhalten.
– KD Jülich 120

Jülich-Altenburg

Burghügel

Etwa 200 m östlich der Kapelle befindet sich ein flacher Hügel von nur 9 m Durchmesser. Im Osten wird er durch einen Wasserlauf begrenzt. Die Anlage ist stark eingeebnet, könnte aber eine Motte gewesen sein oder wohl eher ein Platz für einen Spieker.
– Müller-Wille 105

Motte A

Der Burghügel hat einen Durchmesser von 50 m und ist 10 m hoch. Er wird von einem bis 20 m breiten und 3 m tiefen Graben umgeben. Die 50×35 m große Vorburg war nordöstlich vorgelagert. Etwas außerhalb der Nordwestecke finden sich Reste eines Rundturmes. Die Vorburg ist im Nordwesten, Nordosten und Südosten durch einen 10–20 m breiten Graben gesichert. Die Motte wurde wohl im 14. Jh. zugunsten von Hambach aufgegeben.
– Müller-Wille Nr. 104

Haus Linzenich

Ein Loef v. Linzenich wird 1255 genannt. Um 1500 wurde die Burg umgebaut und erweitert. 1752 erfolgte die heute bekannte Gestaltung. Der Grundriß weicht einigermaßen vom landläufigen ab. Die Vorburg bildet ein auf der Nordecke offenes Rechteck, das mit Ecktürmen bewehrt war. Das Herrenhaus steht auf einer eigenen Insel. Der Nordwestecke ist ein mächtiger Turm vorgelagert, dessen achtseitiger Helm auffällt. Der nordöstliche Teil des Herrenhauses stammt noch aus gotischer Zeit, der südwestliche aus dem Barock. Ein Mansarddach vereinigt beide Teile. Die Vorburg stammt aus dem 18. Jh. Der Landschaftspark wurde 1836 angelegt. 1880 erfolgte ein Umbau der Kapelle und 1905 die Erneuerung des Herrenhauses. Im Zweiten Weltkrieg ist Haus Linzenich abgebrannt. Die Erhaltung der Ruinen ist fraglich.
– KD Jülich 181, Hist. St. III 110, Duncker 97, Herzog

Jülich-Barmen

Burg Barmen

Die Burg wurde während einer Fehde 1352 zerstört.
– KD Jülich 34, T., Verein Barmen

Rittersitz Eschenhof

Das unmittelbar neben der Kirche gelegene Gut war im späten Mittelalter befestigter Sitz der Herren v. Barmen, könnte also die Burg Barmen abgelöst haben. Die rechteckige Hofanlage stammt aus dem 17. Jh. Das Wohnhaus an einer Schmalseite ist für Hofesfesten typisch. Reizvoll ist der kleine Torbau. Die Gebäude wurden nach dem Zweiten Weltkrieg neugebaut bzw. restauriert.
– Dehio N 46

Schloß Kellenberg

Die Wasserburg ist möglicherweise in der zweiten Hälfte des 14. Jh. von einem Ritter v. Overbach gegründet worden. Im 17. Jh. lebte hier der Reitergeneral Jan van Werth. Die Hauptburg der zweiteiligen Anlage geht im Kern auf das 14./15. Jh. zurück. Aus dieser Zeit stammt der ehemals dreigeschossige Wohnturm mit dem steilen Walmdach und den vier runden Ecktürmen in Wehrganghöhe. Das Herrenhaus bildete ursprünglich eine geschlossene Vierreckanlage mit runden Flankentürmen. Heute öffnet sie sich hufeisenförmig zur Gartenseite hin. Die Westfront nimmt ein zweigeschossiger Trakt aus dem 18. Jh. ein mit runden Ecktürmen und Mansarddach. 1838 erfolgte ein Umbau. Das Haus wird von dem spätgotischen, fünfgeschossigen Torturm mit interessantem Helm überragt. Im kurzen Flügel der Hauptburg auf der Südseite sind die vermauerten Öffnungen einer spätgotischen Bauanlage erkennbar. Die dreiflügelige, zum Herrenhaus hin offene Vorburg gehört in den Außenmauern dem 15./16. Jh. an, ebenso der breite Torturm. Die eigentlichen Gebäude stammen aus dem 18./19. Jh.

- KD Jülich 36, Dehio N 46, Hist. St. III 54, Duncker 24, T., W., Holtz, Herzog

Haus Overbach

Die ehemalige Wasserburg wurde im 15./16. Jh., vielleicht als Ersatz für die 1352 zerstörte Burg Barmen erbaut. Das Herrenhaus ist ein gedrungener zweigeschossiger Bau mit Mansarddach und Mittelgiebel, der um 1800 umgebaut wurde. Im altertümlich anmutenden Wirtschaftshof ist ein freistehender Eckturm mit Resten der Wehrmauer erhalten. In Haus Overbach ist eine Studienanstalt der Salesianer eingerichtet.

- KD Jülich 33, Hist. St. III 54, Duncker 18, Kohlhaas, T., Herzog

Jülich-Bourheim

Haus Bourheim

Von der Hauptburg aus dem 15. Jh., die möglicherweise auf ältere Bauten zurückgeht, ist nur der Unterbau mit dem Tonnengewölbe erhalten. Die Gebäude des großen Wirtschaftshofes wurden im 17. Jh. erbaut. Die Burg ist im Zweiten Weltkrieg sehr beschädigt worden.

- KD Jülich 50, T., Hist. St. III 110

Burghügel

Hinter dem Gutshof Bourheimerburg befindet sich eine Wehranlage von fast quadratischen Ausmaßen. Der Graben ist 6–8 m breit. Auf dem Plateau, das unter dem Niveau des Außengeländes liegt, finden sich Reste eines 10 × 15 m großen Gebäudes, vielleicht eines Turmes, mit 1 m dicken Mauern. Vom Hügel führt eine Erdbrücke zur Vorburg, in der sich heute ein Gutshof befindet. Die Hauptburg stammt vermutlich aus dem 15. Jh., die dreiflügelige Vorburg aus dem 17./18. Jh.

- Müller-Wille S. 111

Jülich-Broich

Haus Broich

Haus Broich befand sich um die Mitte des 14. Jh. im Besitz der Familie v. Mulart. Die Hauptburg der Wasseranlage ist ein malerischer kleiner Ziegelbau mit einem von ehemals zwei Türmen aus dem 17./18. Jh. Das dreiflügelige Wirtschaftsgebäude stammt aus dem 18. Jh.

- KD Jülich 51, Hist. St. III 121, T.

Jülich-Güsten

Harffenburg

Die v. Harff besaßen einen befestigten Hof, der später als Burg bezeichnet wurde. Das Anwesen ist völlig wüst, Reste haben sich keine erhalten.

- KD Jülich 76, Hist. St. III 274, T.

Haus Kirchberg oder Wymarsburg

1530 wird das Anwesen genannt. Der einfache Wohnbau dieser Wasserburg stammt von 1605 und wird von dem wesentlich jüngeren Turmausbau betont. Die Wirtschaftsgebäude sind modern.

- KD Jülich 145, Hist. St. III 393, T.

Jülich-Selgersdorf

Altenburg

Im 12. Jh. wurde eine Anlage errichtet, die aber schon 1278 zerstört wurde. Danach begann der Wiederaufbau. Wahrscheinlich wurde die Altenburg dann 1542 endgültig zerstört. Erhalten blieb nur ein Stück der Umfassungsmauer.

- KD Jülich 208, T.

Schloß Lorsbeck

Seit dem 14. Jh. ist der Rittersitz bekannt. Um 1750 wurde das heutige symmetrische Herrenhaus errichtet. Der Mittelachse vorgestellt ist ein quadratischer Turm mit welscher Haube. Beim Wiederaufbau nach dem Zweiten Weltkrieg wurde das ursprüngliche Walmdach zu einem Krüppelwalmdach verändert. Die Wirtschaftsgebäude fassen einen großen rechteckigen Hof ein, von dem aus

das wasserumwehrte Herrenhaus über eine Steinbrücke zu erreichen ist.
– KD Jülich 209, T., W.

Jülich-Stetternich

Burg Lindenberg

Lindenberg ist wahrscheinlich aus einem Wohnturm aus dem 12. Jh. entstanden. Von der alten Wasseranlage aus dem 16. Jh. sind nur noch ein quadratischer Torturm und ein gedrungener Rundturm mit einem anschließenden Mauerstück zu sehen. Das zweigeschossige Wohnhaus der Burg Lindenberg wurde 1743 von den Freiherren v. Eynatten erbaut, aber gegen Ende des 19. Jh. umgestaltet.
– KD Jülich 228, T.

Jüngersdorf s. Langerwehe-J.

Jünkerath-Glaadt

Burg Glaadt

Die untergegangene Burg aus dem 14. Jh. stand am linken Ufer der Kyll oberhalb der neuen Burg.
– KD Daun 105, T.

Schloß Glaadt (Glaadter Burg)

1324 wurde die Burg den Grafen v. Luxemburg zu Lehen aufgetragen; ursprünglich gehörte sie den Herren v. Schleiden. 1780 waren die Grafen v. Sternberg-Manderscheid Besitzer. Aus den Ruinen ist zu ersehen, daß die Burg die Eigenschaften einer im Tal errichteten Wasserburg hatte. Die mittelalterlichen Teile müssen schon im 17. Jh. sehr verfallen gewesen sein, so daß man zu einer gründlichen Restaurierung schritt. Die Burg stand auf einer leichten, an vier Seiten von Gräben umgebenen Erhebung. Das neue Schloß wurde 1726 bis 1735 erbaut, brannte aber schon 1737 ab und ist seither Ruine. 1804 wurde sie auf Abbruch verkauft. Es sind nur noch geringe Mauerreste der ehemaligen Vierflügelanlage, die ein verschobenes Quadrat bildete, erhalten.
– KD Daun 104, Dehio 332, Janssen II 222, Backes Eifel, Hist. St. V 156, T., B.

Junker Emonts Hof s. Düren

Junkersburg s. Pulheim-Geyen

Juntersdorf s. Zülpich-J.

Kärlich s. Mülheim-K.

Kaimt s. Zell-K.

Kaiskorb, Rittersitz s. Bedburg-Kirchherten

Kaisersesch

Erzbischöfliche Burg

Die Burg ist schon früh untergegangen. Sie befand sich am Burgplatz hinter dem Chor der alten Kirche. Reste wurden 1907 nach einem Brand entdeckt.
– KD Cochem 413, Emsbach, Laufner, B.

Burghaus von der Leyen

Das Burghaus wurde wohl 1321 erbaut und befand sich lange Zeit im Besitz des Hauses von der Leyen. 1725 wurde hier eine Thurn- und-Taxische Poststelle eingerichtet. Heute dient das Gebäude als Lagerhaus. Die Hoffront ist mit Rundtürmen bewehrt, die Außenfront durch auf Konsolen ruhenden Ecktürmchen. Die großen Fenster und die doppelläufige Freitreppe im Hof stammen aus dem 17. Jh. Das Burghaus hat ein einfaches Satteldach.
– KD Cochem 412

Kalenborn

Burg

1323 verkaufte Ritter Konrad v. Brohl ein Lehngut in Kalenborn. 1334 verzichteten Sibel Herr v. Brohl und sein Neffe Konrad v. Brohl auf ihre Rechte an dem Haus Kalenborn, mit dem Ritter Philipp v. Virneburg schon 1326 belehnt worden war. 1335 wurde Kalenborn trierisches Lehen. 1951 fiel das Haus Nr. 16 „In der Burg" zusammen. Es soll das alte Burghaus gewesen sein. In der Nähe gibt es die Flurnamen „Burgberg" und „Burgkaul". Auf der Flur „Burgheide" wur-

den wiederholt Mauerreste und mittelalterliche Keramik gefunden.
– KD Cochem 414, Janssen II 381

Kalkhofen, Gut s. Aachen

Kall-Keldenich

Keldenicher Burg

Die Burg soll als Mannlehen bereits 1269 erwähnt worden sein. 1306 übertrug der Graf v. Jülich sie dem Ritter Heinrich v. Ossendorf. Zum letzten Mal wurde sie 1630 verlehnt. Die Keldenicher Burg ist untergegangen.
– KD Schleiden 212, Hist. St. III 383

Kall-Soetenich

Stolzenburg

Die Burg könnte die Stammburg der 1405 genannten Familie v. Soetenich sein. Das ungefähr 80 m weite, ovale Burgplateau zeigt heute kaum noch Reste einstiger Bebauung. Nach Osten sichert ein massiver Wall mit vorgelagertem Graben die Burg gegen den rückwärtigen Bergrücken. Die Steilkanten nach Westen und Südwesten fallen zum Urfttal ab und bieten einen natürlichen Schutz. Erhalten sind Reste des Berings und zweier Türme, die möglicherweise zu einer Toranlage gehörten.
– KD Schleiden 372, Janssen II 72, Hist. St. III 383, Backes Eifel, T., B.

Kall-Urft

Alte Burg Dalbenden

1252 wird die alte Burg Dalbenden, deren Ruinen unterhalb von Urft auf dem rechten Ufer des Flusses sichtbar sind, erstmalig erwähnt. Seit der Mitte des 17. Jh. befand sie sich im Besitz der Reitmeisterfamilie Cramer, die 1646 daneben die Eisenhütte und 1660 einen Eisenhammer errichtete. Hier wiederholte sich das auch bei anderen Anlagen, z. B. bei Mauel, festzustellende Nebeneinander von herrschaftlicher Burg und Eisenhütte.
– KD Schleiden 432, Janssen II 71

Schloß Dalbenden

Aus einem spätmittelalterlichen Wohnturm entwickelte sich eine Wasserburg, die während der Barockzeit umgestaltet und 1914/15 verändert wurde. Die dreiflügelige Anlage ist zur Gartenseite offen und wird an dieser Seite durch eine doppelläufige Freitreppe betont.
– KD Schleiden 433, Backes Eifel, T.

Haus Neubenden

Das Schloß wurde erst 1785 erbaut. Das zweigeschossige Gebäude zu sieben Achsen mit Mansarddach wird durch einen Mittelgiebel über der Tür betont. Im Park steht ein hübscher Pavillon. Im Zweiten Weltkrieg wurde Haus Neubenden beschädigt und dient heute als Gutshof.
– KD Schleiden 435, T.

Kall-Wahlen

Burg Steinfeld

Aus der hochmittelalterlichen Burg, von der keine Reste erhalten sind, ist die Prämonstratenserabtei Steinfeld hervorgegangen.
– B.

Wildenburg

Die Burg gehörte im 12. Jh. den Grafen v. Limburg. Sie erlebte häufige Besitzerwechsel, ehe sie 1717 an das Kloster Steinfeld kam, das die Burg schloßähnlich ausbaute. Die Burg entspricht dem bekannten Schema der Abschnittsbefestigung in Spornlage. Die Gräben und die stärksten Mauern richten sich nach Nordosten gegen den Berg. Im Westen liegt die schiefwinklige Hauptburg; die Vorburg mit Gutsbetrieb ist östlich vorgelagert. Das Haupthaus aus dem 16. Jh. ist zur Kirche umgestaltet. Das Prioratsgebäude wurde im 18. Jh. der mittelalterlichen Wehrgangsmauer aufgesetzt.
– KD Schleiden 452, Dehio N 615, Janssen II 86, T., B., v. Behr, Backes Eifel, Hist. St. III 785

Kallmuth s. Mechernich-K.

Die Wildenburg in Kall-Wahlen

Kalt

Burghaus

1332 wird Iwan de Kalte genannt, dessen Stammsitz in der Flur „Auf der Burg" stand.
– Fabricius VII 1 S. 118, Liessem Ergänzung

Kaltenborn

Burg

1335 erhielt Erzbischof Balduin v. Trier das Öffnungsrecht der Burg des Philipp v. Virneburg gen. Kaltenborn. 1348 gilt sie als Stammsitz der Ritter v. Kaltenborn. Die Burg lag neben der Kirche und wurde im 19. Jh. restlos abgebrochen.
– KD Ahrweiler 321, Janssen II 274, L. 12, T., Laufner, Berns Nr. 83

Kalterherberg s. Monschau-K.

Kambach, Haus s. Eschweiler-Kinzweiler

Kapellenhof/Gabrielshof s. Vettweiß-Lüxheim

Karden s. Treis-K.

Kardenburg, Burghaus s. Bad Neuenahr-Ahrweiler (Heimersheim)

Karl

Burg

Auf einem Bergsporn über der Lieser befindet sich ein großer, runder, ebener Platz, auf dem ein Haus gestanden haben könnte. Angeblich stecken noch Mauerreste im Boden. Befestigungsanlagen sind nicht sichtbar. Auf dem Plateau findet man Schlacken, die auf eine Besiedlung des Platzes hindeuten.
– KD Wittlich 136, Janssen II 349

Kasselburg s. Pelm

Kasselsburg, Motte s. Meuspath

Kastel/Friedland, Burg s. Lambertsberg

Kaster s. Bedburg-K.

Kattefurt, Rittersitz s. Kerpen-Türnich

Katzenburg s. Bonn-Poppelsdorf

Kelberg

Burghaus

Ein Geschlecht v. Kelberg wird 1216 mit Theoderich v. Kelberg genannt. Daher darf angenommen werden, daß im Ort ein Burghaus oder gar eine kleine Burg stand. Reste sind keine bekannt.
– KD Mayen 246

Rittersitz Zermüllen (Zur Mühlen)

Das mittelalterliche Burghaus wurde durch Neubauten 1659, 1863 und 1931 verändert, wobei alte Mauerreste berücksichtigt wurden.
– KD Ahrweiler 64, T.

Keldenich s. Kall-D.

Kell s. Andernach-K.

Kellenberg, Schloß s. Jülich-Barmen

Kellersberg, Haus s. Aachen-Euchen

Kempenich

Alte Burg

Die Burg der Dynasten v. Kempenich ist an der Stelle der heutigen Kapelle zu suchen.
– KD Mayen 260, B.

Burg Kempenich

Auf einem hohen, steil abfallenden Fels erhebt sich Burg Kempenich, wahrscheinlich eine Gründung der Grafen von Wied. Seit 1277 ist die Burg Trierer Lehen. Etwa ab 1570 war sie über 200 Jahre lang im Besitz der Grafen v. Eltz. Die Burg, heute Ruine, war auf der Nord- und Ostseite mit doppelten Gräben gesichert. Es war eine langgestreckte, rechteckige Anlage mit Zwinger und runden Ecktürmen. Nach Osten war sie ursprünglich durch eine Vorburg gesichert. Von der bedeutenden, einst stark bewehrten Burg zeigt die im Kern noch mittelalterliche Nordmauer des Hauptgebäudes verschiedene Bau-Epochen und spätgotische Sprossenfenster.
– KD Mayen 260, Dehio 357, Hist. St. V 167, L. 15, T., B., Laufner, Berns Nr. 46 und 132, Backes Eifel

Kemplon, Burghaus s. Cochem

Kendenich s. Hürth-K.

Kerpen (Hohe Eifel)

Burg Kerpen

Die Burg war ursprünglich im Besitz der 1136 bezeugten Herren v. Kerpen. Sie kam 1506 an das Haus Manderscheid und 1674 an die Herzöge v. Arenberg. Seit 1682 war Burg Kerpen Ruine. 1803 wurde sie auf Abbruch

Burg Kerpen in der Hohen Eifel

versteigert. Gegen Ende des 19. Jh. begannen die Sicherungsarbeiten und der teilweise Ausbau. Kerpen war Wohnsitz des Malers Fritz v. Wille. Die Burg ist nach dem Prinzip frühgeschichtlicher Abschnittsbefestigungen angelegt. Nach Norden schützt sie eine Schildmauer mit vorgelagertem Graben. Die übrigen Seiten sind durch Steilhänge gesichert. Die umfangreiche Anlage aus dem 12. bis 13. Jh. steigt in mehreren Terrassen an. Auf dem höchsten Punkt erhebt sich der romanische Bergfried mit seinen mächtigen Mauern. Der Zinnenkranz ist erneuert. Das darunterliegende Wohnhaus von 1896 hat zwei Fenstergewände aus der Zeit um 1600. Der an der Südseite aufgeschüttete Hof befindet sich an der Stelle des romanischen Palas. Dabei blieben die Umfassungsmauern teilweise erhalten. Im mittleren Burghof am Neubau der Garage befindet sich ein doppeltes Kielbogenfenster aus dem 16. Jh.
– KD Daun 129, Dehio 358, Hist. St. V 168, Janssen II 225, Wagner Kerpen, Kubach-Verbeek, T., B., Backes Eifel

Burgmannensitz

Von dem ehemaligen Burgmannensitz unterhalb der Burg sind der Hof mit Torbogen und das Wohnhaus mit Treppenturm, das im Kern aus dem 16. Jh. stammt, später stark verändert wurde, erhalten.
– KD Daun 145, Dehio 358, Wagner Kerpen, T.

Alte Burg

Auf dem Bergrücken nördlich des Ortes befindet sich eine Burgstelle, die von der Burg Kerpen durch einen sehr breiten muldenförmigen, bis zu 15 m tiefen Graben getrennt ist. Nach Norden wird die Stelle durch Wall und Graben gesichert. Die Innenfläche bildet eine etwa ovale Form. Am Nordende der Burg zeichnen sich Mauerreste ab, wahrscheinlich eines Turms, der zum übrigen Innenraum durch Wall und Graben besonders gesichert war. Ob es sich um eine selbständige Burg oder um die Vorburg zur benachbarten Burg Kerpen handelte, ist ungeklärt. Zweifellos ist die Alte Burg die ältere Anlage, die mög-

licherweise in die bekannte Burg einbezogen wurde. Grabungen sind noch keine erfolgt.
– KD Daun 133, Janssen II 225, Steiner

Burganlage

Hierbei handelt es sich um eine Abschnittsbefestigung mit drei Wällen aus der älteren Eisenzeit. Im Mittelalter wurde der äußerste, nach Nordwesten gelegene Bergsporn wiederbenutzt und ein Turm errichtet. Seine Grundfläche beträgt 7,17 auf 7,72 m, seine Mauerstärke 0,80 m. Die Architekturteile des Turmes werden um 1200 datiert. Ansonsten sind keine Baureste vorhanden. Grabungen im Ostteil der Anlage ergaben neben vorgeschichtlichen Funden frühmittelalterliche Keramik des 10. bis 12. Jh. Die Burg soll im späten Mittelalter Sitz einer Familie v. Spiegelberg gewesen sein.
– KD Daun 123 und 145, Janssen II 226, Kubach-Verbeek 455, Wagner Kerpen

Kerpen (Rheinland)

Reichsburg Kerpen

Die im 13. Jh. erwähnte Burg, die wohl aus einem karolingischen Königsgut hervorgegangen ist, wurde im 17. Jh. mehrfach zerstört, 1689 von den Franzosen niedergebrannt und gesprengt. Zu Anfang des 18. Jh. begannen die Erneuerungsarbeiten. Burg Kerpen wurde 1793 völlig abgetragen.
– KD Bergheim 107, Kubach-Verbeek 455, T., Welters, Neu Kerpen, Hist. St. III 389, Rh. Städtebuch 239, Denkmäler Rheinland 16 (Bergheim 2) 99, Ressel-Päffgen

Haus Hahn

Die Gräben der ursprünglich zweiteiligen Wasserburg sind z. T. eingeebnet. Das zweigeschossige, dreiflügelige Herrenhaus vom Anfang des 18. Jh. mit Walmdächern wird von zwei runden Türmen mit Schweifhaube auf der Hofseite flankiert. Im späten 18. Jh. wurde der Gartenfront des Mitteltrakts ein zweigeschossiger Rechteckbau mit Mansarddach und übergiebeltem Mittelrisalit vorgelegt. Die dreiflügelige Vorburg wurde zu Be-

ginn des 20. Jh. auf alten Fundamenten neu aufgeführt.
– KD Bergheim 108, Dehio N 281, Hist. St. III 389, T., Meynen, Denkmäler Rheinland 16 (Bergheim 2) 103, Ressel-Päffgen

Schloß Lörsfeld

Von der Mitte des 15. bis zum Ende des 16. Jh. waren die Spies v. Büllesheim Herren der Burg, die nach mehrfachem Besitzerwechsel seit 1818 den Freiherren v. Fürstenberg gehört. Es handelt sich um eine Wasseranlage mit freistehendem Herrenhaus und östlich vorgelagerter Vorburg, die den Hof auf drei Seiten umfaßt. Vom doppelten Grabensystem sind nur noch Teile zu beiden Seiten des Herrenhauses erhalten. Schloß Lörsfeld wird von einem englischen Park umgeben. Das Herrenhaus ist ein zweigeschossiger, verputzter Backsteinbau aus dem 16. Jh. auf fast quadratischem Grundriß. Der über einem Spitzbogenfries vorgekragte Wehrgang mit vier runden Scharwachttürmchen wurde im 18. Jh. zu einem Mezzaningeschoß ausgebaut. Zwei parallellaufende Walmdächer sind durch einen höhergezogenen Quersattel verbunden. Die Türmchen haben achtseitige Schweifhauben. In der Südwestecke des Hauses sind die Mauern eines älteren Turmbaues verwendet. An die Nordostecke wurde 1853 ein kleiner Seitenflügel mit gotisierendem Treppengiebel angefügt. Die Vorburg stammt im wesentlichen aus dem 18. Jh. Der Torturm aus dem 16. Jh. erhielt im 18. Jh. einen laternengezierten Helm.
– KD Bergheim 109, Dehio N 281, Hist. St. III 389, T., W., Denkmäler Rheinland 16 (Bergheim 2) 104, Duncker 50, Meynen, Welters Lörsfeld, Ressel-Päffgen

Burghügel

Die Motte ist nur noch teilweise erhalten. Die jetzige Höhe beträgt 5–6 m, die Größe 40 × 40 m. Ursprünglich war der Burghügel von drei Gräben und zwei Wällen umgeben. Im Mittelalter wurde er zur Beringburg ausgebaut. 1579 war noch ein viereckiger Turm

erhalten. Im Nordwesten lag ein umgrabener Bezirk, wohl eine Vorburg.
– Müller-Wille Nr. 99, Ressel-Päffgen

Kerpen-Blatzheim

Kommandeursburg

Die quadratische Weiheranlage wurde 1594 als Landsitz für den Deutschen Orden erworben und 1602 ausgebaut. Das Wohnhaus ist ein zweigeschossiger Winkelbau mit übergiebelter, korbbogiger Tordurchfahrt. Der dreigeschossige, mit einem gestuften Helm versehene Eckturm am Wohnhaus korrespondiert mit dem in der Diagonale der Gesamtanlage stehenden kleinen Viereckturm.
– KD Bergheim 47, Dehio N 68, Hist. St. III 85, Welters, T., Denkmäler Rheinland 15 (Bergheim 1) 71, Führer 25, Meynen, Welters Blatzheim, Ressel-Päffgen

Schloß Bergerhausen

Der Stammsitz der Herren v. Bergerhausen kam 1334 an die v. d. Bongart, 1830 an die Freiherren v. Waldbott zu Bornheim und 1894 an die Freiherren v. Loë. Die ursprünglich einteilige, heute zweiteilige Wasseranlage aus Backstein besteht aus der Hauptburg und dem südlich vorgelagerten Wirtschaftshof. Das Herrenhaus auf einer unregelmäßig rechteckigen Insel wurde im 16. Jh. über einem tonnengewölbtem Kellergeschoß als zweistöckiger Winkelbau errichtet. Der Ecke ist ein polygonaler Treppenturm mit Kuppeldach und Laterne vorgelagert. 1834 wurde der niedrige Westflügel angebaut und 1934 aufgestockt. Der Winkelbau ist an den drei freistehenden Stirnseiten mit Giebeln geschlossen. Um 1830 wurde Schloß Bergerhausen im klassizistischen Stil renoviert, wobei sämtliche Fenster erneuert und über den Fenstern der Südfassade Dreieckgiebel mit Portraitköpfen, wohl von einem Renaissancebau stammend, angebracht wurden. Um 1860 wurde in der Verlängerung des Südflügels die geostete neugotische Schloßkapelle gebaut. Das neugotische Südtor wurde 1887 errichtet. Hauptburg und Wirtschaftshof wa-

ren ursprünglich durch eine turmbewehrte Mauer zu einem Bering geschlossen. Von der Umwehrung ist nur noch der Ostturm neben der alten Toreinfahrt erhalten, ein kräftiger, heute freistehender Rundturm mit kuppelgewölbten Räumen in drei Geschossen. Das Dach ist verschwunden. Die Vorburg wurde im 18./19. Jh. zu einer Vierreckanlage ausgebaut. Der früher in den Mauerbering einbezogene Südtrakt hat an der Ostseite einen breiten Volutengiebel, an der Westseite einen viereckigen Turm mit Helm und Laterne.
– KD Bergheim 27, Denkmäler Rheinland 15 (Bergheim 1) 73, Dehio N 68, T., Hist. St. III 62, Duncker 83, Lempertz, Welters, Herzog, Meynen, Welters Bergerhausen Ressel-Päffgen

Bongartzburg

Bei diesem Anwesen handelt es sich um eine Hofesfeste, die den Herren v. d. Bongart gehört hatte.
– Welters, Führer 25, Welters Bergerhausen

Krümelsburg

Hierbei handelt es sich um eine Hofesfeste.
– Welters, Führer 25, Welters Bergerhausen

Wasserburg Brüggen

Von der alten Wasserburg des Stifts Dietkirchen bei Bonn sind ein Torbau aus dem frühen 14. Jh. und ein interessanter Rest eines Wehrerkers erhalten. Die Burg wurde im übrigen 1786 abgebrochen und durch das heutige, einfache Burghaus ersetzt. Der Wirtschaftshof wurde 1902 aufgeführt.
– KD Bergheim, Führer 25, Welters, T., Denkmäler Rheinland 17 (Bergheim 3) 101, Welters Brüggen

Kerpen-Buir

Wasserburg Anstelburg

Der Jülicher Rittersitz wird schon 1363 bezeugt; er erscheint 1585 auf dem Ritterzettel als Besitz eines Johann v. Lieck. Ansonsten ist über die zweiteilige Wasseranlage sehr wenig zu erfahren. Von der älteren Burg ist

der überaus schlichte Wohnbau aus dem 18. Jh. erhalten.
– KD Bergheim 51, Denkmäler Rheinland 15 (Bergheim 1) 81, Hist. St. III 129, Führer 25, T., Welters, Welters Buir

Befestigter Hof

Westlich hinter dem langgestreckten Herrenhaus findet sich eine viereckige Grabenanlage, die ein hügelartig erhöhtes Innengelände umschließt. Die Anlage wurde zunächst für ein Göpelwerk gehalten, doch scheint es sich um einen befestigten Hof, an drei Seiten geschlossen, mit Turmhügelburg zu handeln.
– Janssen II 56

Vogtburg

Hierbei handelt es sich um ein Rittergut, das in der ersten Hälfte des 15. Jh. den v. Merödgen gehörte. Seit dem Ende des 18. Jh. ist die Hofesfeste in bürgerlichem Besitz. Das zweigeschossige Wohnhaus aus verputztem Backstein wurde im 18. Jh. erbaut, später verändert. Im vortretenden Mittelteil zu sechs Achsen sind die flachbogige Tordurchfahrt und der Hauseingang von diamantierten Eckquadern und einem kräftigen, volutenartigen Dachgesims zusammengefaßt. Die jeweils dreiachsigen Seitenteile haben abgewalmte Dächer.
– Denkmäler Rheinland 15 (Bergheim 1) 81, Welters Buir

Scheiffertshof

Diese Hofesfeste wird 1401 als Jülicher Mannlehen erwähnt. Die Gräben der ursprünglichen Vierreckanlage sind teilweise zu erkennen. Das zweigeschossige Wohnhaus ist ein Fachwerkbau. Die Längsseite des Winkelbaues hat 16 Gefache. Im Innern sind Balkendecken und Rokokoverzierungen erhalten. Die Wirtschaftsgebäude sind jünger.
– Denkmäler Rheinland 15 (Bergheim 1) 81, Welters Bergerhausen

Verckensburg

Die zweiteilige Wasseranlage ist wahrscheinlich aus einem 1337 genannten Hof, der auf römischen Fundamenten errichtet war, ent-

standen. Um 1590 war Johann v. Vercken Besitzer; von ihm leitet sich der Name ab. Es ist unklar, ob die Burg mit vier oder sieben Türmen befestigt war. Von der älteren quadratischen Anlage sind die Torhalle und ein Rundturm erhalten.
– KD Bergheim 51, Denkmäler Rheinland 15 (Bergheim 1) 81, T., Führer 25, Welters, Hist. St. III 129, Welters Buir

Im Ort gab es weitere Hofesfesten, wohl freiadelige Höfe.
– Führer 25

Kerpen-Horrem

Burg Boisdorf

Die kleine hufeisenförmige Wasseranlage verdankte ihre letzte Gestaltung dem klassizistischen Umbau von 1836. Der Haupttrakt stammte im Kern aus dem 16. und dem 18. Jh. Das Hauptgebäude und die Seitenflügel waren zweistöckig, mit einem Mezzaningeschoß und Satteldächern über flachen Giebeln abgeschlossen. Im Winkel des Hofes, zu dem eine Steinbrücke führt, stand ein oktogonaler Treppenturm mit Zeltdach. Die Burg wurde wegen des Braunkohleabbaues niedergelegt.
– KD Bergheim 153, Denkmäler Rheinland 16 (Bergheim 2) 32, Dehio N 246, T. Hist. St. III 308, Herzog

Schloß Frens

Die Burg wird 1263 erstmalig erwähnt und war lange Hauptsitz der aus Köln stammenden Raitz v. Frentz. Die rechteckige Hauptburg ist vollständig von Wasser umgeben. Die vier Flügel umrahmen einen Innenhof; zwei Trakte stammen aus dem 14./15. Jh. Die Fassade ist in reicher niederländischer Renaissance mit prächtigen Volutengiebeln gestaltet. Das Herrenhaus wird von zwei quadratischen Ecktürmen mit Laternen flankiert, die im 17. Jh. an der Stelle schlanker Rundtürme mit Kegeldächern, wie auf der Westseite, erbaut wurden. Zu Ende des 17. Jh. wurde das Schloß teilweise verändert. Während des Umbaues von 1838 bis 1850 wurden die Renaissancegiebel ergänzt. Im

Hof ist ein reizvoller dekorativer Wandaufbau mit Brunnen aus dem späten 16. Jh. erhalten. Die Vorburg wurde um die Mitte des 19. Jh. an Stelle älterer Wirtschaftsbauten aufgeführt. Die innere Vorburg wurde durch ein Rondell ersetzt, die äußere durch eine große regelmäßige Hufeisenanlage, deren Volutengiebel an die alte Vorburg erinnern. Das freistehende Torhaus mit eingebautem Hausteinportal stammt aus dem späten 16. Jh. Es war der Torturm der inneren Vorburg.
– KD Bergheim 62, Dehio N 247, Hist. St. III 308, T., W., Denkmäler Rheinland 16 (Bergheim 2) 33, Duncker 25, Lempertz, Herzog, Meynen

Alte Burg Hemmersbach

Der etwa 3,50 m hohe Burghügel mit einem Basisdurchmesser von 40 m liegt in der Nähe der Burg Hemmersbach. Erhalten sind die Reste eines gemauerten Turmes. Die unregelmäßige Vorburg lag im Süden und Südosten der Anlage. Vor- und Hauptburg waren durch ein doppeltes Grabensystem gesichert. Alt-Hemmersbach wurde 1366 in einer Fehde zerstört.
– Müller-Wille Nr. 75, Denkmäler Rheinland 16 (Bergheim 2) 42, Hist. St. III 308

Burg Hemmersbach

Die Wasserburg wurde im 15. Jh. errichtet und brannte 1793 ab. Von 1838 bis 1840 wurde Hemmersbach nach Plänen des Architekten Wallé auf altem Grundriß neu aufgebaut. Die Burg ist eine von einem doppelten Grabensystem umgebene Anlage mit freistehendem Herrenhaus und südlich vorgelagerter Vorburg. Das heutige Hauptgebäude ist ein zweigeschossiger Bau mit einem runden Turm an der Südostecke; es wurde 1893–99 nach Plänen des Bonner Architekten Thoma in barocken Formen umgestaltet mit hohem Mansarddach, Volutengiebel in der Hauptachse und welscher Haube auf dem Turm. Gleichzeitig wurde der Nordflügel angebaut. Die Vorburg wurde in der zweiten Hälfte des 19. Jh. neu errichtet. Das zweigeschossige Torhaus mit spitzbogiger Durchfahrt und

Rechteckblende für die Zugbrücke ist im Unterbau gotisch. Das Obergeschoß mit Krüppelwalmdach stammt aus dem 18. Jh. Aus der gleichen Zeit stammt das sich anschließende Gebäude. Die drei schräggestellten vierkantigen Türme an den Ecken der Gesamtanlage gehen auf gotische Vorläufer zurück.
– KD Bergheim 86, Dehio N 247, Hist. St. III 308, Meynen, Denkmäler Rheinland 16 (Bergheim 2) 42, Duncker 90, Herzog, Ressel-Päffgen

Kerpen-Mödrath

Burg Mödrath

Um 1830 wurde an die Stelle der Mödrather Mühle ein Herrenhaus errichtet, die sog. Burg. Es ist ein zweigeschossiger Putzbau von 5 : 4 Achsen mit Walmdach. An der Rückseite wurde um 1900 ein drittes Geschoß aufgesetzt. Der nach Plänen von Lensé gestaltete Park ist stark verändert. Das Verwalterhaus aus der ersten Hälfte des 19. Jh. ist zweigeschossig und fünfachsig; die niedrigeren Seitenanbauten sind jünger.
– Denkmäler Rheinland 17 (Bergheim 3) 22, T., Herzog, Ressel-Päffgen

Kerpen-Niederbolheim

Wasserburg Niederbolheim

Der Rittersitz wurde von Pythane v. Nörvenich errichtet, der 1341 als Lehensträger des Erzbischofs von Köln genannt wird. Angeblich trug sie später den Namen Spiesburg. Die zweiteilige Wasseranlage ist im 18. Jh. verfallen. Erhalten blieb der Rest eines Mottenhügels.
– Denkmäler Rheinland 15 (Bergheim 1) 78, Welters, Führer 25, Meynen, Welters Niederbolheim, Ressel-Päffgen

Gutshof Onnau

Bei dieser Hofesfeste handelt es sich um eine zweiteilige Wasseranlage, die 1394 genannt wird. 1523 kam Onnau an die Herren v. d. Bongart. Nach einem Brand wurde das Herrenhaus 1786 neugebaut. Nach 1913 erfolgte der Bau neuer Wirtschaftsgebäude. Die umlaufenden Gräben sind teilweise zugeschüttet. Das zweigeschossige Wohnhaus aus Backstein mit Satteldach hat sieben Achsen und eine angebaute flachbogige Tordurchfahrt.
– Denkmäler Rheinland 15 (Bergheim 1) 79, Führer 25

Kerpen-Sindorf

Haus Breitmar

Die Gebäude des Schlosses gruppieren sich um einen rechteckigen Hof. Das Herrenhaus mit Treppengiebeln stammt aus dem 16./17. Jh. Der Kapellenanbau dagegen ist aus dem 15. Jh.
– KD Bergheim 152, Denkmäler Rheinland 17 (Bergheim 3) 94, T., Hist. St. III 690

Burghügel Richelsberg

Im 13. Jh. wurde die Motte häufiger erwähnt. 1938 wurde sie durch Eingrabungen stark gestört. Heute sind von der Anlage nur noch Spuren erhalten
– Denkmäler Rheinland 17 (Bergheim 3) 99, Müller-Wille Nr. 74

Kerpen-Türnich

Burghügel

An dem Weg zum Schloß Türnich liegt eine Motte mit etwa 30 m im Durchmesser, die wahrscheinlich von einem Wassergraben umzogen war. Ein Wohnturm auf diesem Burghügel dürfte als die Vorgängeranlage von Burg und Schloß Türnich anzusehen sein.
– Firmenich Türnich

Schloß Türnich

Das von einem doppelten Grabensystem und einem hervorragenden Park umgebene Anwesen mit freistehendem Herrenhaus und seitlich gelagertem großen, dreiseitigen Wirtschaftshof des 16./17. Jh. wurde 1757–1766 wahrscheinlich von Leveilly nach dem Abbruch der alten Burg Türnich erbaut. Das Schloß ist ein zweigeschossiger Bau aus verputztem Backstein mit einer Sockelzone und Lisenengliederung aus rotem Sandstein. An der Hoffront tritt das Vestibül, an der Parkfront der Gartensaal als dreiseitiger Risalit

mit niederem Oberstock hervor. Das Haus hat Mansarddächer. Zwar steht Türnich in der Tradition der rheinischen Wasserburgen, ist aber durch die maisons de plaisance – wie Falkenlust – beeinflußt. Es scheint, daß Leveilly die Baupläne erarbeitet hat. Von 1893 bis 1895 wurde an die Nordostecke des Herrenhauses die Kapelle in barockisierenden Formen nach dem Entwurf von Heinrich Krings angebaut. Gleichzeitig entstand das Torhaus nach Plänen von Krings im selben Stil.
– KD Bergheim 158, Dehio N 601, Firmenich-Roosen, T., W., Welters, Denkmäler Rheinland 17 (Bergheim 3) 97, Gemeinde Türnich, Duncker 72, Hist. St. III 722, Herzog, Meynen, Welters Türnich, Ressel-Päffgen; zur Kapelle: Hilger 101–105

Rittersitz Kattefurt
Vom früher außerhalb des Ortsteils Balkhausen am ehemaligen Friedhof gelegenen Hof Katteforst, der 1513 als Rittersitz Kattefurt genannt wird, stand zuletzt noch ein kleiner, inzwischen verschwundener Fachwerkbau.
– Denkmäler Rheinland 17 (Bergheim 3) 100

Kesselheim s. Koblenz-K.

Kesselstatt, Schloß s. Föhren

Kessenich s. Bonn-K.

Kessenich, Burg s. Euskirchen-K.

Kettenheim, Burg s. Vettweiß

Kettig

Burghaus
Das Burghaus der v. Kettig wird 1419 genannt. Es kam später über die Waldbott v. Bassenheim in bürgerliche Hände. Zuletzt diente der Rittersitz als Scheune und wurde 1786 als fast gänzlich verfallen bezeichnet. Reste sind keine erhalten.
– KD Kreis Koblenz 197, Hist. St. V 169, L. 231, T., Berns Nr. 11 und 74, Laufner, Liessem Übersicht 156

Kewenig, Schloß s. Körperich-Niedersgegen

Kinheim
Burghaus
Das Burghaus gehörte im 13. Jh. dem Ortsadel. Seit 1656 war es Besitz der Abtei Echternach. Ober- und Unterburg besitzen einen gemeinsamen Turm und ein gemeinsames Tor. Die Bauten sind aus unverputztem Schieferbruchstein errichtet. Durch Umbauten ist die Anlage stark verändert.
– Dehio 361, KD Wittlich 182, T., Backes Mosel

Kinzweiler s. Eschweiler-K.

Kirchberg, Haus/Wymarsburg s. Jülich-Güsten

Kirchheim s. Euskirchen-K.

Kirchherten s. Bedburg-K.

Kirchsahr
Burghaus Burgsahr
Das Burghaus war Kölnisches Lehen der Herren v. Gymnich und seit dem 15. Jh. durch die Blankart v. Ahrweiler bewohnt. Die Dreiflügelanlage stammt aus dem 17. Jh. Im 18. Jh. wurde das zweigeschossige Herrenhaus aus Bruchstein neugebaut. Es hat fünf Achsen, ein hohes Walmdach und eine Turmhaube über dem Eingang.
– KD Ahrweiler 345, T., Goertz, Backes Eifel

Kirspenich, Burg s. Bad Münstereifel-Arloff

Kitzburg s. Bornheim-Walberberg

Kitzhof s. Hüchelhoven

Kleeburg s. Euskirchen-Weidesheim

Klein-Altendorf s. Rheinbach-K.-A.

Kleinbüllesheim s. Euskirchen-K.

Klein-Vernich, Burg s. Weilerswist-Vernich

Klotten
Kurfürstliches Burghaus
Zum Schutz seiner umfangreichen Güter erbaute der Erzbischof von Trier in Klotten

einen Amtssitz. Der gotische Wohnturm wurde im 17. Jh. verändert.
- KD Cochem, Backes Mosel

Burg Coraidelstein

Angeblich handelt es sich hierbei um eine Gründung des Pfalzgrafen Hermann I., der 996 zuletzt genannt wird. Von 1150 bis 1294 war Coraidelstein eine Reichsburg, die dann als Pfand an das Erzstift Trier kam. Von 1654 bis ins 19. Jh. waren die Grafen v. Kesselstatt Besitzer der Burg, die 1830 auf Abbruch verkauft wurde. In unserem Jahrhundert wurde die Ruine teilweise wiederaufgebaut. Coraidelstein ist auf einem kegelförmigen Hügel errichtet. Anstelle der heutigen Villa befand sich das bereits zu Beginn des 15. Jh. genannte „porthuis“. Der quadratische Bergfried ist im Kern romanisch. In der Gotik wurde er ummantelt. Er ist fünfgeschossig und hat schmale Fenster. Den von Süden kommenden steilen Weg schützte ein kleiner, wiederaufgebauter Rundturm. Im Südosten der Anlage ist das Kellergeschoß eines in den Jahren 1343 bis 1347 errichteten Herrschaftshauses mit Resten von drei Rundtürmen erhalten.
- KD Cochem 559, Dehio 379, Kubach-Verbeek 633, L. 239, Friederichs Klotten, Janssen II 383, Backes Mosel, T., B.

Mittelalterliche Wehranlage

Auf dem Klottener Berg befindet sich eine vor- oder frühgeschichtliche Abschnittsbefestigung, die durch Wall und Graben den nach Osten gerichteten Bergsporn des Klottener Berges im Westen absperrt. Die Anlage ist undatiert, wurde aber vermutlich auch im Mittelalter benutzt.
- Janssen II 385, Bonner Jahrbücher 153 (1953) S. 131

Klüsserath

Kurfürstliche Wasserburg

Eine rechteckige Anlage des 16. Jh., die nach einem Brand im 18. Jh. verändert wurde, befindet sich an der Stelle eines älteren Burghauses (13./14. Jh.). Der von Gräben umgebene Bau ist aus unverputzten Bruchsteinen errichtet und dreigeschossig über einem gewölbten, zweischiffigen Keller. Das Gebäude hat ein Mansarddach.
- KD Kreis Trier 68, Dehio 380, Hist. St. V 177, T., Laufner, Backes Mosel, Berns Nr. 97–129 und 140

Knipphof s. Weilerswist-Lommersum

Knöpp, Motte s. Euskirchen-Billig

Kobern-Gondorf
(Ortsteil Kobern)

Burghaus der Romilian

Der gotische dreigeschossige Wohnturm auf quadratischem Grundriß ist aus Bruchstein errichtet. Er stammt aus dem frühen 15. Jh. Ein Gebäude mit Staffelgiebel wurde 1583 erbaut. An den Wohnturm wurde 1737 ein Wohnhaus angefügt.
- KD Kreis Koblenz 225, Dehio 585, Hist. St. V 177, T., Liessem Übersicht 156, Backes Mosel

Niederburg/Neue Burg

Die sog. Nieder- oder Neue Burg Kobern wurde 1195 dem Erzstift Trier zu Lehen aufgetragen und wahrscheinlich neu befestigt. Im 16. Jh. erfolgte eine Umgestaltung der Anlage, die 1688/89 von den Franzosen zerstört wurde. Die Burg liegt auf dem Südende eines Bergsporns, der sich zwischen Mosel und Mühlbachtal schiebt. Sie hatte einen unregelmäßigen, stark hügeligen, also der Umgebung angepaßten Bering mit einer Zwingeranlage im Westen. Auf der Nordseite war die Niederburg durch einen in den Felsgrat eingearbeiteten Halsgraben geschützt. An dieser Seite und zur Mosel hin sind Umfassungsmauern der Gebäude erhalten geblieben. An der Seite zum Mühlbach ist nahe der Südspitze der spätgotische Palas bis in Höhe von zwei Geschossen mit Segmentbogenfries erhalten. In der Mitte des Berings erhebt sich der um 1200 errichtete Bergfried. Auffallend ist der in unserer Gegend äußerst seltene trapezförmige Grundriß auf einer bearbeiteten Felsstufe. Der ebenerdige Eingang

und der Zinnenkranz sind Beifügungen der jüngeren Zeit.
– KD Kreis Koblenz 211, Dehio 383, Hist. St. V 177, T., Kubach-Verbeek 476, B., L. 139, Liessem Übersicht 156, Berns Nr. 113

Oberburg/Alte Burg

Die Ober- oder Alte Burg wurde um 1195 errichtet. Die Anlage über einer tiefergelegenen (= Niederburg) folgt einer Gewohnheit im Burgenbau, die man um die Mitte und in der zweiten Hälfte des 12. Jh. häufiger beobachten kann. Die langgestreckte, fast regelmäßige Anlage ist typisch für staufische Burgen. Erhalten sind Teile der Umfassungsmauern und der quadratische Bergfried aus der Erbbauungszeit nahe der Schildmauer. Neben diesem als Wohnturm benutzbaren Bergfried ist als völlig selbständiger Bau die berühmte Matthiaskapelle, ein Kleinod der Architektur überhaupt, errichtet. Die Koberner Oberburg war Sitz eines kurtrierischen Amtmannes und wurde 1688/89 zerstört.
– KD Kreis Koblenz 211, Dehio 383, Hist. St. V 177, B., Laufner, T., L. 139, Kubach-Verbeek 476, Resch, Hotz Pfalzen, Hotz Burgen, Liessem Übersicht 156, Liessem-Löber, Berns Nr. 113

(Ortsteil Gondorf)

Niederburg/Schloß Liebieg

Die Burg wurde zwischen 1255 und 1272 gegründet. Der ehemals vier- bis fünfgeschossige Wohnbau aus Schieferbruchstein mit vorgelagertem Treppenhaus über einem quadratischen Grundriß wurde 1859 bis 1861 durch Vincenz Statz neogotisch ausgebaut. Alt ist die Moselfront. Aus dem 19. Jh. stammen sämtliche Fenster und, mit Ausnahme des Kapellenerkers, die Innengestaltung. Schloß Liebieg besaß eine ungewöhnlich reiche Kunstsammlung, die aber veräußert wurde. Die Burg ist ein bekanntes Restaurant.
– Dehio 382, Hist. St. V 117, T., Kubach-Verbeek 338, L. 389, Backes Mosel, Duncker 114, Berns Nr. 54 und 87, Liessem Übersicht 156

Oberburg/Schloß zur Leyen

Die Oberburg ist der Stammsitz der späteren Fürsten v. d. Leyen, die im gesamten Rheinland große Bedeutung hatten. Die Burg wird 1272 erstmals genannt. Die weitläufige Anlage vor allem des 14. Jh. wurde 1560 unter Kurfürst Johann VI. von Trier, einem Angehörigen der Familie v. d. Leyen, teilweise zu einem Renaissanceschloß umgestaltet. Vor- und Hauptburg sind seit 1876 durch die Eisenbahn voneinander getrennt, wobei die barocke Kapelle beseitigt wurde. Seit 1971 wird die Hauptburg durch die Moselstraße durchbohrt.
– Dehio 381, Hist. St. V 116, L. 387, T., W., Gondorf Leyen, Caspary Tagung, Laufner, Duncker 114, Liessem Übersicht 156

Koblenz-Güls

Burghaus

In Güls hatten die Ritter v. Bachem ein Burghaus, das später an die v. Eltz kam. Es ist ein zweistöckiger Massivbau mit Zwergwalmdach und Fachwerk-Hofgebäuden.
– KD Kreis Koblenz 142, T.

Turmhaus

Die Ritter v. Bachem verkauften 1446 ihren zweiten freiadeligen Besitz in Güls, bestehend aus Turm, Haus und Hof, dem Kartäuserkloster in Koblenz.
– KD Kreis Koblenz 142

Koblenz-Kesselheim

Königshof

Der fränkische Königshof ist untergegangen.
– Dehio 425

Schloß Schönbornslust

Kurfürst Franz Georg von Trier ließ sich ein großes Lustschloß errichten, das in den Revolutionskriegen zu Ende des 18. Jh. völlig zerstört wurde. Auf dem Terrain des Schlosses wurde später das Kloster Maria Trost errichtet.
– KD Kreis Koblenz 191, Dehio 425, Hist. St. V 168, L. 208

Koblenz-Rübenach

Burghaus

Seit 1277 ist das Burghaus in Rübenach im Besitz der Freiherren v. Eltz-Rübenach. Es ist ein dreigeschossiger Wohnturm, der an der West- und der Nordseite später umgebaut wurde. Bei der jüngsten Restaurierung wurden bemerkenswerte Erkenntnisse zur Baugeschichte gewonnen.
- KD Kreis Koblenz 297, Dehio 428, Hist. St. V 315, T., B., Duncker 100, Franke, Backes Eifel, Liessem Rübenach

Köhlerhof, Rittergut s. Bad Neuenahr-Ahrweiler (Lohrsdorf)

Königsfeld

Burg

Das Burggelände wird teilweise von der Umgehungsstraße tangiert, die im Süden an Königsfeld vorbeiführt. 1371 erhielt Friedrich v. Tomburg u. a. das feste Haus zu Königsfeld. Die Burg besaß eine Kapelle. Im 17./18. Jh. hatte der Adelssitz das Aussehen einer zweiteiligen Wasserburg. Wahrscheinlich war er nach dem umfassenden Umbau 1622 so gestaltet worden. 1830 ließ die Gemeinde die Ruinen der Burg abbrechen.
- KD Ahrweiler 364, Janssen II 275, T.

Burg der Waldbott v. Bassenheim

Von der Burg der Grundherren in Königsfeld, den Waldbott v. Bassenheim, ist das Herrenhaus erhalten. Der zweigeschossige einfache Bau mit Mansarddach stammt von 1742.
- Dehio 430, KD Ahrweiler 361, Hist. St. V 184, L. 64

Königshoven s. Bedburg-K.

Körperich-Niedersgegen
(Ortsteil Niedersgegen)

Donjon

Der mittelalterliche Wohnturm aus dem 14./15. Jh. mit seinen fünf Geschossen ist in den Kirchenbau von 1734 einbezogen worden.
- KD Bitburg 129, Dehio 430

Schloß Kewenig

Die ursprüngliche Wasserburg stellt im Kern ein Quadrat dar mit vier runden Ecktürmen und Walmdach. Der Bau stammt aus dem 16. Jh. Die beiden Seitenflügel wurden 1848 angefügt. Erweiterungen der Anlagen erfolgten 1890/91, als auch eine umfassende Restaurierung vorgenommen wurde.
- KD Bitburg 125, Dehio 430, T., B., Backes Eifel

Schloßgut Niedersgegen

Das Herrenhaus wurde 1823 nach dem Vorbild von Weilerbach in vereinfachten Formen gebaut. Es ist zweieinhalb Geschosse hoch und hat sieben Achsen. An den Haupttrakt schließen sich zwei kurze, einachsige Seitenflügel an. Hervorzuheben sind die Wandtapeten im Erdgeschoß (um 1824) mit Darstellungen von „Paul und Virginie", nach dem Roman von B. de St. Pierre. Am Ende des Westflügels steht der ehemalige Wohnturm (Donjon, s. d.), der Kern der Gesamtanlage. Das Schloßgut umfaßt einen großen Wirtschaftshof.
- KD Bitburg 129, Dehio 430, B., Caspary Bildtapete

Kolbenrath, Motte s. Daun-Rengen

Kommandeursburg s. Kerpen-Blatzheim

Kommern s. Mechernich-K.

Konradsheim, Burg s. Erftstadt-Lechenich

Konzen s. Monschau-K.

Kopp, Burg s. Giescheid

Kopp

Ruine Zanderkirch

Von der mittelalterlichen Burganlage sind nur noch geringfügige Reste erhalten.
- T.

Koraidelstein, Burg s. Klotten

Burg Ramstein bei Kordel an der Kyll

Kordel

Vorgeschichtlicher Burgberg

Die ovale Anlage (130 × 350 m) war von einem Ringwall mit vorgelagertem Graben umschlossen. Nach Norden befanden sich die Vorbefestigungen. Die Anlage ist mehrperiodig, und zwar von der Älteren Hunsrück-Eifel-Kultur bis zur Römerzeit (ca. 100 n. Chr.). Eine mittelalterliche Wiederbenutzung ist nicht auszuschließen.
– Janssen II 412, Dehio 433, Hist. St. V 186, T., B., R. Schindler

Burg Ramstein

Südlich von Kordel erhebt sich über dem Kylltal die Ruine der ehemaligen kurtrierischen Landesburg. Die heutige Anlage wurde zu Beginn des 14. Jh. anstelle einer älteren Anlage, vielleicht aus dem 10. Jh., errichtet und 1689 durch die Franzosen zerstört. Vor- und Hauptburg sind durch einen in den Fel-

sen gearbeiteten Halsgraben getrennt. In der Hauptburg steht, auf einem zum Teil überhängenden Sandsteinfelsen, ein noch 25 m hoher, viergeschossiger Wohnturm über einem verzogenen rechteckigen Grundriß. Zwei der Gebäudeecken sind weggesprengt, eine dritte mit rundem Treppentürmchen wurde 1945 zerstört. Erhalten ist das zweite, erkerartig abgekragte Treppentürmchen an der Nordost-Ecke. Die Fensterstürze haben außen die für die Trierer Gotik charakteristischen Dreipaßblenden. Die Fenster sind zum Teil gekuppelt und haben Sitznischen. An jeder Wand ist ein Kamin vorhanden.
– KD Kreis Trier 331, Dehio 433, Hist. St. V 300, B., T., Laufner, Kentenich, Janssen II 413, Führer 33 S. 215, Steinhausen S. 170, Berns Nr. 38–66 und 88

Frühmittelalterliche Hochburg

Der Berggrat zwischen Cuttbach und Laufenbach mündet in einer Bergzunge mit na-

türlichem Plateau, auf dem sich ein Abschnittswall mit vorgelagertem Graben befindet. Im eigentlichen Burggelände sind Vorburg und Oberburg durch Graben und Wall getrennt. Eine erhaltengebliebene Brücke ermöglicht den Zugang zur Hauptburg im Südosten. Der Abschnittswall auf dem Berggrat ist der späten Hallstattzeit zuzurechnen. Dagegen wurden in der Hauptburg frühmittelalterliche Gefäßscherben gefunden.
– Janssen II 413, Steinhausen 164, KD Kreis Trier 75

Nuenburg

Um 1200 wird ein Johannes ducznit puer de nuburch/nuenburich erwähnt. 1275 heißt es in einer Urkunde: Nuenburg iuxta Winterbach. Damit kann nur eine der Burgen um Kordel im Kylltal gemeint sein. Wenn sich die Erwähnung auf die vorgeschichtliche Wehranlage auf dem Burberg, also unmittelbar südöstlich von Winterbach, bezieht, dann muß diese Anlage im Mittelalter wiederbenutzt worden sein. Sie könnte sich aber auch auf die Hochburg oder auf Ramstein beziehen.
– Janssen II 413, T.

Undatierte Befestigung auf der Korpeslei

Gegenüber der Burgruine Ramstein ist ein durch Steilhänge gesicherter Burgplatz, der nach Nordosten durch einen 32 m langen und 8 m breiten Graben mit einem dahinterliegenden 2 m hohen Wall geschützt ist.
– Janssen II 412, Steinhausen 163, KD Kreis Trier 75

Kottenheim

Burghaus

Die Ritter Hausmann v. Kottenheim, wohl eines Stammes mit den Hausmann v. Namedy, besaßen „Haus, Veste und Hof von Kottenheim". Das Burghaus lag nördlich des Ortes und ist gänzlich untergegangen.
– Berns Nr. 92, Fabricius VII 1 S. 54, Liessem Übersicht 156

Kraheshof s. Erftstadt-Friesheim

Krayerhof s. Andernach-Eich

Kretz

Nach dem Ort nannte sich ein Rittergeschlecht, das vom 13. bis zum 16. Jh. bekannt ist. Es ist anzunehmen, daß sie ein Burghaus besaßen, das aber untergegangen zu sein scheint, zumindest ist von dem Adelssitz nichts mehr bekannt.
– KD Mayen 268, Liessem Übersicht 156

Kreuzau

Burg Kreuzau

Die Wasserburg der seit dem 13. Jh. bekannten Herren v. Ouwe (nicht zu verwechseln mit dem gleichnamigen süddeutschen Geschlecht!) erhielt 1384 ihren heutigen Namen. Gegen Ende des 17. Jh. wurde das Haupthaus mutwillig zerstört. Der heutige Wohnbau, ein schlichter Backsteinbau mit sieben Achsen und einer Tordurchfahrt, stammt aus dem 18. Jh., der Südflügel von 1906. Die Wirtschaftsgebäude aus dem 19. Jh. enthalten noch altes Mauerwerk.
– KD Düren 180, Kreuzau, Hist. St. III 432, Dehio-Gall II, Herzog

Kreuzau-Drove

Burg Drove (Motte)

Der Burghügel von etwa 6 m Höhe und einem Durchmesser von 50 m war von einem 15 m breiten und 2–3 m tiefen Graben umzogen. Hier war die Stammburg der Ritter v. Drove, die in der ersten Hälfte des 13. Jh. genannt werden. 1643 und 1673 wurde die aus der Motte entstandene Burg stark beschädigt und später aufgegeben. Sie verfiel im Laufe der Zeit immer mehr. Die letzten Reste wurden im 19. Jh. abgetragen. Im Südwesten der Motte befindet sich ein fast kreisrunder Weiher mit 40 m Durchmesser. Die Vorburg könnte nordöstlich der Anlage gestanden haben.
– KD Düren 66, Kreuzau, Janssen II 22, Müller-Wille Nr. 87, T.

Wasserburg Drove

Die Herren v. Rode ließen 1728 das Herren-

haus als einfache symmetrische Dreiflügelanlage aus verputztem Bruchstein errichten, wobei Fundamente älterer Gebäude verwendet wurden. Die Hofseite ist durch die doppelläufige Freitreppe und den kleinen Dreieckgiebel vor dem Walmdach betont. Das Portal der Vorburg stammt von 1741. Die übrigen Hofgebäude sind neu.
- KD Düren 66, Dehio N 120, Hist. St. III 175, T., W., Kreuzau

Burg Niederdrove
Die kleine Burganlage befand sich im 14. Jh. im Besitz der v. Drove-Müllenark. Niederdrove ist kurz vor 1702 niedergebrannt. 1752 wurde der Besitz an die v. Merode verkauft, die ihn bis 1826 besaßen. Danach kam die rechteckige Hofanlage, die aus der Vorburg besteht und nur moderne Gebäude enthält, in bürgerlichen Besitz.
- KD Düren 68

Kreuzau-Obermaubach

Burg Obermaubach
Die Burg ging aus dem zu Anfang des 16. Jh. genannten Vlatten- oder Schenkenhof hervor. Das 1637 begonnene Burghaus blieb unvollendet. Erhalten ist nur ein veränderter Flügel und ein Rundbogentor. Das Gut wurde 1830 parzelliert.
- KD Düren 322, T., B., Kreuzau

Kreuzau-Untermaubach

Burg Untermaubach
Bei dieser ausgedehnten stattlichen Anlage handelt es sich im Kern um eine Turmhügelburg aus dem 12. Jh. Im 14. Jh. erfolgte ein Neubau, der im 15. Jh. aus- und im 18. Jh. umgebaut wurde. Erhalten sind die starke Ringmauer mit drei Rundtürmen, der Torturm und der quadratische Bergfried, der durch ein Mansarddach aus dem 18. Jh. mit dem barocken Wohngebäude verbunden ist. Die Burgkapelle wurde im 19. Jh. erbaut.
- KD Düren 318, Hist. St. III 580, Dehio N 522, T., B., Kreuzau, Führer 26 S. 48

Motte Schlagstein
Der etwa 3 m hohe Burghügel hat einen Durchmesser von 40 m. Es war die Hauptburg einer Anlage, in deren Vorburg heute Burg Obermaubach steht. Auf dem Burghügel wurden Funde blaugrundiger Siegburger Keramik (13./14. Jh.) gefunden. Die Tranchot-Karte zeigt die heutige Burg als grabenumwehrte Hofanlage und an der Stelle der Motte einen Steinbau, der inzwischen untergegangen ist.
- KD Düren 322, Janssen II 39, Hist. St. III 580

Kreuzau-Stockheim

Motte Steinheim
Etwa 100 m südwestlich der Kirche soll ein stark gestörter Hügel gelegen haben, der inzwischen völlig abgetragen ist. Er war etwa 7 × 10 m groß und von einem 8 m breiten Graben umgeben. Nach Süden war die ebenfalls von einem Wassergraben umgebene Vorburg vorgelagert.
- Janssen II 42, Müller-Wille Nr. 91

Kreuzberg s. Altenahr-K.

Kreuzhof/Heidgeshof s. Euskirchen-Weidesheim

Kreuzweingarten s. Euskirchen-K.

Kriegshoven, Burg s. Swisttal-Heimerzheim

Kringen, Kommende s. Jülich

Kröv

Burghaus
Die Burg der Ritter v. Kröv wird 1250 genannt. Sie wurde 1457 an die v. Kesselstatt verlehnt. Das Anwesen wurde noch im 18. Jh. als „Burg" bezeichnet und bestand aus einem Haus mit Fachwerk-Treppenturm, einem Hof- und einem Kelterhaus, wozu im Garten ein kleines Sommerhaus gehörte. 1786/87 erfolgte die Umgestaltung zu einem ansehnlichen Landhaus, das später in bürgerliche Hände kam.
- KD Wittlich 96, Freckmann Kröv

Wolfsturm

Das Burghaus aus dem 13. Jh. wurde im 14. Jh. trierisches Lehen. Im 18. Jh. soll der Wohnturm noch erhalten gewesen sein, wenn auch in desolatem Zustand. Zu Beginn des 19. Jh. wurde der Wolfsturm abgebrochen.
– KD Wittlich 95

Kronenburg s. Dahlem-K.

Kronenburg/Haus Mauel s. Schleiden-Gemünd

Kronenburg, Motte s. Vettweiß-Gladbach

Krümelsburg s. Kerpen-Bergerhausen

Kruft

Wohnturm

Der feste Turm, der um die Mitte des 13. Jh. als Wohnsitz des Ortsadels genannt ist, ist untergegangen.
– T., B., KD Mayen 274, Fabricius VII 1 S. 79

Bahner Hof

Ein durch doppelten Graben und Mauern gesicherter Herrenhof aus der Barockzeit, der auf eine mittelalterliche Anlage zurückgeht, ist der Bahner Hof. Der äußere Graben umrahmt ein Areal von 170 zu 140 m. An der Innenseite verlief ursprünglich eine Mauer. Die Wohn- und Wirtschaftsgebäude, die sich hufeisenförmig um den Hof gruppieren, sind nochmals an drei Seiten von einem inneren Graben umgeben. Der ursprüngliche Eingang an der Westseite ist durch einen Torbau aus dem 16. Jh. mit rundbogiger Einfahrt kenntlich. Das fünfachsige Wohngebäude stammt von 1739. Die 1542 erbaute Kapelle hat zwei Kreuzgratgewölbe.
– Dehio 437, KD Mayen 275, v. Fisenne Gutsburgen, Backes Eifel, T.

Pfalzgrafenburg

Am Ostufer des Laacher Sees, gegenüber der Benediktinerabtei Maria Laach, befand sich die Burg der Pfalzgrafen. Von der salischen Anlage sind nur noch spärliche Reste erhalten.
– KD Mayen 336, Hist. St. V 224, Kubach-Verbeek 754, T., B., Liessem Übersicht

Kuchenheim s. Euskirchen-K.

Kuckum, Haus s. Würselen-Bardenberg

Külseggen, Burg s. Weilerswist

Küppershof s. Aachen-Richterich

Kuhpescher Hof s. Vettweiß-Ginnick

Kyllburg

Burg

Erzbischof Theoderich von Trier baute die Kyllburg 1239 als Stützpunkt gegen die Herren v. Malberg. Erhalten sind der fünfgeschossige Bergfried, der 1910 instandgesetzt wurde, und kleine Reste der Ringmauer.
– KD Bitburg 133, Dehio 439, T., B., Hist. St. V 190, Laufner, Becker, Backes Eifel, Städtebuch RLP 224, Führer 33 S. 264

Laach, Haus s. Bergheim-Heppendorf

Laeis, Haus s. Holsthum

Lambertsberg

Burg Friedland oder Kastel

Auf einem gegen das Tal der Prüm vorspringenden Berg stand die 1342 erbaute Burg des Johann v. Falkenstein, Herrn zu Bettingen, von der nur noch geringe Spuren vorhanden sind. Angeblich soll die Burg in früherer Zeit den Namen Castel getragen haben.
– Janssen II 211, KD Prüm 94, T., B., Bornheim Burgen der Eifel

Lamersdorf s. Inden-L.

Landau, Burg s. Düren

Landau, Haus s. Niederzier

Landscheid

Burg Landscheid

Burg Landscheid wird 1206 genannt. Das Mauerwerk zeigt das System des Fischgrä-

tenverbands, das nur noch sehr selten erhalten ist. Die Anlage ist von Gräben eingefaßt, die noch vorgeschichtlichen Ursprungs sein können. Es sind nur wenige – inzwischen restaurierte – Ruinen erhalten.
– KD Wittlich 188

Vorgeschichtlicher Ringwall (Landscheider Mauer)

Etwa 90 m über dem Kailbach umzieht ein niedriger Steinwall ellipsenförmig ein Areal von 200×150 m, das in die Burscheider oder Landscheider Mauer einbezogen ist. Keramikfunden zufolge wurde die Anlage auch noch im 12./13. Jh. benutzt.
– KD Wittlich 186, Führer 33 S. 60 und 246, Hist. St. V 195

Landscheid-Burg

Burg in Burg

Auf einem nach Osten ins Salmtal vorspringenden Bergsporn in 30 m Höhe befinden sich auf einem etwa 25 bis 30 m breiten Plateau die Reste einer Burg aus dem 12./13. Jh. Bei Grabungen wurde Schiefermauerwerk freigelegt, wobei auch Scherben aus dem 10.–12. Jh. gefunden wurden. Nach Westen sind der Burg zwei Abschnittswälle vorgelagert, die vielleicht auf eine vorgeschichtliche Anlage zurückgehen. Dabei ist aber zu bedenken, daß auch im frühen Mittelalter Burgen vom Bauprinzip der Abschnittsbefestigungen üblich sind.
– Janssen II 343, Steinhausen, T., B., KD Wittlich 188

Landskron, Burg s. Bad Neuenahr-Ahrweiler (Lohrsdorf)

Langendorf s. Zülpich-L.

Langerwehe-Holzheim

Burg Holzheim

Schon 1333 werden die v. Bongart als Besitzer von Holzheim erwähnt. Die Burg wurde vom 15. bis zum 17. Jh. umgestaltet und hat die Form eines verschobenen Rechtecks. Vor dem schlichten Herrenhaus ist ein Zwinger

mit Rundturm aus dem 15./16. Jh. angelegt. Burg Holzheim erfuhr einen häufigen Besitzerwechsel.
– KD Düren 346, T.

Wasserburg Heistart

Um 1300 wird Heistart genannt. Wahrscheinlich wurde sie im 14. oder 15. Jh. zerstört, denn um 1486 erfolgte ein Neubau der wasserumwehrten Wirtschaftsburg. Von ihr sind erhalten die Ringmauer, die zugleich die Außenmauer der Gebäude bildete, und ein runder, viergeschossiger Eckturm.
– KD Schleiden 194, Führer 25, Hist. St. III 335, T.

Langerwehe-Jüngersdorf

Haus Jüngersdorf

Spätestens seit 1563 gehörte der Adelssitz, dessen ältere Geschichte schwer zu klären ist, den v. Lövenich. Der gänzlich von Gebäuden umstellte Wirtschaftshof enthält noch geringe Bauteile aus dem 15./16. Jh. Die Nordhälfte des Wohnhauses steht auf dem Unterbau eines alten Eckturms aus dem 15. oder 16. Jh.
– KD Düren 189

Burg Laufenberg

1396 wird die Burg Offenhaus des Stifts Aachen. Sie lag auf einem vorgeschobenen Bergsporn und war nur von Osten her zugänglich. Die Burg des 14. Jh. war eine massive, rechteckige Anlage mit vier runden Ecktürmen. Der Südostturm diente als Bergfried und hatte fünf Geschosse. Im Innenbereich des Berings lagen die einzelnen Bauten. Laufenberg wurde im 17. Jh. zerstört.
– Janssen II 32, KD Düren 344, Dehio N 627, Hist. St. III 446, T.

Langerwehe-Merode

Schloß Merode

Die schon im 12. Jh. erwähnte Burg ist der Stammsitz des gleichnamigen Geschlechts. Von der weiträumigen Vorburg ist nichts mehr erhalten. Die unregelmäßige Vierflügelanlage der Hauptburg wurde vom 15. bis

zum 18. Jh. erbaut. Der Ostflügel wurde 1876 auf altem Grundriß neugebaut, der Südflügel 1901–1903 in niederländischer Renaissance erneuert. Schloß Merode wurde im Zweiten Weltkrieg schwer beschädigt, aber wieder aufgebaut. Die mächtigen Backsteinfassaden sind durch Hausteingesimse gegliedert, wodurch der trutzige Eindruck gemildert wird, den das vieltürmige Schloß macht. Der mächtige Rundturm im Südosten ist seiner Bedeutung als Bastion entsprechend aus der gleichmäßigen Flügelanlage vorgezogen. Der viergeschossige Nordtrakt ist neunachsig und wird von zwei unregelmäßigen Ecktürmen flankiert. Von dem einstigen architektonischen und kunsthistorischen Reichtum des Fürstensitzes ist nur noch wenig zu erahnen.
– KD Düren 50, Dehio N 467, Hist. St. III 510, Duncker 14, T., W., Lempertz, Domsta, Herzog

Langerwehe-Wenau

Motte Hamich
1938 wurden bei Untersuchungen Brandschichten entdeckt. Reste der Palisaden wurden vermutet, weißliche Scherben und Keramik der Pingsdorfer Art gefunden. Aus den Scherbenfunden ergibt sich eine Benutzungsdauer des Burghügels vom 11. bis zum 14. Jh. Die Motte wurde inzwischen völlig abgetragen.
– Janssen II 45 und 510, Müller-Wille Nr. 96

Lantershofen s. Grafschaft-L.

Lasserg s. Münstermaifeld-L.

Laubach

Schanzen
Die in der Gemarkung Laubach befindlichen Schanzen werden den Schweden zugewiesen. Die eine war U-förmig nach Nordwesten gerichtet und hatte ein seitlich vorspringendes Glacis. Die andere, nach Westen weisend, wurde beim Bau der Autobahn Koblenz–Trier abgetragen. Die dritte ist die Alte Schanze am Ende des Schlangenbergs, bogenförmig nach Südwesten gerichtet.
– Janssen II 386, KD Cochem 570

Laufenberg, Burg s. Langerwehe-Jüngersdorf

Laurensberg s. Aachen-L.

Laurenzberg s. Eschweiler-L.

Lauvenburg/Löwenburg s. Zülpich-Nemmenich

Lechenich s. Erftstadt-L.

Lehmen

Burghaus (auch: Burg Weckbecker/Weckbeckersches Landhaus)
Das romanische Burghaus wurde in sehr einfachen Formen errichtet. Der Kamin ist an einer Längsseite angebracht. Das Haus gehörte lange den Grafen Waldbott v. Bassenheim, im 19. Jh. der Familie Weckbecker aus Münstermaifeld. Der zweigeschossige Flügelbau wurde 1842 verändert. Im obersten Geschoß des Treppenturms sind Wandmalereien aus dem frühen 18. Jh. erhalten.
– Kubach-Verbeek 658, Allmers 31, Eifelführer 370, Liessem Übersicht 156

Lehmenhof/Lehmener Turm s. Ediger-Eller

Leihköppchen, Wehranlage s. Speicher

Leimbach

Motte „Die Warte"
Im Südosten der Gemarkung Leimbach finden sich nach Kleemann wallartige Erhöhungen, die einem mittelalterlichen Burghügel zuzuweisen sind.
– Janssen II 278

Lengsdorf s. Bonn-L

Lessenich s. Mechernich-L.

Leudersdorf s. Üxheim-L.

Leyen, Burg s. Ürzig

Leyen, Burg zur/Oberburg s. Kobern-Gondorf

Liblar s. Erftstadt-L.

Lichteneck, Burg s. Neumagen-Dhron

Lieser

Schloß

In der zweiten Hälfte des 19. Jh. wurde das ältere Haus auf den Grundmauern eines barocken Gebäudes in historistischem Stil von ungewöhnlicher Qualität erbaut und 1903 durch einen großen Jugendstil-Trakt in gleicher Flucht erweitert.
– T., Christoffel

Liessem

Wasserburg

Die ehemalige Wasserburg wird 1316 als luxemburgisches Lehen genannt. Den Kern bildet ein mächtiger dreigeschossiger Wohnbau aus dem 16. Jh. mit einfachen Fenstern, die später verändert wurden. An der Südwestekke ist ein quadratischer Turm aus dem 14. Jh. einbezogen. An der Nordwestecke verbindet ihn ein runder Treppenturm mit dem dreigeschossigen Torbau von 1622. Im Winkel sind niedrige Anbauten aus dem 19. Jh. eingefügt. Liessem steht an der Stelle einer älteren zerstörten Burganlage.
– KD Bitburg 164, Dehio 467, T., Laufner, Berns Nr. 44 f. – 70 – 130 und 152

Lind-Obliers

Burg Wensberg/Wensburg

Urkundlich wird die Burg 1401 zuerst erwähnt, als der Erzbischof von Köln sie im Zuge der Ahrbefestigung erwarb. Die Wensburg ist sicher älter. Es war eine rechteckige Anlage mit herausspringendem rechteckigem Bergfried und unregelmäßig ovalem Zwinger. Die Burg wurde z. T. erst 1832 abgebrochen. Bemerkenswert sind die sinnvollen Wehreinrichtungen. Beim Burghaus war eine Georgskapelle mit einem aus dem Jahr 1300 stammenden Ablaßprivileg, das 1544 auf die Pfarrkirche in Oberehe übertragen wurde. Die Kapelle an der Ostseite des Bergfrieds wurde, obwohl noch in gutem baulichen Zustand, 1833 abgebrochen.
– Dehio 677, KD Ahrweiler 499, L., B., T., v. Behr, Janssen II 285, Backes Eifel

Linde, Haus s. Aachen-Laurensberg

Lindenberg, Burg s. Jülich-Stetternich

Lindweiler, Burg s. Blankenheim-Rohr

Linnich

Schloß Linnich

Die erstmals 1425 genannte Burg wurde wohl im späten 15. oder im frühen 16. Jh. zerstört.
– KD Jülich 173, T., Hist. St. III 470, Rh. Städtebuch 295

Haus Rischmühlen

Ritter v. Rischmühlen werden im 14. Jh. genannt. Die Wasserburg hat eine einfache rechteckige Anlage. Der neuere Wohnbau enthält im Kern altes Mauerwerk.
– T., KD Jülich 177

Linnich-Gevenich

Motte Gevenich/Geuenich

Etwa 200 m südlich der Kirche ist ein 40 × 60 m großer Burghügel zu erkennen, der an verschiedenen Stellen abgetragen wurde, aber teilweise noch bis zu 10 m Höhe mißt. Die Anlage soll von Osten über eine Brücke zugänglich gewesen sein.
– Müller-Wille S. 106

Linnich-Glimbach

Burg Glimbach

Ein Ortsadel wird bereits um die Mitte des 13. Jh. genannt. Die Burg wurde nach einem Brand 1880 neugebaut. Ein Teil des Wohnhauses stammt noch aus dem 17./18. Jh.
– KD Jülich 174, T.

Haus Grittern

Die Burg wurde Mitte des 19. Jh. abgebrochen. Reste haben sich keine erhalten. An der Stelle wurde ein Neubau errichtet.
– T., KD Jülich 174, Herzog

Linnich-Tetz

Burg Tetz

Als Ortsherren werden 1351 die Ritter v. Hompesch genannt. Seit 1695 sitzen die Herren v. Brackel auf Burg Tetz. Der alte Bau

westlich der Kirche ist verschwunden. Die heutige Burg ist ein zweiflügeliger Wohnbau aus dem 17./18. Jh., der im Wirtschaftshof der alten Burg errichtet wurde.
– KD Jülich 209, T., Hist. St. III 716

Burghügel „Alte Burg"
In der Rur-Niederung wird ein Gelände mit einem Durchmesser von 30 m von einem 6 m breiten Graben umzogen. Der Hügel ist niveaugleich mit dem Umland. Im Bering sind Wallumgrenzungen (3×3 und 10×15 m) und Steine, die auf Gebäude hinweisen, entdeckt worden. Südwestlich des Hügels ist eine wallartige Erhöhung erkennbar, wohl eine Zufahrt.
– Müller-Wille S. 112

Linzenich s. Zülpich-L.

Linzenich, Haus s. Jülich

Lipp s. Bedburg-L.

Lissendorf
Burghaus
Zwischen Schule und Bahnhof soll ein altes Burghaus gestanden haben. Um die Mitte des 19. Jh. waren auf der „Burgwiese" Mauerreste sichtbar, darunter (nach Eifl. ill.) die eines 30×12 Schritt großen Hauses. Ein kreisrunder Graben umgab die Anlage, die 1926 dem Straßenbau zum Opfer fiel. Die Tranchot-Karte gibt keine Hinweise.
– KD Daun 150, T., Janssen II 228, Resch

Lissingen s. Gerolstein-L.

Löf
Burghaus
Die Ritter v. Löf verkauften 1389 ihre Burg in dem Ort dem Erzbischof v. Trier. Weitere Angaben fehlen.
– CDRM II 103, Slg. Strasser (StA Trier), Liessem Übersicht

Löhndorf s. Sinzig-L.

Lörsfeld, Schloß s. Kerpen/Rhld.

Lövenich, Hofesfeste s. Zülpich-Linzenich

Löwenburg/Lauenburg s. Gerolstein

Löwenburg/Lauenburg s. Zülpich-Nemmenich

Lohn s. Eschweiler-L.

Lohndorf s. Bornheim-L.

Lohrsdorf s. Bad Neuenahr-Ahrweiler (-L.)

Lommersum s. Weilerswist-L.

Lonnig
Burghaus
Das 1301 genannte Burghaus ist im 19. Jh. abgebrochen worden.
– L. 447, T., B., Liessem Übersicht 156

Lorsbeck, Haus s. Jülich-Selgersdorf

Lucherberg s. Inden-L.

Ludendorf s. Swisttal-L.

Lüftelberg s. Meckenheim-L.

Lüppenau/Lupenhoven, Haus s. Nideggen

Lürken, Wasserburg s. Eschweiler-Laurenzberg

Lüssem, Burg s. Zülpich-Nemmenich

Lützeler, Haus s. Inden-Lamersdorf

Lützkampen
Burg Welchenhausen
Die Burg wurde 1394 vollständig geschleift.
– KD Prüm 100, T.

Lüxheim s. Vettweiß-L.

Lupenhoven/Lüppenau, Haus s. Nideggen

Lurich = Lürken

Malberg
Schloß
Schloß Malberg steht auf einem Bergvorsprung, der auf zwei Seiten von der Kyll umflossen wird. Um 1000 waren hier schon

zwei Burgen errichtet, die den Ravengaren gehörten. 1238 wurde ein Teil des Besitzes trierisches Offenhaus. Später wurde die Lehnsabhängigkeit sehr verwickelt. 1681 vereinigte die Familie v. Veyder den Besitz wieder in einer Hand. Neben dem äußeren Tor steht das alte Brauhaus. An dieser Stelle befand sich die Unterburg. Durch ein weiteres Tor erreicht man den Schloßhof. Im Westen liegt der Altbau von 1591–1597, der ab 1708 barock umgestaltet wurde. Damals wurde das Uhrtürmchen am Tor angebracht. In der folgenden Zeit wurden weitere Bauten aufgeführt. 1711 erbaute der Architekt Alberti das Neue Haus. Es ist ein einheitlicher Baukörper mit Eckrisaliten, hat zweieinhalb Geschosse und ein Walmdach. Die Achsen sind durch ionische Pilaster gegliedert. Die mittleren Achsen sind durch einen Dreieckgiebel zusammengefaßt. Das Innere des Schlosses ist sorgfältig gepflegt. Schloß Malberg hat einen sehenswerten Park.
– KD Bitburg 168, Dehio 530, Führer 33 S. 274, B., T., Hist. St. V 232, Gamer, Dohna-Richter, Backes Eifel, Resch

Schloß Malberg im Kylltal

Manderscheid

Niederburg

Die Niederburg Manderscheid war der Stammsitz der Grafen v. Manderscheid und wurde 1201 erstmals genannt. 1427/28 wurde sie wiederhergestellt. Seit 1618 ist die Burg unbewohnt. Auf einem steilen Felsen gelegen, ist sie nur von Süden her zugänglich. Der ausgedehnte, durch mehrere quergestellte Mauern und Torhäuser gesicherte Zwinger der Vorburg befindet sich am Südhang. Neben der alten Einfahrt im Osten steht ein Rundturm. Auf der Höhe befindet sich der viereckige Bergfried aus der Erbauungszeit. Die Mauern stehen noch 18 m hoch. Südlich unterhalb des Bergfrieds, auf der zweithöchsten Hangterrasse, war der Palas errichtet, von dem noch zwei Wohngeschosse über zwei übereinanderliegenden gewölbten Kellern stehen. Das Haus wurde 1427/28 erbaut und im 16. Jh. erneuert. An seiner Westseite stehen die Reste eines rechteckigen Turmes.

An der Nordseite erkennt man die Reste einer Wendeltreppe zum oberen Burgplatz.
– KD Wittlich 197, Dehio 533, Hist. St. V 222, v. Behr, Kubach-Verbeek 740, T., B., Laufner, Hotz Pfalzen, Hotz Burgen, Janssen II 351, Hirschfeld, Backes Eifel, Führer 33 S. 338, Brückmann

Oberburg

Sie ist die ältere der beiden Manderscheider Burgen und war ursprünglich luxemburgischer Besitz, ging aber 1147 an das Erzstift Trier über. Der Neubau erfolgte ab 1166. Die Oberburg Manderscheid wurde 1673 von den Franzosen zerstört und ist seither Ruine. Erhalten sind Reste der Ringmauer und der fünfgeschossige Bergfried, dessen Grundriß einen Rhombus von 9 m Seitenlänge bildet. Er dürfte im wesentlichen aus der Zeit des Erzbischofs Hillin (1152–1169) stammen.
– wie Niederburg Manderscheid

119

Die Niederburg und die Oberburg bei Manderscheid

Marienburg s. Zell-Kaimt

Marienburg s. Bergheim-Quadrath-Ichendorf

Marmagen s. Nettersheim-M.

Marschallsrath/Rath, Haus s. Mechernich

Martelsburg s. Sinzig

Martinsberg, Burg s. Dudeldorf

Masburg

Schanzen

Hierbei soll es sich um eine schwedische Anlage handeln. Eine Schanze liegt etwa 2,5 km von Masburg entfernt, nahe der Gemarkung Laubach. Sie ist bogenförmig nach Westen gerichtet. Von hier aus kann man den in Süd-Nord-Richtung verlaufenden Hauptverkehrsweg gut beobachten. Die zweite Schanze war ähnlich gestaltet. Die dritte ist heute noch als in sich geschlossene quadrati-sche Anlage im Gelände erhalten. Sie lag zwischen zwei wichtigen Straßen. Eine vierte Schanze, die ein nach Norden gerichtetes U bildete, ist im Gelände noch gut erkennbar. – Janssen II 386, B., KD Cochem 589

Masholder s. Bitburg-M.

Mauel, Haus s. Schleiden-Gemünd

Mayen

Kurfürstliche Burg (sog. Genovevaburg)

Der Sage nach ist die Burg der Sitz des Pfalzgrafen Siegfried und seiner Gemahlin Genoveva gewesen. – Die Burg wurde um 1280 begonnen. 1311 waren bereits größere Teile vollendet. 1689 wurde die Burg von den Franzosen zerstört, aber nach 1700 durch Ph. H. Ravensteyn schloßartig ausgebaut. Am Südostende der Stadtbefestigung, in die sie einbezogen ist, erhebt sich die Burg auf einem Schieferfelsen. Die mittelalterliche Anla-

ge umfaßt ein unregelmäßiges Viereck, dessen Ecken durch Rundtürme verstärkt sind. Am Ostende steht der mächtige, etwa 25 m hohe Bergfried (sog. Goloturm), der den Zugang über den Graben sicherte. Die den Hof umgebenden Wohngebäude wurden 1893 völlig umgebaut. Ein zweiter Bering steht mit der Stadtbefestigung in unmittelbarem Zusammenhang und wird im Westen von einer Bastion geschützt. Östlich schließt sich das Marstallgebäude an, das heute als Eifeler Landschaftsmuseum genutzt wird. Zur Stadt hin schließt ein rustiziertes Barockportal aus Basaltlava die Burganlage ab.
– B., T., L. 411, Hist. St. V 229, Dehio 552, Berns Nr. 8, Nick, Backes Eifel, Hörter, Städtebuch RLP 293, Liessem Übersicht 156

Burghaus

Der Donjon soll das Stammhaus der Ritter v. Mayen gewesen sein; die Familie wird im Rotulus von Andernach (entstanden zwischen 1173 und 1190) erwähnt. 1312 wurde der „Turmstumpf" trierisches Lehen, aber schon 1328 wieder Allod. Weitere Nachrichten fehlen.
– Berns Nr. 8, Liessem Übersicht 156

Geisbüschhof

Nördlich der Straße Mayen – Monreal ist das castrum am Hang gelegen und wird 1332 erstmalig genannt. Ursprünglich war es Sitz des 1536 erloschenen Rittergeschlechts v. Geisbüsch. Das Gebäudegeviert war um einen großen Rechteckhof gruppiert und ursprünglich befestigt. Von der Vorburg sind die Reste zweier Rundtürme erhalten. Der Zugang an der Ostseite ist durch einen spätgotischen Torturm gesichert, mit Fachwerk an der Innenseite. Im Norden, außerhalb der geschlossenen Hofanlage, erhob sich, völlig freistehend, das rechteckige Burghaus aus dem 14. Jh. Es diente zuletzt als Scheune. Seit dem Brand von 1964 ist es eine Ruine. Die Fenster haben Spitzbogenblenden. In der Ostwand befindet sich eine kleine Altarnische; außerdem sind noch Reste gotischer Wandmalereien erhalten.

Die Genovevaburg zu Mayen

– Dehio 553, T., Laufner, v. Oidtmann/Renard, Berns Nr. 67, Liessem Übersicht 156

Vogtburg

Gegenüber Schloß Bürresheim sind noch geringe Mauerreste eines Burghauses der Vogt v. Leutesdorf im Gelände zu erkennen, die hier im 14./15. Jh. lebten, obwohl sie ein Haus in der Burg Bürresheim besaßen.
– v. Werner/Caspary, Müller Wüstungen S. 61, Liessem Übersicht 155

Mayschoß

Saffenburg

Die Burg wurde im 11./12. Jh. erbaut. 1705 erfolgte die Schleifung. Von der umfangreichen Anlage sind nur noch geringe Mauerreste vorhanden, die aber die Hauptzüge der Befestigung eindrucksvoll kenntlichmachen.
– KD Ahrweiler 413, Dehio 554, Hist. St. V 326, T., B., L. 84, Backes Eifel

Der Goloturm der Genovevaburg

Mechernich

Burg Burgfey

Seit dem Anfang des 15. Jh. gibt es urkundliche Belege zu Burgfey. Kernstück der Anlage ist ein massiver mittelalterlicher Bergfried, der mit einer schiefwinklig zum Turm geführten Umfassungsmauer versehen ist. Der Bergfried hat eine Grundfläche von 10 auf 12 m; es ist ein mehrgeschossiger Wohnturm.
– KD Schleiden 265, Janssen II 78, Welters, T., B.

Haus Rath/Marschallsrath

1312 befand sich die Burg im Besitz der Herren v. Rode. 1750 wurde der Gutshof als baufällig bezeichnet und 1771 an den Herzog v. Arenberg verkauft. Die Tranchot-Karte weist Haus Rath als stattliche zweiteilige Wasserburg aus. Es handelt sich dabei um eine Anlage mit Gutsbetrieb in der Vorburg und Herrenhaus in der Hauptburg, die aber Teil der vierseitig geschlossenen Anlage war.

Das Herrenhaus war mit drei Türmen befestigt. Der größte Teil der Gebäude wurde nach 1850 niedergelegt. Erhalten blieb ein einfaches Haus, vielleicht ursprünglich ein Nebengebäude.
– KD Schleiden 263, Janssen II 78, T., Hist. St. III 498, Welters

Turmhof

Der alte Turmhof, auch Nesselroder oder Blankenheimer Hof genannt, war ein altes Burghaus aus dem 16. Jh. mit verschiefertem Giebel. Es wurde vor wenigen Jahren abgebrochen.
– KD Schleiden 261, Firmenich Euskirchen

Mechernich-Altendorf

Burg Altendorf

Die Katasteraufnahme von 1824 verzeichnet hier einen dreiseitig geschlossenen Hof, der als Burg bezeichnet wird, und in dessen Umgebung Reste von wasserführenden Gräben angegeben sind. Vom einstigen Gebäude-Bestand sind nur noch geringe Reste erhalten. Eines der Häuser diente bis vor einigen Jahren als Schule von Altendorf.
– Janssen II 130

Mechernich-Antweiler

Obere Burg Antweiler

Durch die Teilung der Herrlichkeit Antweiler entstand auch die obere Burg. Die quadratische Anlage vom Beginn des 16. Jh. hatte einen zweiflügeligen Wohnbau mit Treppengiebel, Torbau und einen Rundturm. Die schönen Wappenkamine wurden geborgen. Nach jahrzehntelanger Verwahrlosung wurde die Burg durch den Besitzer abgerissen.
– KD Euskirchen 15, Hist. St. III 25, Kisky 79, T., W., Welters

Untere Burg Antweiler

In der Hauptburg steht ein zweiflügeliger Bau mit einem starken, runden Eckturm. Die mittelalterliche Anlage wurde im 17./18. Jh. verkürzt und im 19. Jh. verändert. Die Um-

fassungsmauern mit mehreren Türmen sind in 4–6 m Höhe erhalten und stammen teilweise aus dem 14. Jh. Die Vorburg wurde im 18. Jh. neugebaut.
- KD Euskirchen 13, Hist. St. III 25, Kisky 70, T., Welters

Haus Broich

Die befestigte Hofanlage, wohl ein kleiner Rittersitz, ist vollständig untergegangen.
- Kisky 84

Motte „Alte Burg"

In der Nähe Antweilers ist im Gelände eine kleine Burghügelanlage erhalten, die den Namen „Alte Burg" trägt.
- Kisky 84, Janssen II

Mechernich-Berg

Burghaus Berg

Die um 1150 erbaute Wasserburg war landtagsfähiger Rittersitz im Herzogtum Jülich; sie kam 1530 an die Familie v. Gülich. Die Herrschaft wurde Zentrum der reformierten Lehre im Raum Zülpich. Gegen Ende des 18. Jh. erwarben die Freiherren v. Syberg auf Eicks den Besitz. Von der Burg erhebt sich nur der alte Wohntrakt mit dem älteren Nordostturm aus dem 14. bis 16. Jh. Ein Treppentürmchen verbindet beide Bauteile. Der Wehrgang wurde im 18. Jh. durch den Einbau von Fenstern verunklart. Innerhalb des Wirtschaftshofes ist ein Brunnen mit verschiefertem Schutzdach und offenem Fachwerkunterbau beachtenswert. Der Nordflügel der Vorburg hat einen hübschen Stufengiebel.
- KD Schleiden 41, Dehio N 54, T., B., Hist. St. III 61, Welters

Motte

Etwa 750 m nordöstlich der Burg von Berg erhebt sich ein ovaler Burghügel von ca. 50 m Länge und ca. 12 m Breite. Der Hügel wurde aus dem Tötschberg herausgeschnitten, indem man nach der Bergseite einen tiefen Graben anlegte. Der künstlich aufgeschüttete Burghügel ist ungefähr 4–5 m hoch. Eine Vorburg fehlt offensichtlich. Urkundliche Belege sind für diese Motte nicht bekannt. Möglicherweise besteht ein Zusammenhang mit der späteren Burg, etwa so, daß sie die Vorgängerin der Wasserburg gewesen war.
- Janssen II 50, Müller-Wille Nr. 84

Wehranlage

Etwa 80 m nördlich der Burg in Berg befindet sich ein rechteckiges Gelände, das auf drei Seiten von einem Wassergraben gesichert ist, der vom Musenbach gespeist wird. Die Tranchot-Karte zeigt keine Bebauung, so daß die Anlage damals schon lange wüst gewesen sein muß. Vielleicht steht sie in engem Zusammenhang mit der Burg.
- Janssen II 50

Mechernich-Eicks

Schloß Eicks

In bemerkenswert schöner Lage im Tal des Bruchbaches wurde die Wasserburg im 13. Jh. erbaut. Von der Mitte des 16. bis in die zweite Hälfte des 20. Jh. war die Familie v. Syberg Eigentümerin von Eicks. Um 1690 wurde mit dem Bau des neuen Schlosses begonnen. Die zweiteilige Wasseranlage öffnet sich zum Dorf hin durch die rundbogige Toreinfahrt im ehemaligen Verwaltungtrakt. Der spätbarocke Bau verbindet die dreiflügelige Vorburg und die Vierflügelanlage mit quadratischen Ecktürmen der früher durch einen eigenen Wassergraben abgetrennten Hauptburg. Nur die Hoffront ist gegliedert. Das Portal ist rustiziert und hat einen Dreieckgiebel. Der leicht gegliederte Risalit ist durch einen Wappengiebel mit Sprengwerk betont. Das Herrenhaus ist über eine steinerne Treppenbrücke zu erreichen. Schloß Eicks ist im Innern architektonisch bemerkenswert ausgestattet. Nach der Kriegsbeschädigung wurde der Adelssitz wiederhergestellt.
- KD Schleiden 121, Dehio N 54, Neu Eicks, Duncker 102, Hist. St. III 196, T., W., Welters

Schloß Eicks bei Mechernich

Mechernich-Firmenich

Burg Firmenich

Bei der quadratischen Wasseranlage handelt es sich um eine sog. Ackerburg. Die Gebäude der Hofesfeste sind im 16. Jh. in Fachwerk errichtet worden. Hofseitig befindet sich eine malerische Galerie, die man baute, als man innere Flure im Wohnbau noch nicht kannte oder aus Platzgründen nicht anlegen wollte. Das Torgebäude wurde 1626 errichtet. Weitere Wirtschaftsbauten sind aus neurer Zeit.
– KD Euskirchen 55, Kisky Euskirchen 88, Welters, T., W.

Mechernich-Gehn

Schloß Gehn

Um 1740 plante der Herzog v. Arenberg eine großartige Jagdschloß-Anlage mit vier Pavillons, die sich um eine cour d'honneur grup-

pieren sollten. Möglicherweise wurde er von Clemenswerth bei Sögel in Westfalen inspiriert. Bis 1754 waren die Eckgebäude des corps de logis fertiggestellt, ebenso das Ökonomie- und Dienerhaus. Erst zwanzig Jahre später wurde die Planung der Bauvorhaben wieder aufgenommen, dann doch wieder verworfen. Seither ist Schloß Gehn unvollendet geblieben. Einige Zeit bewohnten Brabanter Kolonisten die Gebäude und kultivierten das umliegende Land. Sie wurden aber bei der Konfiszierung des herzoglichen Besitzes Ende des 18. Jh. vertrieben.
– KD Euskirchen 64, Kisky Euskirchen 91, Firmenich Euskirchen, Neu Gehn, T.

Mechernich-Glehn

Burghaus in Glehn, sog. Vogthaus

Das Burghaus der Vögte des Kölner Andreasstifts ist nur noch in unbedeutenden Resten erhalten, die in einer Scheune beim Pfarrhaus

verbaut sind. Der Bau ist auf 1558 datiert. Die aufragenden Mauern sind ziemlich stark. Der Keller soll als Gefängnis im Gerichtsbann gedient haben.
– KD Schleiden 150, Hist. St. III 258

Mechernich-Holzheim

Wirtschaftsburg Holzheim

Die spätmittelalterliche Wirtschaftsburg, eine wasserumwehrte Anlage mit Wohnturm, ist nur noch in den Umfassungsmauern erhalten. Die heutigen Gebäude in dem Gelände, u. a. das Pfarrhaus, stammen aus dem 19. Jh.
– KD Schleiden 194, Dehio N 243, T.

Mechernich-Kallmuth

Alte Burg Kallmuth

Die romanische Burg des im 13. und 14. Jh. erwähnten Ortsadels ist untergegangen.
– Kubach-Verbeek

Burghaus Kallmuth

Von dem ehemals festen Haus, das heute als Gutshof verwendet wird, sind der ruinöse Nordtrakt mit dem vollrunden Eckturm aus dem 16. Jh. und das wohl aus dem 13. Jh. stammende Hofportal erhalten. Alle anderen Gebäude sind aus dem 19. und 20. Jh.
– KD Schleiden 208, Dehio N 269, T., B., Hist. St. III 377

Mechernich-Kommern

Burg Kommern

Die erste Burg wird 1299 genannt und war Zentrum einer Herrlichkeit, die zuletzt dem Haus Arenberg gehörte. Aus spätgotischer Zeit stammt der viergeschossige Wohnturm an der Rückseite der heutigen Anlage. An den Turm schließt sich der Flügelbau von 1753 an. Die weiteren Bauten wurden hauptsächlich im 19. Jh. aufgeführt. Dabei ähnelt der Landsitz den Stadtpalais des Historismus. Bemerkenswert ist die Bildtapete „Cooks Weltumseglung". Die Burg ist von einem prachtvollen Park mit wertvollem Baumbestand umgeben.

– KD Euskirchen 102, Dehio N 420, Kisky Euskirchen 102, Neu Kommern, Hist. St. III 422, T., Herzog

Burghaus Besch

Ein befestigter Hof lag am Ende der Burggasse. Der Graf v. Jülich wird als Inhaber dieses Prümer Lehens genannt, gab aber schon vor 1222 die Unterherrschaft an die v. Kerpen weiter. Die Burg ist nach 1829 untergegangen. An ihrer Stelle befindet sich der Becherhof.
– KD Euskirchen 12, Welters, Hist. St. III 608, Kisky Euskirchen 81

Mechernich-Lessenich

Burg Zievel

Die urspüngliche Hofesfeste wird 1107 zuerst erwähnt und später zu einer einteiligen Wasserburg umgestaltet, die Sitz einer Jülicher Unterherrschaft wurde. Von der beinahe quadratischen Anlage aus der Zeit um 1400 sind noch der Mauerbering, der runde Hauptturm, das Haupttor mit zwei runden Flankentürmen und z. T. das Grabensystem erhalten. Der nordöstliche Wohnbau wurde 1661 angefügt; der neue Wohntrakt zwischen Turm und Tor stammt von 1825. Der Wehrcharakter wird durch eine reizvolle Gartenanlage gemildert.
– KD Euskirchen 197, Dehio N 449, Hist. St. III 457, Kisky Euskirchen 124, Welters, T., Herzog

Mechernich-Satzvey

Burg Satzvey

Im 14. Jh. wurde die Burg als Mittelpunkt einer kleinen Herrschaft gegründet, die dem Bonner Stift Dietkirchen gehörte. Die wehrtechnisch hochinteressante, ehemals zweiteilige Wasseranlage wurde im 15. Jh. von den Herren v. Krauthausen errichtet. Das Herrenhaus aus Bruchstein wurde 1880 stark verändert, wobei man anstelle des Wehrganges ein weiteres Geschoß aufsetzte. Die Torburg mit zwei kräftigen Rundtürmen stammt aus der Erbauungszeit der zweiten Anlage.

Burg Zievel bei Mechernich

– KD Euskirchen 160, Dehio N 565, Kisky Euskirchen 114, Duncker 3, T., W., Welters, Hist. St. III 663, Firmenich Mechernich, Herzog

Mechernich-Wachendorf

Schloß Wachendorf

Im 12. Jh. wird ein Rittergeschlecht v. Wachendorf erwähnt. Über die Brent v. Vernich und die v. Hompesch kam die Burg 1515 an die v. Palant, denen später weitere Adelsgeschlechter folgten, Ende des 19. Jh. die v. Mallinckrodt. Heute ist das Schloß durch ein Förderschulinternat des Caritas-Verbandes zweckmäßig und bestanderhaltend genutzt. Die Burg war eine zweiteilige Wasseranlage, die von rundtürmigen Bastionen zusätzlich gesichert war. Nur die beiden Eckfortifikationen des 16./17. Jh. sind erhalten. Das spätbarocke Herrenhaus mit Viereckmittelturm und Mansarddach wurde im 19. Jh. durch-

greifend verändert. Das Haus wurde damals um ein Geschoß erhöht. Gleichzeitig wurde der Baukörper zum Wirtschaftshof erweitert und im Innern umgebaut. Der schmale Hof wird an der Südseite von einem barocken Pächterhaus aus dem Jahr 1762 begrenzt.

– KD Euskirchen 180, Kisky Euskirchen 120, Kubach-Verbeek 1198, Firmenich Euskirchen, Welters, Hist. St. III 744, T., Herzog

Mechernich-Weyer

Burg Weyer

Im 14. Jh. kam die Burg als kölnisches Lehen an das Geschlecht v. Weyer. Das Burghaus wurde 1666 bis 1668 wiederhergestellt und kam 1785 in Privathand. Burg Weyer ist ganz verschwunden. Es handelte sich um einen viereckigen Burgbezirk mit vorspringenden Türmen in der Nordfront und im Südosten. Inmitten des Vierecks, das im Westen, Nor-

den und Osten von Gebäuden umstellt war, stand ein rechteckiger Turm. Fundamente sollen sich noch im Boden befinden. Mauerwerk wurde in angrenzenden Häusern verbaut.
– KD Schleiden 451, Janssen II 87, T., Hist. St. III 780

Meckenheim

Burghaus

Der befestigte Hof des Kölner Klosters Mariengraden, den die Ritter v. Meckenheim zu Lehen trugen, ist völlig untergegangen. Er hatte auch keinerlei Einfluß auf die Ortsentwicklung.
– Rh. Städteatlas, Rh. Städtebuch 297, Welters, Hist. St. III 499

Meckenheim-Ersdorf

Burg Ersdorf

Die zweiteilige Wasserburg befand sich am Ostufer des Ersdorfer Baches, der die Gräben der fast quadratischen Anlage speiste. 1345 erhielten die Grafen v. Neuenahr dieses kölnische Lehen. Möglicherweise wurde die Burg vor 1800 aufgegeben. Südlich neben dieser Anlage wurde ein grabenumwehrtes Areal festgestellt, das offensichtlich eine Vorburg war. Beide Teile sind fast gänzlich zugeschüttet. Der 6–8 m breite Graben der Hauptburg ist noch teilweise erhalten. Auf dem leicht erhöhten Innenrand der Hauptburg fand man sehr viel Schieferbruchstein.
– Janssen II 146, T., Welters, Hist. St. 210

Meckenheim-Lüftelberg

Burg Lüftelberg

Die Burg wurde im 12./13. Jh. gegründet, im 14. Jh. erweitert und im 15. Jh. ausgebaut, wobei der Grundriß der heutigen Anlage entstand. Ein weiterer Umbau erfolgte in der zweiten Hälfte des 16. Jh., der jüngste um 1760. Dabei wurde der ganzen Anlage ein barockes Aussehen gegeben. Der Hauptbau der Wasserburg wird von zwei rechtwinklig aneinanderstoßenden Flügeln gebildet und ist von drei runden Ecktürmen flankiert. Das Herrenhaus hat hohe Mansarddächer; die Fassaden sind gleichförmig diszipliniert. Das Hauptportal mit eleganten Pilastern ist bekrönt von einem das Fenster einrahmenden Sprenggiebel, der, reich gestaltet, das Allianzwappen der Erbauer trägt. Im Innern besitzt Burg Lüftelberg noch die Architekturgestaltung des 18. Jh. Die Gebäude der Vorburg wurden niedergelegt, im 20. Jh. wiedererrichtet.
– KD Rheinbach 67, Dehio N 460, T., W., Renard, Welters, Hist. St. III 485, Duncker 26, Penning-Günther, Herzog Lüftelberg

Mendig

(Ortsteil Niedermendig)

Kröngeshof

Der adelige Hof, der wahrscheinlich befestigt war und u. a. den v. Breidbach-Bürresheim gehörte, ist bis 1661 nachweisbar als Lehngut des St.-Clemens-Stifts in Mayen. Spätere Verlehnungen sind nicht bekannt.
– Städtebuch RLP 327, Fabricius VII 1 S. 71

(Ortsteil Obermendig)

Burghaus

Ritter v. Mendig und deren vermutliche Erben werden zwischen 1200 und 1378 genannt. Sitz des Geschlechts war wohl das Turmhaus in der Nähe des Fron- oder Florinshofes. Dabei handelt es sich um ein Haus mit (verändertem) Treppengiebel und vorgesetztem runden Treppenturm.
– Laufs 26, Fabricius VII 1 S. 76, Mendig, Liessem Übersicht 158

Menningen

Burg

Angeblich soll in Menningen „ein Schloß" gestanden haben, von dem im Jahr 1787 noch Reste sichtbar gewesen sein sollen.
– KD Kreis Trier 238, Eifl. ill. III 2,1 S. 491

Merkeshausen

Schloß

Das Jagdschloß wurde 1896 im historischen Stil erbaut.
– Kremer-Umscheid

Merkstein s. Herzogenrath-M.

Merode s. Langerwehe-M.

Merödgen, Haus / Burg Röthgen s. Inden-Lucherberg

Mersheim, Haus s. Vettweiß-Gladbach

Merten s. Bornheim-M.

Mertloch

Burghaus

Im Ort gab es ein „Burgfredenshuys mit Wassergraben" der Ritter v. Mertloch, die zeitweise auf dem Maifeld über einigen Einfluß verfügten. Spuren haben sich keine erhalten.
– Fabricius VII 1 S. 136, Liessem Übersicht 158

Merzenich s. Zülpich-M.

Metternich s. Weilerswist-M.

Metzenhausen, Burg s. Eisenschmitt

Meuspath

Motte Kassels- oder Binnesburg

Die Motte liegt etwa 2 km vom Ort entfernt im Mündungsgebiet eines von Norden in den Kirsbach fließenden Baches. Dabei handelt es sich um einen großen quadratischen Hügel mit ca. 40 m Kantenlänge, der auf allen Seiten von einem tiefen Graben umgeben ist. Das Alter der Burg ist unbekannt, doch ist sie am ehesten den mittelalterlichen Burghügeln des 11. bis 13. Jh. zuzurechnen. In der umliegenden Bachniederung wurden im Zuge von Bauarbeiten Reste von Stauwehren mit Eichenstämmen gefunden.
– KD Ahrweiler 420, Janssen II 280, T.

Miel s. Swisttal-M.

Mielenburg s. Remagen-Unkelbach

Miesenheim s. Andernach-M.

Millendorf s. Bedburg-Lipp (M.)

Minheim

Burghaus

Das Haus der Ritter v. Minheim, die 1158 genannt werden, wurde später an die v. Warsberg verlehnt. Der Rittersitz ist vollständig untergegangen; an das Burghaus erinnert noch der Flurname „Burgley".
– KD Wittlich 227, T.

Mirbach s. Wiesbaum

Mittelburg s. Nideggen-Abenden

Mittelfrohnrath, Haus s. Aachen-Horbach

Mittelürsfeld/Ottegraven, Haus s. Aachen-Richterich

Mödrath s. Kerpen-M.

Mombach, Burg s. Buchet

Monaise, Schloß s. Trier-Euren

Monreal

Große Burg (sog. Löwe)

Die Große Burg in Monreal ist eine ausgedehnte Hanganlage, die das Elztal weithin beherrscht. Sie wurde 1229 erstmals genannt. 1689 wurde die Burg von den Franzosen zerstört. Der Zwinger hat die Form eines langen rechtwinkligen Dreiecks. Die Basis wird an der Westseite durch einen Graben geschützt. Am Ostende der Nordmauer befinden sich die Reste des alten Eingangs. Am Westende liegt ein kleiner polygonaler Turm mit dem Zugang zur Hauptburg. Auch steht dort ein weitgehend erhaltener Rundturm. Die Reste ehemaliger Wirtschaftsgebäude umrahmen einen rechteckigen Platz westlich des Zwingers. In dem ungewöhnlich tiefen und breiten Graben vor der Hauptburg steht noch ein Pfeiler der ehemaligen Zugbrücke mit dem anschließenden Torweg. Der stattliche, etwa 25 m hohe Bergfried, ein verputzter Rundturm, steht auf einer 12 m ansteigenden Felskuppe. Die Treppe ist in der 3 m dicken Mauer aufgeführt. Der Bergfried hat, wie auch in Virneburg, auf der Nord- und Westseite einen Mauerschutz. Die südliche Seite

Die Große Burg in Monreal

des Torweges bildet ein noch bis ins zweite Geschoß erhaltenes Gebäude über einem rechteckigen Grundriß mit in den Graben vorspringenden Halbrundtürmen. Am südwestlichen Ende steht ein hoher schlanker Pfeiler, wohl eine ehemalige Warte. Nördlich des Torweges stehen die Reste mehrerer alter Häuser. Westlich davon befindet sich der sechseckige Kapellenbau, der später ummantelt wurde. Der Bau ist viergeschossig mit vortretendem Ostchor. Das dritte Geschoß ist ursprünglich, wie üblich, als Wohnraum mit Aborterker versehen gewesen.

– B., T., Dehio 581, Laufner, L. 416, Hotz Pfalzen, Hotz Burgen, Steffens, Hist. St. V 238, Backes Eifel, Liessem Stauferburgen, Liessem Übersicht 158, Berns Nr. 84, 91 und 143, Schuler

Kleine Burg (sog. Rech/Reh)

Das „Rech" ist durch eine kleine Talsenke von der Hauptburg als westliches Vorwerk getrennt. Die kleine Anlage hatte eine unregelmäßig verlaufende, nur noch in geringen Resten erhaltene Mauer. Nach Westen ist sie durch einen Graben gesichert. In die Nordwestecke wurde nachträglich ein schlanker viereckiger Turm eingebaut.

– Dehio 582, Hist. St. V 238, B., L. 416, Liessem Stauferburgen, Schuler, Liessem Übersicht 158

Burghaus der v. Virneburg

Das Burghaus der Ritter v. Virneburg bzw. v. Monreal, einer Seitenlinie der Grafen v. Virneburg, ist bis ins 16. Jh. nachweisbar. Reste haben sich keine erhalten.

– Liessem Übersicht 158, Roth II 231

Burg Monschau

Burghaus der v. Eltz

Die bekannte Familie v. Eltz war mit einem Burghaus in Monreal belehnt. Zum letzten Mal erfolgte die Lehnsanerkennung 1675. Reste des Hauses haben sich keine erhalten.
– Liessem Übersicht 158, Roth II 231

Monschau

Burg Monschau

Ältester Teil ist das Hochschloß (heute Jugendherberge), vor allem die Westwand und der aus ihr vorspringende, auf zwei Pfeilern ruhende Bergfried. Ebenfalls ins frühe 13. Jh. kann der Sandstein-Torbogen an der Nordspitze der etwa dreieckigen Anlage datiert werden. Die ungefähr quadratische Vorburg mit dem stattlichen, von Rundtürmen flankierten Torbau wurde um die Mitte des 14. Jh. errichtet. Von den Umfassungsmauern mit Wehrgang sind die auf der West- und

der Südseite erhalten, während die auf der Nordseite 1775 niedergelegt wurde. Gegen Ende des 16. Jh. begannen weitere Befestigungen, so z. B. der Bastionturm am Ende der Anlage und die äußere Vorburg mit der südlichen Spitze und der östlichen Terrassenmauer, die mit zwei eckigen und zwei halbrunden Türmen besetzt war. Ebenfalls dem späten 16. Jh. ist die Kommandeurswohnung zuzurechnen, wohingegen die einst als Kasernen angelegten Flügel der Unterburg aus dem 17. Jh. stammen. Das Schloß hatte im 18. Jh. seine Bedeutung verloren. 1794 wurde es eingezogen und als französisches Nationalgut verkauft. Das Schloß verfiel immer mehr, vor allem nach der Entfernung der Dächer (1836/37). Um die Jahrhundertwende begannen umfassende Sicherungs- und Erhaltungsarbeiten.
– KD Monschau, Weiß, Kubach-Verbeek 790, Dehio N 482, T., Hist. St. III 525, Rh. Städtebuch 310, B., Backes Eifel

Hallerburg

Der Haller oder Halder befand sich auf einer ins Rur- und Laufenbachtal vorspringenden Bergnase. Entweder handelte es sich dabei um eine Vorgängeranlage der Burg Monschau, oder aber es war eine sog. Gegenbefestigung zur Burg aus dem 14. Jh. Frühe Nennungen sind nicht bekannt. Im 16. Jh. war der Turm zur Bergseite hin rund, zum Tal hin aber rechteckig geschlossen. Auf jüngeren Abbildungen ist die Hallerburg in die Stadtbefestigung integriert.
– KD Monschau 72, Janssen II, 8, Weiß

Monschau-Kalterherberg

Burg Reichenstein

Die im 11. Jh. erwähnte Burg wurde 1205 der Abtei Steinfeld zur Gründung eines Klosters zur Verfügung gestellt. Von der geistlichen Anlage sind nur noch das sog. Priorat, ein zweistöckiger Bau des 17. Jh., und die Ruinen der 1693 erbauten Kirche erhalten. Heute ist auf Reichenstein ein Gutsbetrieb.
– KD Monschau 90, Dehio N 269, Hist. St. III 628, Janssen II 6, B.

Monschau-Konzen

Karolingischer Königshof Compendio

Der Hof ist untergegangen. Vermutlich ist die Pankratius-Kapelle auf dem Friedhof die ehemalige Hauskapelle von Compendio.
– Dehio N 421, Hist. St. III 425

Montroyal, Festung s. Traben-Trarbach

Morenhoven s. Swisttal-M.

Morken

Wasserburg Neuhochstaden

Die Anlage stammt aus dem 14. Jh. und hat den Bergfried in die äußerste Ecke der Schildmauer gesetzt, ähnlich wie man es bei einigen Burgenbauten im Machtbereich der Luxemburger feststellen kann.
– B. 75

Mozenborn, Hof s. Düren-Birgel

Müddersheim s. Vettweiß-M.

Müden

Herrenhäuschen

Hierbei handelt es sich um einen freiadeligen Hof, der an das Erzstift Trier gekommen war und 1804 versteigert wurde.
– Fabricius VII 1 S. 146

Müggenhausen s. Weilerswist-M.

Mühlenbach, Haus s. Aachen-Horbach

Mühlenbongert, Motte s. Eschweiler-Kinzweiler

Mülheim, Burg s. Zülpich-Wichterich

Mülheim-Kärlich

Jagdschloß Kärlich

Das kurfürstliche Jagdschloß, von Erzbischof Johann II. v. Baden in der zweiten Hälfte des 15. Jh. erbaut, wurde 1654 durch Kurfürst Karl Kaspar von Trier barock umgestaltet. Das zweigeschossige Hauptgebäude hatte ein sehr hohes Walmdach und vier kleine runde Ecktürmchen mit Kegelhelmen.

Das Schloß, eine Wasseranlage, wurde in den Revolutionskriegen vollständig zerstört.
– KD Kreis Koblenz 154, Dehio 591, Hist. St. V 162, L. 221, Becker 13, Liessem Übersicht 158

Burghaus

Der Wohnturm, als dessen Besitzer 1444 die Ritter v. Schönburg genannt sind, ist um 1800 niedergelegt worden.
– T., KD Kreis Koblenz 150, Liessem Übersicht 158

Müllenark, Haus s. Inden-Schophoven

Münchhausen, Burg s. Wachtberg-Adendorf

Münstermaifeld

Erzbischöfliche Burg

Die Burg der Trierer Kurfürsten ist verschwunden.
– B., Laufner, Fabricius VII 1 S. 92, Goerz Regg. Erzbb., Gappenach Münstermaifeld

Schönecker Burg

Den Namen soll das Burghaus von dem Eifeler Geschlecht v. Schönecken haben. 1654 wurde die Burg an eine Adelsfamilie v. Ufflingen verkauft; später gelangte sie in bürgerliche Hände. Das Burghaus ist ein hohes, dreigeschossiges Gebäude mit einem einfachen Renaissance-Erker im zweiten Geschoß und einem hohen Satteldach. Die Fenster gehören der Übergangszeit von der Gotik zur Renaissance an, so daß sich Gappenachs Altersbestimmung nicht ganz aufrechterhalten läßt. Ein Wachturm, der zur Burg gehörte, soll abgerissen worden sein.
– Gappenach Schönecker Burg, Liessem Übersicht 158

Laufenburg

Hierbei handelt es sich wahrscheinlich um das „castrum nahe der Kirche", das im 12./13. Jh. entstand. Die Reste wurden im 18. Jh. abgetragen.
– Liessem Übersicht 158

Münstermaifeld-Gappenach

Burghaus in Gappenach

Im Mittelalter lebte hier eine Ritterfamilie, die als Stifter der Kirche auftrat. Von dem Burghaus sind keine Reste erhalten.
– Bach, Gappenach Münstermaifeld, Fabricius VII 1 S. 170 (er negiert das Burghaus)

Münstermaifeld-Lasserg

Burg Bischofstein

Auf einem an drei Seiten zur Mosel abfallenden Schieferfelsen erbaut, gehört Bischofstein zu den schönstgelegenen Burgen an der Mosel. An dieser Stelle wurde die Burg des Bischofs Niketius angenommen, die Venantius Fortunatus nennt, ehe K. Böhner deren Standort nahe Neumagen wahrscheinlich machte. Vermutlich wurde Bischofstein im 12. Jh. erbaut und im 13. Jh. erweitert. Sie wurde dem Erzstift Trier geschenkt. Gegen Ende des 17. Jh. wurde die Burg zerstört. Nach 1930 begann der Wiederaufbau. Die Umfassungsmauern folgen dem schmalen langgestreckten Felsrücken. Zur Bergseite ist die Burg durch einen tiefen Graben und den mächtigen Bergfried aus der Erbauungszeit geschützt. Im Südteil des Berings steht der mehrgeschossige Palas, dem zur Mosel hin ein Rechteckturm vorgelagert ist. An den Palas schließt sich die Kapelle an, ein zierlicher, einschiffiger Bau von zwei Jochen. Die Kelchkapitelle sind mit naturalistischem Wein- und Eichenlaub verziert. Das Gewölbe der Kapelle, der Einbau zwischen dieser und dem Turm sowie das Fachwerk am Palas stammen vom Ausbau 1930 bis 1933.
– Dehio 458, Hist. St. V 47, Laufner, T., B., L. 368, Gappenach Münstermaifeld, Kubach-Verbeek 98, Kremer, Liessem Übersicht 160

Müntz s. Titz-M.

Mürlenbach

Burg

Die Burg Mürlenbach, eine Gründung der Abtei Prüm, wird 1331 erstmals genannt.

1519 erfolgte eine Verstärkung der Wehrbauten. Seit dem 17. Jh. ist Mürlenbach verfallen. Heute sind Teile ausgebaut. Der ursprünglich sechseckige Bering war mit Halbtürmen verstärkt. Die stattliche Torburg, ein Zwischenbau mit zwei Rundtürmen, ist recht gut erhalten. Die drei unteren Turmgeschosse sind gewölbt und über den Zwischenbau miteinander verbunden. Die beiden oberen Geschosse waren flachgedeckt. Die Ausstattung war zu Wohnzwecken mit Kaminen, Fensterbänken und Aborten versehen. Im ersten Obergeschoß des Südturms befand sich die rippengewölbte Kapelle. Die Fensterstürze haben außen z. T. Blendmaßwerk. An den Südturm schloß sich der langgestreckte Saalbau an, von dem der Keller erhalten ist, über dem ein neues Wohnhaus errichtet wurde. Auf der West- und der Südseite befinden sich die Reste zweier hufeisenförmiger Bastionen von 1589.
– B., T., KD Prüm 103, Dehio 599, Janssen II 199, Backes Eifel, Hist. St. V 246

Müttinghoven, Burg s. Swisttal-Morenhoven

Muffendorf s. Bonn-M.

Musweiler s. Großlittgen-M.

Mutscheid s. Bad Münstereifel-M.

Mutzerath, Burg s. Pulheim-Stommeln

Namedy s. Andernach-N.

Nantersburg/Entersburg s. Hontheim

Nattenheim

Motte Gersdorf

Als man diese Motte angeschnitten hatte, kamen an ihrem Fuß Mauerreste zutage, die einem hoch- oder spätmittelalterlichen Ausbau der Befestigungsanlage zugewiesen werden. Aus den Funden ist nicht zu erkennen, wann die Turmhügelburg in der Wüstung Gersdorf gegründet wurde.
– Führer 33 S. 91

Naunheim

Befestigter Gutshof, sog. Burg

Die spätmittelalterliche Wasserburg wird 1379 als „Junker Tohrnshof" genannt. Der Wohnturm wurde 1932 abgerissen. In den Außenmauern der Anlage sind Kugelscharten erhalten geblieben.
- W., Nick Naunheim, Liessem Übersicht 158

Nellenburg s. Oberehe

Nemmenich s. Zülpich-N.

Neroburg/Burg Breidscheidt s. Adenau

Neroth

Burg Freudenkoppe

Die Burg wurde um 1340 von König Johann dem Blinden von Böhmen, Graf v. Luxemburg, erbaut und kam 1346 an Kurtrier. 1460 wird sie letztmalig als Burg erwähnt, so daß angenommen wird, daß sie in der zweiten Hälfte des 15. Jh. aufgegeben wurde. In der Mitte der viereckigen, schiefwinkligen Anlage mit geraden Mauerzügen stand der mehrgeschossige, fast quadratische Bergfried (8,40 × 8,60 m), zweifellos ein Wohnturm. Nach Norden schließt sich die geknickte Zwingermauer an, die den zur Burg führenden Hohlweg umfaßt.
- KD Daun 172, Dehio 607, Hist. St. V 251, Vannérus, T., Janssen II 230, B., Backes Eifel

Burghaus

Am Südrand des Nerother Kopp, unterhalb der Burg, finden sich, freistehend am Hang, Reste eines mittelalterlichen Burghauses, das wohl im 15. Jh. durch den Erzbischof von Trier oder seinen Burggrafen errichtet wurde. Die lichte Weite beträgt 13,80 × 4 m. Die Mauern sind im Aufgehenden bis zu 12 m erhalten und zeigen im Innern Spuren von drei flachgedeckten Geschossen. Der Eingang befand sich an der Ostseite im Erdgeschoß.
- Janssen II 230, Dehio 607, KD Daun 174, T.

Nesselburg s. Wachtberg-Niederbachem

Nettegut/Burg zur Nette s. Andernach

Nettersheim

Alte Burg

Auf dem Schellgesberg findet sich eine kreisrunde, fast ebene und vielleicht künstlich planierte Fläche, die nach Süden, Westen und Nordwesten steil abfällt. Eine Zufahrt ist nur von der Hochfläche selbst, also von Nordosten möglich. Künstliche Umwehrungen wurden nirgends beobachtet. Das Gelände ist z. T. modern überbaut. Die Tranchot-Karte zeigt hier eine langes, im Zuge der Höhenlinien abknickendes Gebäude.
- KD Schleiden 270, Janssen II 79, T., B.

Burg Nettersheim

Ritter v. Nettersheim erscheinen ab 1229. Eine Erbteilung führte 1562 zum Bau eines zweiten Burghauses. Reste der Wasserburg standen noch 1870 parallel zum Bahnkörper. Fundamente sind im Boden noch zu erkennen. Das jüngere Burghaus ist in einem Gehöft, gen. Haus „Burgmüllers", aufgegangen. Im Wiesengrund ist ein Fischweiher enthalten.
- KD Schleiden 274, T. B., Hist. St. III 552

Nettersheim-Engelgau

Gut Horrido

Hierbei handelt es sich um ein ehemals freiadeliges Rittergut, das im 19. Jh. erheblich verändert wurde. Vom Charakter der Hofesfeste ist kaum noch etwas zu bemerken.
- T.

Nettersheim-Marmagen

Sog. Burg Marmagen

Am nordwestlichen Ortsausgang steht das wehrfähige Gehöft, ein zweigeschossiger Wohnbau aus dem 16./17. Jh. mit auffallendem Walmdach. Dem Herrenhaus vorgelagert ist der dreiflügelige Wirtschaftshof. Möglicherweise ist das Gut aus einem mittel-

alterlichen Burghaus entstanden. Ein Ge-
schlecht v. Marmagen wird 1297 genannt.
– KD Schleiden 254, Dehio N 465, T., Hist.
   St. III 494

Nettersheim-Pesch

Motte Pesch

Die Tranchot-Karte läßt eine auf dem Westufer des Wespelbaches gelegene Burganlage
erkennen. Sie ist auf allen vier Seiten von
Gebäuden umschlossen, die nur im Osten
eine Zufahrt freilassen. Im Zuge des Umle-
gungsverfahrens wurde die Burg abgetragen
und eingeebnet. Notgrabungen ergaben jedoch einen künstlichen Bodenauftrag unter
der Hauptburg, wobei Keramik aus dem 14.
und 15. Jh. geborgen wurde.
– Janssen II 80

Haus Pesch

Bei Haus Pesch handelt es sich um einen
wasserumwehrten, befestigten Hof.
– KD Schleiden 291, T., Führer 25

Nettersheim-Pier

Motte Pier

Schwache, unregelmäßige Erhöhungen deuten auf die Existenz einer Motte oder einer
kleinen Wasserburg hin. Noch 1925 wurden
die Erhebungen von (inzwischen zugeschütteten) wasserführenden Gräben umgeben.
– Janssen II 39, Müller-Wille Nr. 98

Nettesürsch s. Polch-N.

Neubenden s. Kall-N.

Neublankenheim, Burg s. Üxheim-Ahütte

Neuenhof, Haus s. Aachen-Brand

Neuenstein, Burg s. Ormont

Neuerburg, Burg s. Wittlich-Bombogen

Neuerburg/Eifel

Burg

Im 12. Jh. von den Herren v. Neuerburg
gegründet, wurde die Burg 1692 gesprengt
und 1794 teilweise abgebrochen. Die ziem-

Burg Neuerburg

lich gut erhaltene Anlage wurde 1930–1933
als Jugendburg instandgesetzt und ausgebaut. Die sehr große Anlage erhebt sich auf
einem steil abfallenden Felsgrat im Westen
der Stadt. Die Ortsbefestigung war der Burg
angeschlossen. Aus dem 13. Jh. stammt der
Kern des dreigeschossigen Torbaues am Ostende des südlichen Zwingers. An der Südseite der Ringmauer des langgestreckten Burghofes lag der Palas. Das Erdgeschoß bildet
einen ursprünglich vierjochigen Saal von unregelmäßigem Grundriß. Er wurde wohl zu
Beginn des 15. Jh. mit rundbogigen, romani-
sierenden Kreuzgewölben aus schweren
Rundstabrippen über kurzen Wandsäulen
versehen, zwischen denen breite, bandartige
Gurtbögen über Wandpfeilern gespannt sind.
Im 16. Jh. wurde als zusätzliche Befestigung
die Ostbastion errichtet. Zur Verstärkung
der Ringmauern wurden an der Nord- und
an der Südseite zwei hufeisenförmig vorspringende Geschütztürme errichtet. Davon
ist der nördliche am besten erhalten. Aus

dem 18. Jh. stammt der Anbau im Winkel zwischen der südlichen Ringmauer und dem Torbau.

- KD Bitburg 193, Dehio 609, Hist. St. V 252, Führer 33 S. 132, Kubach-Verbeek 822, Lucas, Janssen II 324, T., B., Laufner, Backes Eifel, Städtebuch RLP 311

Neuhochstaden, Wasserburg s. Morken

Neuhoff, Gut s. Hüchelhoven-Glessen

Neumagen-Dhron

Burg Lichteneck

Die mittelalterliche Burg ist vollständig verschwunden. In der Gemarkung ist nur noch ihr Standort bekannt.

- B., Cüppers

Neuweiler, Burg s. Blankenheim-Dollendorf

Nickenich

Burg (Schillingsburg oder Meinfelderhaus)

Im 14. Jh. ist die Burg kurkölnisches Lehen, das 1369 an die Ritter v. Meinfelder aus Andernach kam. Später wurde die Burg Ganerbschaft, ehe die Schilling v. Lahnstein und die v. d. Leyen den Besitz wieder vereinigten, der später an die v. Breidbach-Bürresheim kam. Die ehemalige umfangreiche Anlage mit Haupt- und Vorburg ist bis auf das Burgtor aus Basaltlava, das zu den Wirtschaftsgebäuden führte, verschwunden. Nach dem Urkataster bildete die Hauptburg ein unregelmäßiges Rechteck mit Rundtürmen an der südlichen Schmalseite.

- KD Mayen 366, T., Liessem Übersicht 158

Von der Leyenscher Hof

1292 erhielten zwei Ministerialen v. Dattenberg die Anwartschaft auf ein trierisches Lehngut, das „Dinghaus". Von den Dattenberg ging der Besitz in der zweiten Hälfte des 15. Jh. an die Familie v. d. Leyen über, 1711 an die Breidbach-Bürresheim. Es handelt sich um ein schlichtes, im Kern vielleicht noch mittelalterliches Wohngebäude aus verputztem Bruchstein. Das zweigeschossige Haus hat basaltgerahmte, schmalrechteckige Fenster, die unregelmäßig verteilt sind, und einen wappengeschmückten, mit gotisierendem Stabprofil versehenen Eingang aus Basaltlava (bezeichnet 1606).

- KD Mayen 365, Liessem Übersicht 158

Weiherhof/Gramannshaus

Das edelfreie Geschlecht v. Nickenich taucht 1163 auf. Der Weiherhof, möglicherweise ihr Stammsitz, ist im 14. Jh. kurkölnisches Lehen. Zu Beginn des 15. Jh. wurde der Besitz geteilt; das vordere Haus wurde weiterhin von den v. Nickenich bewohnt, während das hintere an die Ritter Gramann v. Nickenich kam. Später gelangte das gesamte Anwesen über die v. d. Leyen an die Breidbach-Bürresheim. Der Weiherhof ist im 18. Jh. unter Verwendung alter Bauteile durch einen schlichten zweigeschossigen Bruchsteinbau ersetzt worden.

- KD Mayen 367, Liessem Übersicht 158

Nideggen

Landesburg Nideggen

Im 13. und 14. Jh. war sie bevorzugte Residenz der Grafen v. Jülich. Seit der Eroberung durch Brabanter Truppen 1542 verfiel die umfangreiche Anlage, die im 19. Jh. als Steinbruch genutzt wurde. Architektonisch ist Burg Nideggen in ihrer annähernd rechteckigen Anlage mit großem Innenhof und tiefergelegenem kleinen Wirtschaftshof mit der saynschen Burg Blankenberg an der Sieg zu vergleichen. Kern der Anlage ist der mächtige Bergfried aus dem 12. Jh., in dessen Erdgeschoß die kreuzgewölbte Burgkapelle mit fünf halbrunden Nischen in der Mauerstärke erhalten ist. Der Oberbau des Turmes wurde um 1300 erneuert. Etwa gleichzeitig entstand der Palas an der Südseite, von dem noch Reste der Außenwand mit zwei polygonalen Ecktürmen und dem viereckigen Küchenturm erhalten sind. Die Zwingeranlage der Burg war mit der Stadtbefestigung verbunden.

- KD Düren 238, Dehio N 508, T., B., Kubach-Verbeek 841, Janssen II 36, Hotz Pfalzen, Hotz Burgen, van der Broeck, Führer 26 S. 50, Ring, Rh. Städteatlas, Rh. Städtebuch 326, Hist. St. III 561

Haus Lüppenau/Lupenhoven

Ein Hermann v. Lupenhoven wird 1287 genannt. Um 1800 gelangte das adelige Gut in bürgerliche Hände. Die heutige Anlage stammt aus dem 18. Jh. und wurde, wie am Wohnhaus erkennbar, unter Verwendung älterer Bauteile als fester Hof wiederaufgebaut. Das Obergeschoß des Hauptgebäudes ist zur Hofseite hin aus Fachwerk. Darüber erhebt sich ein Krüppelwalmdach.
– KD Düren 259

Nideggen-Abenden

Fliehburg „Hundesley" (auch Mittelburg)

Die Hundesley liegt östlich von Abenden. Die kleine längliche Bergkuppe an der Westseite ist 10 × 30 m groß und bietet einen weiten Blick über das Tal. An der Nordseite sind terrassenförmig zwei Wälle angelegt, die am Nordwest-Ende hakenförmig eingebogen sind. Die Kuppe fällt an der Südwest-Seite steil ab. Nach Nordosten ist die Hundesley durch einen tiefen Abschnitt abgegrenzt, an dem Bearbeitungsspuren zu erkennen sind. Der Kulturschutt erlaubte eine Datierung der Benutzung für das Mittelalter.
– B., Führer 26 S. 53

Nideggen-Berg

Burg Berg

Die Burg wurde um 1150 erbaut und war Zentrum einer kleinen Unterherrschaft. Seit der Reformation war hier ein Stützpunkt des Calvinismus. Der Rittersitz wechselte häufig die Inhaber. Die kleine Anlage ist untergegangen.
– Hist. St. III 61

Haus Thum

Von einer ehemaligen Burg aus dem 13. Jh. sind Reste des Mauerwerks in dem einfachen Gutshof aus dem 17./18. Jh. verbaut, der um 1900 erneuert wurde.
– T., KD Düren 27

Nideggen-Wollersheim

Burg Gödersheim

Gödersheim erscheint 1343 im Besitz der gleichnamigen Familie. Die regelmäßige Anlage wurde um 1500 errichtet. Die Hauptburg mit rechteckigem Herrenhaus und später angefügtem Zwinger, war bis 1865 bewohnt. Das Dach stürzte um 1900 ein, wodurch der Verfall gefördert wurde. Die Vorburg ist weitgehend verfallen, die beiden Grabensysteme sind eingetrocknet.
– KD Düren 355, Janssen II 48, T., Welters

Wasserburg Wollersheim

Bei dieser Anlage handelt es sich um eine zweiteilige Hofesfeste, die von Wassergräben umzogen ist.
– Führer 25 S. 173

Niederau s. Düren-N.

Niederaußem s. Bergheim-N.

Niederbachem s. Wachtberg-N.

Niederberg s. Erftstadt-N.

Niederbettingen s. Hillesheim-N.

Niederbolheim s. Kerpen-N.

Niederbreisig, Bad s. Bad Breisig

Niederdrove, Burg s. Kreuzau-Drove

Niederdürenbach-Hain

Burg Olbrück

Die Burg der Grafen v. Wied wurde spätestens um 1100 auf einem beherrschenden Bergkegel erbaut. Nach 1345 erfolgte der Ausbau zur Ganerbenburg. Nach dem teilweisen Einsturz begann etwa 1660 der Wiederaufbau. Olbrück wurde 1689 von den Franzosen zerstört. Danach wurde das Herrenhaus neugebaut. Aus der Erbauungszeit der Burg sind Reste des Fischgrätenmusters im Keller des Palas erhalten. Ganz erhalten ist der mächtige rechteckige Bergfried aus der Mitte des 14. Jh. mit abgerundeten Ecken und ausgebauchter Schneckenstiege mit einer

Höhe von 24 m. Hierbei handelt es sich um einen der großartigsten wohnturmartigen Bergfriede des 14. Jh. Ursprünglich hatte der Turm hölzerne Erker. Das Parterre und das vierte Geschoß sind tonnengewölbt, die drei dazwischenliegenden Geschosse besitzen doppelte Kreuzgewölbe. Vom Palas sind große Teile der Umfassungsmauern mit den großen Rechteckfenstern und die Reste eines niedrigen kreuzgewölbten Raumes, vermutlich der Kapelle, erhalten. Außerhalb des inneren Berings sind Teile eines Wohn- und Küchengebäudes sowie eines weiteren Hauses in der Nordostecke beim Haupttor erhalten. Der untere Torbau wurde 1875 wiedererrichtet.
– KD Ahrweiler 268, Dehio 636, Pracht, Dietz, Wegeler, Janssen II 281, Kubach-Verbeek 904, Volk, Backes Eifel, Hist. St. V 278

Niederelvenich s. Zülpich-N.

Niederembt s. Elsdorf-N.

Niederhersdorf s. Hersdorf

Niederkastenholz s. Euskirchen-N.

Niederlauch

Burghaus Heisterscheid bei Heisdorf
Ein Vogt namens Fogel wird 1570 im Visitationsbericht genannt. Es handelt sich wohl um einen befestigten Lehenshof der Abtei Prüm. Das Burghaus ist 1743/44 abgebrannt.
– T., KD Prüm 115

Niederlützingen s. Brohl-Lützing

Niedermendig s. Mendig

Niedersgegen s. Körperich-N.

Niederweis

Schloß
An der Stelle einer Burg ließ der Freiherr v. d. Heyden 1751 ein Schloß errichten. Die ursprünglich dreiflügelige Anlage, ein Putzbau mit Hausteingliederungen und Mansarddach,

war um einen kleinen Ehrenhof gruppiert. Der nördliche Seitenflügel wurde im 19. Jh. abgebrochen. Der Hauptflügel (ehemaliger Mitteltrakt) hat einen dreiachsigen Mittelrisalit mit Giebel. Die Einrichtung des Schlosses ist leider zerstreut.
– KD Bitburg 223, Dehio 646, Janssen II 324, Backes Eifel, T.

Niederzier

Wasserburg Niederzier
Wahrscheinlich wurde die Burg von den Ministerialen v. Zier gegründet. Der jetzige Bestand der Anlage stammt aus dem 16. bis 18. Jh. Das wasserumwehrte Herrenhaus dient heute als Bürgermeisteramt. Der schlichte zweigeschossige Backsteinbau mit einladendem Portal wurde 1698 neugebaut, nachdem die Franzosen 1674 den Vorgängerbau zerstört hatten. Die dreiflügelige Wirtschaftsburg von 1765 wurde im 20. Jh. größtenteils niedergelegt.
– KD Düren 268, Hist. St. III 582, T.

Haus Eilen
Hierbei handelt es sich wohl um eine Gründung aus dem 15. Jh. Das Herrenhaus aus der Zeit um 1550 wurde 1673 zerstört und 1695 wiederhergestellt. Die unregelmäßige Gesamtanlage war teilweise von Gräben umgeben, die partiell noch zu erkennen sind. Der Adelssitz ist im 20. Jh. untergegangen.
– KD Düren 271, Hist. St. III 582

Haus Landau
1436 empfing Johann v. Hochstaden Haus Landau als Mannlehen vom Stift Cornelimünster bei Aachen. Die Burg wurde 1543 niedergebrannt. Die Reste sind zu Anfang des 19. Jh. beseitigt worden.
– KD Düren 270

Niederzier-Hambach

Schloß Hambach
Vermutlich entstand die Burg nach 1278, als die Alteburg bei Jülich zerstört wurde. 1542 wurde das Schloß von niederländischen

Truppen zerstört. Der Wiederaufbau begann 1548 nach den Plänen von Alexander Pasqualini. Nach dem Erlöschen des Geschlechts der Herzöge v. Jülich verfiel Hambach, wurde aber im 18. Jh. umgebaut und restauriert. Das Schloß war eine rechtwinklige, geschlossene Anlage mit runden Ecktürmen. Die breiten Gräben sind weitgehend trocken. Der südliche Turm verbindet einen Wirtschafts- mit einem Wohnflügel. Die Loggia im Hof ist verbaut.
- KD Jülich 80, Dehio N 220, Hist. St. III 285

Haus Obbendorf
Schon im 9. Jh. wird Obbendorf erwähnt, wobei es sich wahrscheinlich um eine Motte handelte. Erst 1301 taucht ein Ritter Reinhard v. Obbendorf auf. Die Wasserburg erlebte einen häufigen Besitzerwechsel. Der Wohnbau, in den der um 1400 errichtete Torturm einbezogen ist, stammt in der Anlage aus der Spätrenaissance, berücksichtigte aber die spätmittelalterlichen Baureste. Im 18. und im 19. Jh. wurde Haus Obbendorf umgestaltet. Um 1900 wurden die Wirtschaftsbauten erneuert.
- KD Jülich 85, Hist. St. III 286, T.

Niederzier-Oberzier
Burg Oberzier
Ricarda v. Jülich erhielt 1355 die Burg als Mitgift. Diese erste Erwähnung enthält keine Angaben über die Entstehung. 1394 ist Oberzier Wittum der Maria v. Jülich. Von der Burg sind nur noch Mauerspuren im Wald vorhanden.
- KD Düren 298, Hist. St. III 582, T.

Nierstein, Haus s. Eschweiler-Laurenzberg

Nikolausburg/Burg Leyen s. Ürzig

Nörvenich
Gymnicher Burg
Die Burg der Herren v. Nörvenich ging im 14. Jh. in den Besitz der v. Merode über, aus

dem sie zu Ende des 16. Jh. an die v. Gymnich wechselte. Die Herren v. Gymnich gaben der zweiteiligen, ursprünglich wasserumwehrten Anlage den Namen. Die Burg des 16. Jh. bestand aus einem dreiflügeligen, von einem Zwinger umgebenen Herrenhaus und einem vierflügeligen Ökonomietrakt, von dem nur noch der ruinöse Ostteil mit den quadratischen Flankentürmen aus der Zeit um 1700 erhalten ist. Der Nord- und der Westtrakt des Herrenhauses und die Rundtürme des Zwingers stammen im Kern noch aus der zweiten Hälfte des 16. Jh. Das heutige Aussehen stammt von 1723, als der spätmittelalterliche Winkelbau durch den Bau des Osttraktes zu einer barocken Ehrenhofanlage mit Freitreppe umgestaltet wurde. Der Renaissance-Erker an der Westseite erhielt ein Pendant. Die runden flankierenden Türme wurden mit eleganten Helmen geziert. 1902 hat man einen Teil der Vorburg niedergelegt und den Wassergraben zugeschüttet.
- KD Düren 279, Dehio N 513, Hist. St. III 571, Duncker 103, T., W., Welters, Mausbach, Türk

Harffsche Burg und Trompeterburg
Die spätgotische Harffsche Burg ist ein hoher rechteckiger Backsteinbau mit Treppengiebeln und einem mächtigen Rundturm an der Nordwestecke. Die Dachstühle und Türme sind 1935 eingestürzt. Auf der Ostseite tritt ein schlanker, runder Treppenturm, der 1938 restauriert wurde, hervor. Ein kurzer Querflügel wurde nie vollendet.
Die sog. Trompeterburg ist der zur Harffschen Burg gehörende zweiflügelige Wirtschaftshof aus dem 18. Jh. Beide Herrensitze liegen in Ruinen.
- KD Düren 283, Hist. St. III 571, Duncker 104, Welters, T., Türk

Motte „Alte Burg"
Der ovale Burghügel von etwa 70 × 100 m Ausdehnung wird auf der Ost-, Nord- und Westseite von einem 20–30 m breiten und bis zu 5 m tiefen Graben geschützt. Im Westen ist eine natürliche Bruchkante zu sehen. Das Burgplateau liegt etwa 5 m höher als das um-

gebende Gelände und ist von einer Ziegelsteinmauer eingefaßt. Die rechteckige Vorburg lag östlich der Hauptburg und war etwa 90 × 100 m groß. Sie war durch Wall und Graben besonders gesichert. Auf der Alten Burg fand man Scherben mittelalterlicher Keramik (12./13. Jh.). Angeblich wurde die Motte im 15. Jh. aufgegeben. Erhalten sind noch niedere Reste der Umfassungsmauern mit einem Eckturm.
– KD Düren 277, Janssen II 38, Müller-Wille Nr. 93, T., Hist. St. III 571, Türk

Nörvenich-Binsfeld

Wasserburg Binsfeld

Ein gleichnamiges Adelsgeschlecht wird schon im 12. Jh. erwähnt. Ursprünglich war Binsfeld eine zweiteilige Wasseranlage. Von einem Neubau aus dem Jahr 1533 ist nur der auf älteren Fundamenten errichtete Hauptflügel und der kurze Westflügel erhalten. Das Hauptgebäude ist ein bedeutender zweigeschossiger Backsteinbau spätgotischen Stils mit hohem Satteldach, Stufengiebeln und rundem Eckturm. Die Hofseite mit dem polygonalen Treppenturm ist durch eine ungewöhnliche, zweigeschossige Loggia mit reicher spätgotischer Maßwerkverzierung betont. Sie ist ein wichtiges Beispiel für das wohl über die Niederlande in den rheinischen Schloßbau eindringende italienische Loggienmotiv, das hier im Sinn der Spätgotik verarbeitet ist. An dem niedrigen Westflügel war ebenfalls eine Loggia, von der noch ein Feld erhalten ist. Das Herrenhaus wurde nach der erheblichen Kriegsbeschädigung wiederaufgebaut. Von der dreiflügeligen Vorburg stammt nur der niedrige Torbau aus der zweiten Hälfte des 16. Jh. Die übrigen Gebäude wurden im 18. bis 20. Jh. errichtet.
– KD Jülich 32, Dehio N 64, Hist. St. III 78, T., W., Türk

Nörvenich-Bubenheim

Wasserburg Bubenheim

Eine gleichnamige Ritterfamilie wird 1237 genannt. Die heutige Wasseranlage stammt überwiegend aus dem 15./16. Jh. Das Her-

renhaus ist ein zweigeschossiger Ziegelbau mit zwei quadratischen, im Winkel stehenden Türmen mit spitzen Helmen. Der Osttrakt wurde 1882 auf den alten Grundmauern neugebaut. Die dreiflügelige Vorburg wurde durch moderne Anbauten erweitert.
– KD Düren 174, T., Janssen II 19, Herzog, Türk

Nörvenich-Irresheim

Wasserburg Irresheim

Hierbei handelt es sich um eine zweiteilige Hofesfeste.
– Führer 25 S. 173

Nörvenich-Oberbolheim

Burg Guppenbusch/Gypenbusch

Hierbei handelt es sich um eine zweiteilige Hofesfeste.
– Führer 25 S. 173

Burg Oberbolheim

Die zweiteilige Wasserburg hat eher den Charrakter einer Hofesfeste als einer Burg.
– Führer 25 S. 173

Nörvenich-Rommelsheim

Burg Rommelsheim

Das Anwesen ist eine kleine Hofesfeste.
– Führer 25 S. 173

Nohn

Burg

Von der mittelalterlichen Burganlage sind erhalten nur noch die Hofzufahrt und ein einfaches Gebäude. Das Anwesen dient heute als Bauernhof.
– KD Ahrweiler 451, T.

Nothberg s. Eschweiler-N.

Nuenburg s. Kordel

Nürburg

Burg

Die Nürburg wurde vor 1166 von einem Mitglied der Grafenfamilie v. Are erbaut. Ab

Die Nürburg

1290 befand sie sich im Besitz des Erzstifts Köln. Zwischen 1530 und 1545 erfolgten Neubauten. 1689 zerstörten die Franzosen die Nürburg, die danach als Steinbruch benutzt wurde. Seit 1954 laufen umfassende Sicherungs- und Instandsetzungsarbeiten. Von der auf einem der höchsten Gipfel der Eifel angelegten Burg sind fast die gesamten Grundmauern und wesentliche Teile des aufgehenden Mauerwerks im beinahe kreisrunden Bering erhalten. Im Norden ist die fast rechteckige Hauptburg von einem Zwinger umgeben, der mit runden Ecktürmen und runden Schalentürmen verstärkt ist. Das im Nordosten befindliche Doppeltor aus dem 14. Jh. wurde 1878 wiederhergestellt. In der nördlichen Ringmauer der Hauptburg befindet sich ein zweites Tor mit anschließendem schmalen Zwinger. An der höchsten Stelle im Burghof steht der vielleicht noch ins 12. Jh. zu datierende Bergfried mit dem Einstieg in

der Höhe des zweiten Geschosses, das mit einem sechsteiligen Rippengewölbe auf spätromanischen Konsolen und mit einem Kamin ausgestattet ist. Eine Treppe in der Mauerdicke führt zu den oberen Geschossen. Östlich des Bergfrieds stehen Reste des Palas und von Wirtschaftsgebäuden. Die spitz vorstoßende westliche und südwestliche Ringmauer ist schildturmartig verstärkt. Die Vorburg zieht sich südlich der Hauptburg bis an den Fuß des mons nore hin und enthält noch spärliche Reste der Burgkapelle und der Wirtschaftsgebäude. Die Umfassungsmauern sind durch vorspringende Rundtürme verstärkt.
– Dehio 653, Hist. St. V 269, v. Behr, Hirschfeld, Korden, KD Ahrweiler 455, Caspary Tagung, Janssen II 283, Hotz Pfalzen, Kubach-Verbeek 880, Backes Eifel, B., T., L. 18

Nutzenbach/Eitgenbach, Motte s. Berg-Vischel

Obbendorf, Haus s. Niederzier-Hambach

Oberaußem-Fortuna s. Bergheim-Oberaußem

Oberbolheim s. Nörvenich-O.

Oberbreisig s. Bad Breisig

Oberdrees s. Rheinbach-O.

Oberehe-Stroheich

Schloß Oberehe

J. C. v. Veyder-Malberg ließ sich 1696–1698 das Schloß bauen. Die Hauptanlage der befestigten Gutshofes, ein sehr gutes Beispiel kleinerer Landsitze in der Eifel, stellt ein langgestrecktes Rechteck dar. An der Schmalseite steht ein malerisches, von zwei quadratischen Türmen eingefaßtes Torhaus. Der Zugang erfolgt über eine offene Fachwerkgalerie im Hof. Das dreigeschossige Herrenhaus hat ein Säulenportal und im Innern Stuckdecken. Die Wirtschaftsgebäude gruppieren sich um einen Nebenhof. Im Park

Schloß Oberehe

steht ein hübscher oktogonaler Gartenpavillon.
– KD Daun 196, Dehio 656, v. Behr, Hist. St. V 270, T., B., Backes Eifel

Nellenburg

Die ältere Burg Oberehe wurde 1680 restlos zerstört. Sie lag gegenüber der heutigen Burg.
– KD Daun 197, T.

Oberelvenich s. Zülpich-O.

Oberembt s. Elsdorf-O.

Oberfrohnrath, Haus s. Aachen-Horbach

Obergartzem s. Euskirchen-O.

Oberhersdorf s. Hersdorf

Oberkail

Schloß

Im 14. Jh. wurde auf einem verschobenen Quadrat eine Burg angelegt. Die Gebäude gruppierten sich um einen Innenhof mit runden Ecktürmen. Von der Burg blieben nur Teile dieser Türme und der südlichen und nördlichen Umfassungsmauern erhalten. 1625 erfolgten Um- und Ausbauten. Das Herrenhaus hat einen gequaderten Torbogen, Renaissancefenster und ein barockes Säulenportal. An der Westseite steht ein bemerkenswerter Torbogen mit profiliertem Bogenlauf. Die Laibung ist mit Beschlagornamenten in Flachrelief verziert. Das Tor bildet den Zugang zum inneren Schloßhof, um den sich die Reste des „Neuen Schlosses" gruppieren, u. a. drei ursprünglich offene Korbbogenarkaden zwischen breiten Pfeilern im Erdgeschoß. Die Gebäude wurden im 19. Jh. teils abgebrochen, teils umgestaltet.
– KD Wittlich 243, Dehio 660, Hist. St. V 279, B., T., Janssen II 357, Backes Eifel

Fehdeburg

In den siebziger Jahren des 19. Jh. wurden im arenbergischen Forst dürftige Reste einer

Fehdeburg ergraben, die wahrscheinlich vorgeschichtlichen Ursprungs war, aber auch noch im Mittelalter benutzt wurde. Die Reste sind inzwischen verschwunden.
– T., KD Wittlich 250

Trutzburg

Die Burg wurde wohl zu Ende des 15. Jh. von den Trierer Kurfürsten erbaut zur Belagerung von Oberkail. Reste haben sich keine erhalten.
– T., KD Wittlich 250

Oberkirch, Wachtturm s. Trier-Zewen

Oberlauch

Motte

Hier hat sich ein mittelalterlicher Burghügel erhalten. Der Bergkegel von noch knapp 3 m Höhe hat einen Basisdurchmesser von 18 m. Die Kuppe wurde abgetragen, um den Graben zu füllen, der noch als flache Bodenwelle im Wiesengelände kenntlich ist. Die Vorburg war östlich vorgelagert. Erhalten ist nur noch der Wirtschaftshof, aber keine Befestigungseinrichtung der Vorburg. Die historische Bedeutung der Motte ist ungeklärt.
– Janssen II 201

Obermaubach s. Kreuzau-O.

Obermendig s. Mendig

Oberpierscheid

Burg

Die kleine Burg, im Volksmund auch Schloß genannt, ist vollständig untergegangen. Vielleicht war sie Lehen der Abtei Prüm.
– T., KD Prüm

Oberweiler

Burg Beifels

Die Burg wird 1382 genannt und soll der Stammsitz der Ritter v. Beifels sein. 1603 hat sie noch bestanden, denn damals war sie der Propstei Bitburg steuerpflichtig. Auf dem

von Nordosten ins Prümtal vorstoßenden Bergsporn sind heute noch erhebliche Reste von Mauerwerk vorhanden, die zur Burg gehörten. Es muß sich um eine bedeutende Burganlage gehandelt haben, wie man an den auf dem Bergsporn sichtbaren Abschnittswällen und -gräben, die das Gelände nach Nordosten abriegeln, erkennen kann. Ansonsten ist der Platz durch steile Berghänge gesichert. Über die Entstehung der Burg ist nichts bekannt. Da sie dem frühgeschichtlichen Prinzip der Abschnittsbefestigung folgt, ist Beifels möglicherweise ins 10./11. Jh. zu datieren.
– Janssen II 303, Cordie

Oberzier s. Niederzier-O.

Obliers s. Lind-O.

Ochtendung

Kurfürstliche Burg

Möglicherweise ist die auch als „Saalbau" bekannte Residenz der Erzbischöfe von Trier aus einem fränkischen Hof hervorgegangen. Es handelte sich dabei um einen großen Steinbau mit flankierenden Türmen. Er ist bereits im 19. Jh. verschwunden gewesen.
– B., L. 448, Liessem Übersicht 159

Burghaus

Der dreigeschossige Wohnturm auf quadratischem Grundriß stammte aus dem 14. Jh. und wurde 1962 abgerissen.
– Liessem Übersicht 159

Burg Wernerseck

1401 ließ Kurfürst Werner v. Trier die Burg errichten als Grenzfeste gegen das Erzbistum Köln. Im Westen befindet sich eine zwingerartige Vorburg, von der noch Mauerreste erhalten sind. Die fünfeckige Hauptburg ist auf drei Seiten mit runden Schalentürmen bewehrt. Der ursprünglich zweigeschossige Torbau im Nordwesten der Anlage wurde im 16. Jh. verändert. Der gewaltige, wohnturmartige Bergfried mit vier Geschossen hat un-

gewöhnlich starke Mauern. Im zweiten Obergeschoß ist ein rippengewölbter Erker zu erkennen, eine nach innen verschließbare Altarnische. Das vierte Geschoß tritt über einem Rundbogenfries hervor, hat einen gemauerten Wehrgang mit achtseitigen Wehrtürmchen an den Ecken und Reste des Treppengiebels an der Ostseite.
– KD Mayen 386, Dehio 678, B., T., L. 443, Sponheimer, Backes Eifel, Liessem Übersicht 159, Sieper Wernerseck, Hist. St. V 401

Odendorf s. Swisttal-O.

Odenhausen, Burg und Motte s. Wachtberg-Berkum

Olbrück, Burg s. Niederdürenbach-Hain

Omagen, Haus s. Bedburg-Kaster

Onnau, Gutshof s. Kerpen-Niederbolheim

Orenhofen

Motte „Burgknopp"

Am Südrand des Orenhofener Waldes liegt ein von einem Graben umgebener kreisrunder Hügel, der allgemein als Römergrab angesprochen wird. In Wirklichkeit ist es aber ein mittelalterlicher Burghügel in der Form eines Kegelstumpfes. Das obere Plateau hat noch einen Durchmesser von etwa 20 m, die Basis von über 30 m. Der Hügel ist noch 4 m hoch. Der Graben hat eine Tiefe von 2–4 m und eine Breite von 6–10 m. Eine Vorburg könnte nur nach Süden gelegen haben; dort ist das Gelände stark zerstört. In ihrer Entstehung und Funktion ist die Motte sicher in Verbindung zu bringen mit den zahlreichen Eisenerzvorkommen im Orenhofener und im Speicherer Wald, die während des Mittelalters ausgebeutet wurden.
– Janssen II 417, Steinhausen Ortskunde 248, KD Kreis Trier 266

Orley/Urley, Burg s. Ürzig

Ormont

Burg Neuenstein

Auf dem Gelände der heutigen Burg Neuenstein stand eine Vorgängerburg, die gegen Ende des 14. Jh. durch Konrad v. Schleiden zur Sicherung der wichtigen Verkehrswege erbaut wurde. 1473 wurde Neuenstein von Graf Friedrich III. v. Manderscheid-Blankenheim abgebrochen. Danach erfolgte ein Neubau, der zu Anfang des 19. Jh. auf Abbruch versteigert und abgetragen wurde. Erhalten ist nur noch spärliches, überwuchertes Gemäuer.
– KD Prüm 127, Janssen II 202, T., B.

Orr s. Pulheim-O.

Orsbach s. Aachen-O.

Ottegraven, Haus s. Aachen-Richterich

Ottenfeld s. Alsdorf-O.

Ottenstein, Burg s. Wittlich

Overbach, Haus s. Jülich-Barmen

Paffendorf, Schloß s. Bergheim

Palant, Burg s. Eschweiler-Weisweiler

Palant, Haus s. Frechen

Palzkyll/Pfalzkyll, Burg s. Philippsheim

Pattern s. Aldenhoven-P.

Patternhof s. Eschweiler

Pelm

Kasselburg

Die Burg wurde wohl im 12. Jh. gegründet, ist erst seit 1291 als Besitz der Herren v. Blankenheim bezeugt. 1452 gelangte sie an Kurtrier, wurde aber zurückerworben. Nach dem Dreißigjährigen Krieg war die Kasselburg Eigentum der Herzöge v. Arenberg. Unter den Eifelburgen gehört sie zu den stattlichsten und am besten erhaltenen Anlagen. Die Bauteile stammen aus dem 13. bis 15. Jh. Einzigartig ist der um die Mitte des 14. Jh. errichtete Wohnturm. Er ist achtge-

Die Kasselburg bei Pelm

schossig, 37 m hoch und war ursprünglich zugleich ein Torturm. Im Grundriß bildet er ein Rechteck mit zwei runden Vorsprüngen an der Front; im nördlichen Vorsprung war die Treppe zu den Wohnräumen angebracht. Hinter den (großenteils erneuerten) Zinnen waren ursprünglich Dachaufbauten. Etwa gleichaltrig wie der Wohnturm ist der dreigeschossige Palas an der Südseite der Burganlage mit der westlich angebauten ehemaligen Kapelle. Die Fenster des Palas haben auf den Stürzen die für den trierisch-lothringischen Raum kennzeichnenden Maßwerkblenden. An der Ostseite des Burghofes steht der im Unterbau romanische, ursprünglich freistehende Bergfried als ältester Teil der gesamten Anlage. Die Ringmauer der inneren Burg wurde in der zweiten Hälfte des 15. Jh. im Osten und Norden zurückgenommen. Aus der Zeit stammt auch das runde Erkertürmchen auf der Nordostecke. In der auf diese Weise vergrößerten Vorburg sind die Reste von Wohn- und Wirtschaftsgebäuden erhal-ten, die sich an die Ringmauer anlehnen. Über der Nordmauer springt ein Brunnenturm hervor. Im Westen ist dem äußeren Burgtor im 15. Jh. ein quadratischer Torturm vorgebaut worden.

– KD Daun 202, Dehio 704, Hist. St. V 163, Janssen II 231, v. Behr, Hirschfeld, B., T., Führer 33 S. 317, Backes Eifel

Peppenhoven s. Rheinbach-P.

Peppenhoven, Rittersitz s. Wachtberg-Berkum

Pesch s. Nettersheim-P.

Pesch, Haus s. Inden-Pier

Pesch, Haus s. Zülpich-Wichterich

Peschile, Burg s. Polch

Pfalzel s. Trier-P.

Pfalzkyll/Palzkyll, Burg s. Philippsheim

Philippsfreude, Schloß s. Wittlich

Philippsheim
Burg Pfalzkyll/Palzkyll
Die Ruine dieser frühmittelalterlichen Burg, die als Edelsitz im Prümer Urbar genannt wird, liegt etwa 300 m westlich des Gutshauses. Pfalzkyll soll bis ins 18. Jh. genutzt und erst im 19. Jh. zerstört worden sein. Erhalten sind als Rest eines Gebäudes zwei Pfeiler.
– Janssen II 328, KD Bitburg 273, T., B.

Pickliessem
Haus „In der Burg"
Diese Bezeichnung weist darauf hin, daß an dieser Stelle eine Burg oder ein festes Haus stand.
– KD Bitburg 233, T.

Hartelsteiner Hofgut
Dieses Anwesen hatte die Qualität eines festen Hauses, das gegenüber der Kapelle stand. Der letzte Turm wurde 1910 abgebrochen. Mauerreste sollen sich noch im Boden befinden.
– KD Bitburg 233, T.

Burganlage auf dem Leihköppchen

Die frühmittelalterliche Anlage ist völlig zerstört.
– B.

Pier s. Inden-P.

Pier s. Nettersheim-P.

Pimmenich, Burg s. Düren-Birgel

Pissenheim = Wachtberg-Werthoven

Plaidt

Festes Haus der Ritter v. Plaidt

Im Mittelalter waren Ritter v. Plaidt bekannt, die u. a. größere Stiftungen machten. Welcher der späteren zahlreichen adeligen und geistlichen Höfe als der Sitz dieser Familie, als deren festes Haus oder Burg, anzusprechen ist, wurde bislang nicht geklärt.
– KD Mayen I 386

Platten

Burghaus

Der Stammsitz der Platt oder Plait v. Longuich, wohl ein turmartiges Wohnhaus, ist untergegangen.
– KD Wittlich 262

Plein

Burg Esch

Auf dem Burgberg befand sich eine Ringwallanlage mit Innenbebauung. Möglicherweise war es eine frühmittelalterliche Höhenburg. Der Berg wird auch „Tempelkopf" genannt, weil irrtümlich angenommen wurde, hier hätten die Tempelritter eine Burg besessen.
– Janssen II 361, Berns Nr. 61 und 141

Plittersdorf s. Bonn-P.

Polch

Burghaus

Die Burg der 1263 genannten Ritter v. Polch wurde 1895 abgebrochen. Das Gelände ist modern überbaut.

– T., B., L. 426, Laufner, Fabricius VII 1 S. 190, Berns Nr. 120, Liessem Übersicht 159

Burg Viedel

Die kleine Burg, vielleicht eine Hofesfeste, ist untergegangen. Auf dem Gelände wurde später ein Hospital errichtet.
– Fabricius VII 1 S. 185, Liessem Ergänzung

Burg Peschile

Das Burghaus gehörte einem der adeligen Märker von Polch und kam 1373 zum Teil an die Boos v. Waldeck. In der frühen Neuzeit ist der Rittersitz verschwunden.
– Fabricius VII 1 S. 185, Liessem Ergänzung

Polch-Nettesürsch

Burghaus in Nettesürsch

Der mittelalterliche Burghof wurde um 1600 erweitert. Er war lange als trierisches Lehen im Besitz der Bayer v. Boppard und kam später über die v. Eltz an die Grafen v. Metternich. Das Burghaus ist untergegangen; die Flurbezeichnung „Im Burgfrieden" erinnert noch daran.
– Fabricius VII 1 S. 191, Laufner, Liessem Übersicht 159

Poltersdorf s. Ellenz-P.

Pommern

Erzbischöfliches Burghaus (Stockturm)

Das Burghaus, ein gotischer Wohnturm, wurde zu Anfang des 14. Jh. als Schutz der erzbischöflichen Güter erbaut. Im 17. Jh. erfolgten ein Umbau und eine Erweiterung. Das Burghaus wurde 1954 verändert. Es hat ein hohes Satteldach, das auf der Rückseite tief herabgezogen ist. Der Keller ist zu einem Faßkeller gestaltet worden.
– KD Cochem 675, Dehio 715, B., Laufner, Backes Mosel, Berns Nr. 7

Burghaus Birkenbeil

Hierbei handelte es sich um einen Renaissance-Fachwerkbau mit oktogonalem Treppen-

turm, der im Zweiten Weltkrieg zerstört wurde.
– T., Dehio-Gall II, KD Cochem 680

Burghaus von der Leyen (Bockturm)

Das aus einem mittelalterlichen Wohnturm hervorgegangene Haus der Grafen v. d. Leyen stand neben der Kirche. Es war ein zweigeschossiges Gebäude aus dem Jahr 1739 mit einem älteren, viergeschossigen Turm, der einen stumpfen Helm hatte. Das Burghaus wurde 1878 beim Bau der Eisenbahnstrecke Koblenz – Trier abgebrochen.
– KD Cochem 673, Berns Nr. 56

Poppelsdorf s. Bonn-P.

Preist

Vorgeschichtlicher Ringwall

Der typische murus gallicus gehört der Hunsrück-Eifel-Kultur (ca. 600–250 v. Chr.) an. In dem Zerstörungsschutt der vorgeschichtlichen Wallmauer wurde eine große Anzahl zerschlagener Gefäße gefunden, die eine mittelalterliche Benutzung anzeigen und für die Zeit der Zerstörung des Ringwalls einen gewissen Anhaltspunkt bieten. Zwei Kugeltöpfe und eine Röhrenausgußkanne aus blaugrauem Steinzeug sind für das 12./13. Jh. kennzeichnend.
– Janssen II 326, TZ 14, 1939 S. 228, Dehn

Prüm

Kurfürstliche Burg

Die Residenz der Äbte, die außerhalb des Klosterbereichs stand und später dem Kurfürsten von Trier als Wohnsitz diente, wird schon im 12. Jh. genannt. 1689 zerstörten die Franzosen die Burg. 1708 wurde ein neuer Bau errichtet, das Amtshaus, das in den achtziger Jahren des 19. Jh. niedergelegt wurde.
– KD Prüm 167, Städtebuch RLP 352

Prümer Burg s. Prümzurley

Prümer Hof s. Föhren

Prümer Hof s. Bad Münstereifel-Iversheim

Prümzurley

Prümer Burg

Die ehemalige luxemburgische Lehensburg wurde im 12./13. Jh. auf einer Felsenklippe über der Prüm erbaut. Im 16. Jh. wurde sie baulich verändert und wohl 1658 zerstört. Seit 1905 laufen die Sicherungsarbeiten an der Ruine. Erhalten ist der fünfeckige, aus Quadern gemauerte Bergfried bis zu einer Höhe von 16 m. Vom Palas aus dem 16. Jh. steht noch eine Giebelwand.
– KD Bitburg 235, Dehio 720, Hist. St. V 297, T., B., Kubach-Verbeek 938, Backes Eifel, Berns Nr. 148

Pütz s, Bedburg-P.

Pützdorf s. Aldenhoven-P.

Pützfeld s. Ahrbrück-P.

Pulheim-Geyen

Junkersburg

Das Lehen der Kölner Dompropstei war bis 1443 im Besitz der v. Geyen. Nach einem Brand wurde 1664 die heutige Burg errichtet, wobei möglicherweise alte Fundamente verwendet wurden. Es handelt sich um eine stattliche, über fünfeckigem Grundriß mit verschiedenen Gebäuden angelegte Baugruppe, die einen stark befestigten und wehrhaften Charakter nicht verleugnet. Der Zugang erfolgte ursprünglich von der Feldseite über eine Zugbrücke, die später durch eine steinerne Bogenbrücke ersetzt wurde. Er führte unmittelbar neben dem eigentlichen Wohnhaus hindurch zum Innenhof. Zu beiden Seiten des zweistöckigen Wohnbaues stehen kräftige Flankentürme, der linke übereck gestellt, der rechte halbrund ausgebildet. Die überwiegend erneuerten Wirtschaftsbauten sind niedriger. Der ganze Gebäudekomplex ist aus Feldbrandziegeln errichtet und geschlämmt.
– Kisky Köln 70–71, Meynen

Pulheim-Orr

Rittergut Orr

Spätestens seit dem 13. Jh. war das Kölner Stift St. Severin Grundherr von Orr. Der Besitz war an Untervögte verlehnt. Ein festes Haus erbauten die Herren v. Reifferscheidt (Linie Bedbur). Um die Landesherrlichkeit stritten Kurköln und Jülich. Im 18. Jh. verfiel das Anwesen. Nach 1800 erwarb der Bankier Daniel Koch das Gut Orr und ließ sich 1838 von Ernst Friedrich Zwirner ein Haus im englisch-gotischen Stil mit Türmen und Zinnen errichten. Der weitläufige Park ist erhalten, während das Herrenhaus des Rittergutes im Zweiten Weltkrieg zerstört wurde.
– Gläßer

Pulheim-Stommeln

Haus Hasselrath

Hierbei handelt es sich um einen Jülicher Rittersitz. Offenbar war bereits 1818 das Herrenhaus untergegangen. Damals wurde nur noch die hufeisenförmige Vorburg in einem Plan eingezeichnet. Das heutige Wohnhaus, ein fünfachsiger, zweigeschossiger Bau mit Dreieckgiebel und halbrundem Giebelfenster über dem Mittelportal, ist in spätklassizistischen Formen um die Mitte des 19. Jh. errichtet.
– Kisky Köln 92–93

Burghof in Ingendorf

Über die Anfänge des Burghofes ist wenig bekannt. Man darf in ihm den wehrhaft angelegten Stammsitz der Herren v. Ingenheim, die seit 1351 bezeugt sind, sehen. Über das frühere Aussehen der Burg ist nichts bekannt. Später waren die Spies v. Büllesheim und die Familie Krosch Besitzer, nach denen jeweils der Burghof benannt wurde.
– Kisky Köln 95–96

Burg Mutzenrath

Von dem Sitz der Ritter v. Stommeln ist als einziger Rest nur der massige quadratische Turm erhalten, der 1884 bis auf die drei unteren Stockwerke abgetragen wurde. Das anstoßende Wohnhaus ist neu.
– KD Kreis Köln 183, T., Kisky Köln 93–95

Pyrmont, Burg s. Roes

Quadrath-Ichendorf s. Bergheim-Q.

Queckenberg s. Rheinbach-Q.

Quentelsburg/Weiße Burg s. Erftstadt-Friesheim

Quint s. Trier-Q.

Quintburg s. Schweich

Rahe, Haus s. Aachen-Laurensberg

Ralingen

Burg Besch/Steinbesch

Auf dem Kalkfelsen nordöstlich von Ralingen soll eine kleine Burganlage gestanden haben, von der noch nach dem Zweiten Weltkrieg 2 m starke Mauern sichtbar gewesen sind, die aber mittlerweile abgebrochen und anderweitig verwendet wurden. Nach Nordosten sichert ein Abschnittsgraben den einzig möglichen Zugang. Ob es sich hierbei um die Stammburg des luxemburgischen Geschlechts v. Besch/Bech handelt, ist nicht zu entscheiden.
– Janssen II, KD Kreis Trier 331, Steinhausen 263, T.

Ralingen-Edingen

Burghaus in Edingen

Von dem Burghaus des bereits 1096 genannten Geschlechts v. Edingen sind anscheinend Reste im 1788 erbauten Pfarrhaus erhalten, z. B. die alten gewölbten Keller.
– KD Kreis Trier 90

Ramershoven s. Rheinbach-R.

Ramscheid, Burg s. Hellenthal-Reifferscheid

Ramstein, Burg s. Kordel

Rankenberg, Haus s. Bornheim-Dersdorf

Rath, Haus s. Düren-Arnoldsweiler

Rath, Haus s. Mechernich

Redinghovener Burg s. Erftstadt-Friesheim

Reetz s. Blankenheim-R.

Reichenstein, Burg s. Monschau-Kalterherberg

Reifferscheid (Kreis Ahrweiler)

Burg Reifferscheid/Alteburg

Auf dem kleinen Basaltkegel etwa 1 km südlich des Ortes lag einst in beherrschender Lage eine Burg, von der nur noch geringe Überreste vorhanden sind. Die verschliffenen Terrassierungen am Hang können als Reste eines Abschnittswalles aufgefaßt werden. Auf der Bergkuppe hat man neben römischen auch mittelalterliche Gefäßscherben gefunden, so daß eine Benutzung im 11./12. Jh. als sicher angesehen werden kann.
– Janssen II 288, B., KD Ahrweiler 520

Reifferscheidt s. Hellenthal-R.

Reil

Alte Burg

Möglicherweise ist das „castellum in Riel" der Stammsitz der beiden Ritterfamilien, die sich nach dem Ort nannten. Das Burghaus wird um 1500 erwähnt. Es ist an der Mosel gelegen, hat einen auffallenden Schwebegiebel und einen vorspringenden Fachwerkteil.
– KD Wittlich 267, Christoffel 115

Haus der Freiherren v. Neukirch

Vielleicht ist das Haus mit dem Dauner Hof identisch. 1756 wurde ein älterer Bau durch das Barockgebäude mit (verputztem) Fachwerkobergeschoß ersetzt, das ein gebrochenes Mansarddach besitzt. Der rückwärtige Ergänzungsbau stammt von 1830. Die Tordurchfahrt hat eine Balkendecke, deren Unterzüge auf vier Achtecksäulen mit getreppten Sockeln ruhen.
– KD Wittlich 267

Reinartzkehl, Haus s. Aachen-Laurensberg

Remagen

Schloß auf dem Apollinarisberg

Die Burg- oder Schloßanlage, bez. 1658, ist verschwunden. An ihrer Stelle wurden neue Häuser neben der Wallfahrtskirche errichtet.
– L. 83

Schloß Ernich

Die heutige Residenz des französischen Botschafters in der Bundesrepublik wurde zu Beginn dieses Jahrhunderts von Kommerzienrat Arnold v. Guilleaume erbaut. Jeder Raum des Landsitzes war nach einem anderen französischen Stil ausgestattet.
– B., Bauer

Remagen-Bandorf

Burghaus Bandorf

Das Haus ist bereits im 19. Jh. bis auf den Turm aus dem 17. Jh. abgetragen worden.
– KD Ahrweiler, L. 97

Remagen-Rolandseck

Burg Rolandseck (Rolandsbogen)

Erzbischof Friedrich v. Köln (1099–1131) gründete die Burg. Sie wurde 1326 als kölnische Festung ausgebaut und wohl 1633 zerstört. Der letzte aufrechtstehende Fensterbogen stürzte 1839 ein, wurde aber vom Kölner Dombaumeister Zwirner auf Veranlassung des Dichters Ferdinand Freiligrath wiederaufgebaut.
– KD Ahrweiler 494, Dehio 738, Hist. St. V 275, T., B., Janssen II 200, L. 98, Lenz, Bornheim Rolandsbogen

Remagen-Unkelbach

Mielenburg

Auf einer nach Osten vorstoßenden Bergzunge direkt an der Gemarkungsgrenze Unkelbach – Oedingen befindet sich eine frühmittelalterliche Burganlage. Ihre Ausdehnung beträgt in Ost-West-Richtung 30 m und in Nord-Süd-Richtung 40 m. Nach Westen war die Anlage durch einen Abschnitts-

graben mit innenliegender (verstürzter) Mauer gesichert, an den übrigen Seiten durch Steilhänge. Das Areal war an drei Seiten umbaut. In der Mitte erhob sich ein großes turmartiges Gebäude. Der größte Teil der Anlage wurde 1832 abgebrochen. Man fand mittelalterliche Keramikscherben und Ziegelbrocken.
– KD Ahrweiler 655, T., Janssen II 286

Rengen s. Daun-R.

Reuschenberg s. Elsdorf-R.

Rheinbach
Burg
Die Burg wurde in der zweiten Hälfte des 12. Jh. durch die Herren v. Rheinbach erbaut, die Vorburg gegen Ende des 13. Jh. Erweiterungen erfolgten im 14. und 15. Jh. Burg Rheinbach wurde in die Stadtbefestigung einbezogen. Von der stattlichen Anlage, deren Abbruch zwischen 1780 und 1830 erfolgte, sind erhalten das Burgtor, in dessen Obergeschoß sich wohl die Kapelle befand, der Bergfried, ein zweischaliger Rundturm, der früher um ein Zinnengeschoß höher war, ein Torbogen und Reste des Mauerwerks. Die Ruine ist mit einem modernen Schulbau verbunden.
– KD Rheinbach 141, Dehio N 549, Rh. Städteatlas, W., B., Welters, Clasen, Rh. Städtebuch 360, Kubach-Verbeek 957, T., Hist. St. III 634

Rheinbach-Flerzheim
Burghof Flerzheim
Vom ehemaligen, seit dem 12. Jh. genannten Burghof am Ostende der Weilerswister Straße stehen heute noch der West- und der jüngere Nordflügel. Nachdem die Familie v. Flerzheim den Besitz 200 Jahre bewirtschaftet hatte, wurde er von der Abtei Heisterbach an verschiedene Adelsfamilien verlehnt. Der Westflügel ist ein zweistöckiger Fachwerkbau mit Schwebegiebel aus dem 16. oder frühen 17. Jh.
– Clasen, Welters, Hist. St. III 227

Rheinbach-Großaltendorf
Hofesfeste Großaltendorf
Die kleine, sehr einfache Anlage war ein kurkölnisches Lehen. Die Gebäude wurden z. T. im 18. Jh. erneuert.
– Welters.

Rheinbach-Heisterbach
Haus Heisterbach
Seit 1237 war die Abtei Heisterbach in dieser Gegend begütert. Die vierflügelige Wasserburg wurde 1708 bis 1715 erbaut, wohl anstelle einer mittelalterlichen Anlage. Der relativ einfache Bau wird von einem Rustikaportal geschmückt.
– KD Rheinbach 31, T.

Rheinbach-Kleinaltendorf
Hofesfeste Kleinaltendorf
Kleinaltendorf wird im 14. Jh. als kurkölnisches Lehen erwähnt. Die Gebäude gehören z. T. dem 18. Jh. an. An dem zweigeschossigen Fachwerk-Wohnhaus mit Walmdach ist ein durch Knaggen gestützter polygonaler Erker mit Schieferhaube bemerkenswert. Die Wirtschaftsgebäude wurden nach dem Brand von 1895 neu aufgeführt.
– KD Rheinbach 165, T., Welters, Clasen

Rheinbach-Oberdrees
Burg Oberdrees
Die Burg ist verschwunden. Von ihr zeugt nur noch die Straße „Burggraben". Möglicherweise handelte es sich dabei um eine sog. Motte.
– Clasen

Rheinbach-Peppenhoven
Wasserburg Peppenhoven
Das Prümer Urbar nennt Peppenhoven unter den abteilichen Gütern. Die Burg, eine zweiteilige Wasseranlage, war Prümer Lehen. 1697 wurde das heute noch bestehende, stattliche Herrenhaus, ein zweigeschossiger, fünfachsiger Bau mit drei Giebeln an der Hofseite erbaut. An der Westseite befindet sich das

zweigeschossige Tor aus der Zeit um 1700. Die Vorburg wurde im 18. und 19. Jh. errichtet. Auffallend ist die kleine Backstein-Kapelle, ein freistehender Zentralbau von 1880. Im späten 19. Jh. erhielt das Herrenhaus einen Rundturm mit oktogonalem Obergeschoß.
- KD Rheinbach 134, Clasen, Welters, T., W., Duncker 69, Herzog

Hofesfeste Peppenhoven

Bei dieser schlichten Anlage handelt es sich um eine ehemals zweiteilige Wasserburg.
- Welters, Führer 25 S. 174

Rheinbach-Queckenberg

Wasserburg Ramershoven

Vermutlich war der Burghof ursprünglich Königsbesitz. 1050 gehörte er dem Kloster Lorsch, danach dem Stift Münstereifel und dem Kloster Heisterbach. Der jetzige Bau stammt von 1697. Der Burghof ist der Kirche westlich vorgelagert und verdeckt sie von dieser Seite her völlig. Das läßt durchaus den Schluß zu, daß die Kirche aus der ehemaligen Burgkapelle hervorging.
- Clasen, Führer 25, Hist. St. III 620

Rheinbach-Wormersdorf

Tomburg

Auf einer Bergkuppe der Voreifel gelegen, beherrscht die Ruine Tomburg die Euskirchener Niederung. Die Burg wird im 11. Jh. erwähnt. Schon die Kelten hatten an dieser Stelle, wie Grabungen erwiesen haben, Befestigungen. Später war die Tomburg kölnisches Lehen und Jülicher Offenhaus sowie Mittelpunkt einer Herrschaft. Von der ehemals stattlichen Burganlage ist nur noch der geborstene runde Bergfried aus dem 13./14. Jh. sowie einiges Mauerwerk erhalten.
- KD Rheinbach 161, Dehio N 643, Janssen II 184, B. T., Müller-Janssen, Clasen, Kubach-Verbeek 1079, Backes Eifel, Hist. St. III 719

Rheindorfer Burg s. Bornheim-Walberberg

Rheineck s. Bad Breisig-R.

Richardshoven, Haus s. Elsdorf-Niederembt

Richelsberg, Motte s. Kerpen-Sindorf

Richterich s. Aachen-R.

Rifenesburg s. Altenahr

Rimburg, Schloß s. Herzogenrath-Merkstein

Ringen-Bölingen

Rittersitz Seligerhof

Das Gut befand sich 1430 im Besitz der Blanckardt v. Ahrweiler, von denen es später an andere Adelsgeschlechter kam. Der einfache Rittersitz ist seit der ersten Hälfte des 19. Jh. in bürgerlichen Händen.
- KD Ahrweiler 209

Ringsheim, Burg s. Euskirchen-Schweinheim

Ripsdorf

Burghaus

Das Burghaus der im 13. bis 15. Jh. genannten Herren v. Ripsdorf stand im Flurstück „In der Burg". Wann das Anwesen untergegangen ist, war nicht festzustellen.
- KD Schleiden 313, Janssen II 81, Hist. St. III 649

Rischmühlen, Haus s. Linnich

Rissdorf s. Mechernich-Lessenich

Rittersdorf

Burg

1263 wird Burg Rittersdorf genannt, so daß sie erst kurz zuvor erbaut worden sein wird. Sie ist ein gutes Beispiel einer kleinen Eifelburg mit Bauteilen aus dem 13. bis 16. Jh. Der 26 m hohe runde Bergfried mit 7 Geschossen, von denen die fünf unteren kuppelgewölbt sind, ist der älteste Teil der Burg. Er ist zu Wohnzwecken gestaltet. Der kleine spätgotische Palas auf ungefähr quadratischem Grundriß ist dreigeschossig und hat ein hohes Walmdach, das untere Geschoß hat

Kreuzgewölbe über einer Mittelstütze. Zwischen dem Renaissance-Prunkportal und dem Bergfried wurde um 1580 ein großes dreigeschossiges Wohnhaus errichtet, wahrscheinlich auf älteren Fundamenten. Dem Tor gegenüber stand unmittelbar an der Nims ein weiteres Gebäude, dessen Fundamente bei der jüngsten Restaurierung entdeckt wurden.
– KD Bitburg 239, Dehio 746, Hist. St. V 311, T., B., W., Caspary Tagung

Rodder (bei Adenau)

Rittersitz von Ahr

Das Burghaus der Ritter v. Ahr/Aer ist verschwunden.
– L. 23

Rittersitz von Falkenstein

Das Burghaus ist untergegangen.
– L. 23

Rode, Schloß s. Herzogenrath

Roelsdorf s. Vettweiß-R.

Roes

Burg Pyrmont

1225 wird die Burg erstmals genannt. Nach dem Erlöschen des Edelherrengeschlechts v. Pyrmont kam der Besitz 1524 an die v. Eltz, 1652 teilweise und 1710 vollständig an die Waldbott v. Bassenheim. 1810 wurde Pyrmont auf Abbruch versteigert und war danach Ruine. Ältester Teil ist der mächtige runde Bergfried mit vorgekragtem Obergeschoß. Die Häuser der Oberburg wurden 1712 zu einem barocken Schloß umgebaut. In die alten Mauern wurde 1962 bis 1965 ein neues Haus gefügt, wodurch Burg Pyrmont wieder bewohnbar wurde, ohne seinen Charakter zu verlieren.
– KD Cochem 683, Dehio 748, Hist. St. V 298, T., B., Gondorf Pyrmont

Roesberg s. Bornheim-R.

Roetgen, Burg s. Eschweiler

Burg Pyrmont über dem Elzbachtal

Roethgen, Burg/Haus Merödgen s. Inden-Lucherberg

Röthgenburg s. Eschweiler

Roettgen s. Bonn-R.

Rohr s. Blankenheim-R.

Roisdorf s. Bornheim-R.

Roitzheim s. Euskirchen-R.

Rolandseck s. Remagen-R.

Rosenburg s. Bonn-Kessenich

Roter Turm s. Bad Neuenahr-Ahrweiler

Roth a. d. Our

Johanniterkommende

Das Schloß der ehemaligen Johanniterkommende wurde 1733 umgestaltet. Nach Kriegszerstörungen ist es als Hotel eingerichtet worden. Der sechsseitige Treppenturm stammt von der älteren Vorgängeranlage.

Schloß Bürresheim im Nettetal

Das quadratische Torhaus mit steilem Walmdach wurde um 1600 erbaut.
– KD Bitburg 259, Dehio 751, Hist. St. V
314, T., B., Führer 33 S. 134, Backes Eifel

Rübenach s. Koblenz-R.

Saalbau s. Ochtendung (Kurfürstliche Residenz)

Saffenburg s. Mayschoß

Saffig

Schloß

Von dem barocken Schloß der Grafen v. d. Leyen, das wohl auf eine mittelalterliche Burg zurückging und im 19. Jh. abgebrochen wurde, sind nur noch spärliche Reste vorhanden, u. a. ein Gartenpavillon.
– KD Mayen 400, Dehio 769, Hist. St. V
326, J. Hotz, T., Liessem Übersicht 160

Salm a. d. Lieser

Burghaus

Der Ort ist der Stammsitz eines edelfreien Geschlechts, das weder mit den Fürsten zu Salm-Reifferscheidt noch mit den Fürsten zu Salm-Salm verwandt war. Baugeschichtliche Nachrichten oder Reste sind uns nicht erhalten.
– KD Daun 233, Resch

Salmtal-Dörbach

Burg Dörbach

Ritter Konrad v. Esch überträgt Erzbischof Balduin seinen Anteil am „turris" in Dörbach und verzichtet auf den weiteren Ausbau.
– Laufner, Berns Nr. 107

St. Johann

Schloß Bürresheim

Die Burg wird 1157 erstmalig genannt, war vom 13. bis zum 15. Jh. Ganerbenburg und gehörte seit 1473 den Breidbach-Bürresheim bzw. deren Erben, ehe es 1938 in Staatsbesitz überging. Die heutige Anlage teilt sich in die ältere Kölner Burg und in die Trierer Burg, die heute noch erhalten ist. Die Kölner Burg wurde in der frühen Neuzeit als Wirtschaftsburg verwendet und liegt zum größten Teil in Ruinen. Der mächtige rechteckige Bergfried mit Walmdach steht auf der Grenze beider Burgteile. An ihn schließt sich nach Osten ein ungewöhnlich großes Burghaus an, das im 17. Jh. erweitert wurde um den sog. Kapellenbau. An das gotische Gebäude schließt sich im Hof das barocke Treppenhaus an mit dem Amtshaus, beide mit reichen Fachwerkgiebeln. Gegenüber dem Bergfried steht das (renovierte) gotische Wohnhaus der Vogt v. Leutesdorf. Schloß Bürresheim ist durch drei Tore, einen schmalen Zwinger und eine Poterne zu betreten. Außer dem Bergfried betonen ein mächtiger Rundturm aus dem 15. Jh. und ein barocker Halbschalenturm mit Laternenhaube die Wehrhaftigkeit der Anlage, die wegen ihrer ungewöhnlich reichen Ausstattung zu den schönsten Schlössern der Eifel gehört.

– Dehio 782, Hist. St. V 63, Hirschfeld, v. Behr, v. Werner/Caspary, Duncker 16, Liessem Übersicht 155

Satzvey s. Mechernich-S.

Saxler s. Gillenfeld-S.

Schalkenmehren s. Daun-S.

Schallenburg s. Brühl-Schwadorf

Schallenburg s. Euskirchen (Stadtburg)

Schallmauer, Burg s. Hürth-Berrenrath

Schaumburg, Palais s. Bonn

Scheiffartsburg s. Weilerswist

Scheiffartshof s. Kerpen-Buir

Schelgesburg/Alte Burg auf dem Schelgesberg s. Nettersheim

Schellartshof s. Aachen

Schenkernburg/Wilhelmsburg s. Vettweiß-Disternich

Scheuren s. Schleiden-S.

Schillingsburg s. Nickenich

Schladt

Biederburg

Auf einem Bergsporn im Liesertal befindet sich ein 18 × 7 m großes Plateau mit Mauerresten, die unter Gestrüpp verborgen sind. Die wahrscheinlich mittelalterliche Anlage wurde aus Schieferbruchstein mit Kalkmörtel errichtet. Im Innern wurden Sandstein, Mörtel, Holzkohle, Asche, Gefäßscherben, Eisennägel und eine Pfeilspitze gefunden. Nach den „Kunstdenkmälern" könnte es sich um den Sitz der Ritter v. Öfflingen handeln.

– KD Wittlich 193, Janssen II 357, T., B., Brückmann 130

Schlagstein, Motte s. Kreuzau-Untermaubach

Schlebuschhof, Burghof s. Hürth-Stotzheim

Das Schloß zu Schleiden

Schleiden

Schloß

Die Burg befand sich zu Anfang des 12. Jh. im Besitz der Herren v. Schleiden, einer Nebenlinie des Blankenheimer Grafenhauses. Im 13./14. Jh. war sie Luxemburger Lehen, gelangte im Erbgang an die Grafen v. Manderscheid, v. d. Mark und schließlich an die Herzöge v. Arenberg. Von der ursprünglich rechteckigen Anlage mit freistehendem Bergfried sind nur noch Reste des Ostflügels und der Südflügel erhalten. Die im Kern mittelalterlichen Gebäude wurden im 18. Jh. schloßartig umgestaltet, doch ist der Ausbau zum Rokoko-Schloß nicht mehr erfolgt. Der Hauptflügel ist ein dreigeschossiger Bruchsteinbau mit hohem Walmdach. Der östliche Teil mit dem Treppenturm stammt aus der zweiten Hälfte des 14. Jh., der westliche, unter Einbeziehung der Schildmauer, aus dem

18. Jh. Vom dreigeschossigen Osttrakt aus dem 16. Jh. sind zwei Achsen und der vollgemauerte Verstärkungsturm aus dem 14. Jh. und die Ruinen eines etwa gleichaltrigen Wehrturmes erhalten. Der niedrige Verbindungstrakt zwischen beiden Flügeln ist ein Neubau aus dem 18. Jh., in dessen Untergeschoß das 500 Jahre ältere Burgtor erhalten ist.
- KD Schleiden 347, Dehio N 568, Schmitz-Ehmke, T., B., Hist. St. III 669, Rh. Städtebuch 372

Burgstelle „Steinenhaus"

Ritter v. Steinenhaus werden im 14. Jh. genannt. Nach dem Lehnsvertrag bestand die Burg aus Burghaus, Burgplatz, Vorburg und Graben. Zu dem Rittersitz gehörte das 1438 genannte Hammerwerk Niederhausen, meist Wiesgen genannt. Die Anlage wurde im 19. Jh. zerstört. Reste sind keine erhalten.
- T., KD Schleiden 358

Schleiden-Dreiborn

Wasserburg-Dreiborn

Seit 1586 war die Jülicher Unterherrschaft im Besitz der Herren v. Harff. Ursprünglich war die Rechteckanlage durch doppelte Wassergräben und Wall geschützt. Bei Dreiborn handelt es sich um die höchstgelegene Wasserburg des Rheinlandes. Ein Teil der Umfassungsmauern und der runde Eckturm gehören noch dem 16. Jh. an. Das zweigeschossige Herrenhaus mit abgewalmtem Dach, der anstoßende Eckturm und die beiden Längstrakte im Wirtschaftshof entstanden zwischen 1680 und 1695. Der bergfriedartige Torturm wurde niedergelegt. Der Ostflügel stammt aus dem 19. Jh. Von der Gartenanlage des 17. Jh. ist neben den Umfassungsmauern nur ein zweigeschossiger oktogonaler Pavillon erhalten.
- KD Schleiden 113, Dehio N 118, Hist. St. III 172, T., Backes Eifel, Duncker 79

Schleiden-Gemünd

Burg Gemünd

Auf dem Scherpenberg soll eine Wehranlage bestanden haben, von der 1850 noch Mauerreste sichtbar gewesen sein sollen. Um welche Art Wehrbau es sich handelte, ist unklar, zumal die Tranchot-Karte keine Anhaltspunkte gibt.
- Janssen II 62, Rh. Städtebuch 184

Haus Mauel/Kronenburg

1351 werden die Herren v. Mauel als Schleidener Lehnsleute genannt. Nach der Zerstörung 1542 erfolgte der Wiederaufbau des festen Hauses. Seit dem 18. Jh. ist die Burg in Verfall gewesen. Einige Gebäude dienten bis zum Anfang des 19. Jh. als Papiermühle. 1903 wurden bei der Errichtung neuer Fabrikgebäude auf dem Grundstück Mauerreste sowie ein rechteckiges, grabenumzogenes Areal beobachtet.
- Janssen II 62, KD Schleiden 146, T., Günther

Schleiden-Olef

Burghaus Olef

Reste sehr starker Mauern sind an einem Bauernhaus und dem dazugehörigen Stall sichtbar; der Besitz heißt „die Burg". Ebenso verlaufen hinter einigen Häusern durch die Hausgärten überall schwere, z. T. sichtbare Parallel- und Quermauern, so daß hier ein Rittersitz vermutet wird.
- KD Schleiden 286

Schleiden-Scheuren

Wasserburg Bongartzhof

Bei dem Anwesen handelt es sich um eine ehemals zweiteilige Wasserburg, eine große Hofesfeste von schlichtem Aussehen.
- Führer 25 S. 175

Schlenderhan, Schloß und Burg s. Bergheim-Quadrath-Ichendorf

Schloßberg, Wasserburg s. Düren-Birkesdorf

Schlusgenhof s. Vettweiß-Gladbach

Schmidtheim s. Dahlem-S.

Schneckenhaus/Hyazinthenburg s. Brühl

Schnorrenberg, Wasserburg s. Zülpich-Nemmenich

Schönau, Schloß s. Aachen-Richterich

Schönbornslust, Schloß s. Koblenz-Kesselheim

Schönecken-Wetteldorf

Burg Schönecken

Die Burg wurde spätestens im 13. Jh. gegründet. Seit 1384 war sie kurtrierisch. 1804 wurde Schönecken auf Abbruch verkauft und ist seither Ruine. Seit 1906 laufen die Erhaltungsarbeiten. Burg Schönecken ist eine große, imposante Anlage, im wesentlichen aus dem frühen 14. Jh., auf einem zur Nims steil abfallenden Bergrücken erbaut. Erhalten ist die Ringmauer mit mehreren Rundschalentürmen. An der Westseite stehen noch zwei Türme, ein runder und ein rechteckiger, drei Geschosse hoch über dem mächtigen Unterbau. Dazwischen befindet sich der Rest eines Wohnbaues aus dem 16. Jh. Der Zugang der Burg lag im Süden, wo noch Teile des Unterbaues der Brücke sichtbar sind.
– KD Prüm 178, Dehio 802, Hist. St. V 339, Janssen II 203, T., B., Resch, Backes Eifel

Schloß Wetteldorf

Die Abtei Prüm hatte schon im 11. Jh. hier Besitz. Die erste Vervogtung erfolgte 1103. Die Burg der Prümer Vögte wurde 1509 neugestaltet. Es handelt sich dabei um ein sehr einfaches kleines Burghaus.
– KD Prüm 211, T.

Schönrath s. Aachen

Schöntal s. Eschweiler-S.

Schophoven s. Inden-S.

Schutz

Wehranlage „Burberg"

Die mittelalterliche Anlage ist untergegangen.
– B.

Burg Schönecken

Schwadorf s. Brühl-S.

Schwalmersburg/Wasserburg Laurenzberg s. Eschweiler-Laurenzberg

Schwanenhof s. Binningen

Schwartzenburg s. Stolberg-Dorff

Schwarze Burg s. Erftstadt-Friesheim

Schweich

Burg Castellaun

Der Name „Castellaun" haftet an einer Buntsandsteinkuppe östlich des Tiefenbachs, auf der die Gegenburg des Erzbischofs Johann I. v. Trier gegen die Quintburg (auf dem anderen Ufer des Baches) errichtet worden sein soll. Da keine Reste der Wehranlage im Gelände erhalten sind, ist diese Vermutung zunächst nicht nachprüfbar.
– KD Kreis Trier 363, Janssen II 421, Steinhausen S. 289

Quintburg

Die Burg wird um 1200 in den Gesta Treverorum genannt. Auf dem von Nordosten nach Südwesten verlaufenden Bergkamm des Burgberges sind sowohl auf der vordersten Spitze im Südwesten als auch etwa 350 m nordöstlich davon Spuren einer mittelalterlichen Wehranlage erkennbar. Das Burgplateau im Südwesten wird östlich durch einen tiefen Halsgraben abgeschlossen. Im übrigen ist es von einem mächtigen Wall umgeben.
- KD Kreis Trier 363, Janssen II 421, Steinhausen S. 288

Schweinheim s. Euskirchen-S.

Schweppenburg s. Brohl-Lützing (Niederlützingen)

Schwerfen s. Zülpich-S.

Schwirtzheim

Burg Hartelstein

Die Burg der Abtei Prüm war eine langgestreckte Anlage. Erhalten sind nur noch einige wenige Mauerreste am Nordostrand des Ortes. Diese Höhe fällt nach Süden und Westen steil ab.
- KD Prüm 188, Janssen II 204, Hist. St. V 343, T., B.

Sechtem s. Bornheim-S.

Seffenterhof s. Aachen-Laurensberg

Sehlem

Rittersitz Sehlem

Auf der Flur „Burg" wurden Reste eines Rittersitzes gefunden.
- KD Wittlich 278

Rittersitz Esch

Ritter v. Esch sind seit 1347 bekannt. Von dieser mittelalterlichen Burganlage ist nur das schlichte Burghaus aus dem 16. Jh. erhalten, das auf einer flachen Erhebung steht. An der Scheune befindet sich ein spätgotisches Portal.
- KD Wittlich 278, T., B.

Seidrike, Rittersitz s. Bedburg-Broich

Seinsfeld

Wasserburg

In einer Niederung nordwestlich des Ortes liegt Burg Seinsfeld, eine Wasserburg frühmittelalterlichen Typs mit fast kreisrundem Wassergraben. Die im Kern mittelalterlichen Gebäude sind zu einer unregelmäßigen Dreiflügelanlage geordnet. Um 1680 erfolgte eine grundlegende Erneuerung. Der Westflügel wurde um 1890 abgebrochen. Am Westende des Mitteltrakts erhebt sich ein quadratischer ehemaliger Wehrturm, der heute an drei Seiten in die Wohnanlage einbezogen ist. In der Mitte der Hoffront ist der fünfseitig vorspringende Treppenturm auffallend mit den Grabsteinen zweier Ritter v. Roben gen. Lontzen.
- KD Wittlich 281, Dehio 811, Hist. St. V 343, T., W., K. E. Becker, Backes Eifel

Selgersdorf s. Jülich-S.

Seligerhof, Rittersitz s. Ringen-Bölingen

Senheim

Romanisches Turmhaus

Der viergeschossige Wohnturm wurde um die Mitte des 13. Jh. erbaut. Auffallend sind der seitlich herausgekragte Kamin und das steile Giebeldach.
- Dehio 813, T., Kubach-Verbeek, Resch

Senscheid

Alte Burg

Die Anlage ist untergegangen, ihre Lage durch den Flurnamen genau bestimmbar.
- B. Burgen der Eifel 117

Setterich s. Alsdorf-S.

Siegersburg/Wasserburg Laurenzberg
s. Eschweiler-Laurenzberg

Siersdorf s. Aldenhoven-S.

Sievernich s. Vettweiß-S.

Simmerath

Ehemaliges Lehngut Eicherscheid

Bei Eicherscheid handelt es sich um uralten Prümer Besitz, der später an Monschau fiel und an die v. d. Hardt verlehnt war. Die Anlage ist eine umfangreiche Hofesfeste.
- KD Monschau, Hist. St. III 195

Simonskall s. Hürtgenwald-S.

Sindorf s. Kerpen-S.

Sinzenich s. Zülpich-S.

Sinzig

Schloß Sinzig

Die Wasserburg wurde 1337 von den Grafen v. Jülich erbaut, 1569 renoviert und erweitert und schließlich 1688 durch die Franzosen zerstört. Erhalten blieben der untere Teil eines Rundturmes und die anschließende Mauer, die 1854–1858 beim Bau eines neogotischen Schloßgebäudes wiederverwendet wurden. Das schloßartige Wohnhaus nach Plänen von Vincenz Statz enthält heute die Stadtverwaltung und das Heimatmuseum. Die Parkanlage wurde von Joseph Lenné entworfen.
- KD Ahrweiler 633, Dehio 822, T., B., Städtebuch RLP 376, L. 94

Fränkische Königspfalz

Die 762 erwähnte Pfalz ist untergegangen.
- KD Ahrweiler, T., L. 94

Erbhof Godenhaus

Das Lehngut wird 1292 genannt, gelangte 1704 in bürgerlichen Besitz, kam 1728 an das Kloster Dünnwald bei Köln und wurde danach wieder adeliger Sitz. Das Rittergut gehörte von 1842–1860 der Familie des Bildhauers Schadow. An der Nordseite des Hofes ist die rundbogige Toreinfahrt. Im Westen der Anlage steht das Wohnhaus mit schmalen Seitenflügeln und einem rundbogigen Mittelgiebel. Das Herrenhaus stammt aus dem 17./18. Jh. und wurde 1828 ausgebaut. Die Fenster im Obergeschoß haben schmale Basaltrahmen.
- KD Ahrweiler 635

Martelsburg (ältere Burg)

Der Bau stammt wohl vom Ende des 17. Jh. Der Westflügel der dreiseitigen Anlage wurde 1867 umgebaut, während ansonsten die Fenster mit den verkröpften Hausteinrahmen erhalten sind. Wahrscheinlich hatte die Martelsburg eine Vorgängerin.
- KD Ahrweiler 646

Weyerburg

Das Anwesen ist untergegangen. Der Besitz wurde im 16. Jh. mit dem Volenhof vereinigt, an dessen Stelle heute das „Weyerburg" genannte Haus von 1777 steht.
- KD Ahrweiler 634, T.

Sinzig-Ahrenthal

Schloß Ahrenthal

An die Stelle der mittelalterlichen Burg Bovendorf und einem Renaissanceschloß mit vier runden Ecktürmen wurde 1722 nach den Plänen des Architekten Breunig ein Neubau errichtet. Von dieser Anlage ist nur noch das hufeisenförmige Wirtschaftsgebäude mit der Tordurchfahrt erhalten. Ein Wohnhaus wurde erst 1880 in prunkvollem französischem Barock mit Ecktürmen errichtet. Schloß Ahrenthal besitzt bemerkenswerte Parkanlagen.
- KD Ahrweiler 637, Dehio 822, Hist. St. V 346, L. 35, T., B., Dohna-Richter, Duncker 81, Backes Eifel, Herzog

Burg Bovendorf

Die Burg ist früh untergegangen und wurde durch ein Renaissanceschloß ersetzt.
- KD Ahrweiler 637, T., B.

Renaissanceschloß Ahrenthal

Der Vorgängerbau des heutigen Schlosses war eine wohl geschlossene Anlage mit vier runden Ecktürmen, die 1722 durch das heutige Schloß ersetzt wurde.
- KD Ahrweiler 639, T., B., L. 36

Sinzig-Bodendorf

Burg Bodendorf

Im Jahr 1300 hatte der Ritter Wilhelm v.

Honnef „innerhalb der Mauern seiner Burg in Bodendorf ein 30 Fuß langes und 20 und 5 Fuß in der Breite messendes Haus" des Johann v. Saffenberg zu Lehen. Die Burg wurde im Dreißigjährigen Krieg eingeäschert.
– KD Ahrweiler 208, Janssen II 265, Haffke, Rausch, Bodendorf

Haus Bodendorf

Die Wasserburg wird schon im 13. Jh. als Sitz des gleichnamigen Rittergeschlechts genannt. Ein Umbau der mittelalterlichen Anlage erfolgte im 18. Jh. Aus der Zeit stammt das heutige Herrenhaus. Die Wirtschaftsflügel sind zu Wohnungen ausgebaut.
– KD Ahrweiler 207, Dehio 823, T.

Sinzig-Löhndorf

Haus Vehn

Seit 1019 gehörte das Gut, das aus einem Nonnenkloster entstanden war, der Abtei Deutz. Zur Burg wurde Vehn erst 1573 umgestaltet. Von dieser Anlage ist nur noch der nördliche Hofflügel erhalten. Im Dreißigjährigen Krieg wurde die Burg stark beschädigt. Der zweiflügelige Hauptbau wurde 1726 und 1772 errichtet. Ein Ausbau erfolgte 1925.
– KD Ahrweiler 656, Dehio 823, T., L. 95, Backes Eifel

Soerser-Hochkirchen s. Aachen-Laurensberg

Soetenich s. Kall-S.

Soller s. Vettweiß-S.

Sommersberger Hof s. Wachtberg-Fritzdorf

Soynich, Adeliger Hof s. Zülpich-Oberelvenich

Spangdahlem

Auerburg

1911 waren noch Reste einer angeblich mittelalterlichen Befestigungsanlage sichtbar. Der Sage nach hat hier eine Burg gestanden.
– Janssen II 362, Steinhausen (TZ 18, 1949 S. 331)

Hinkelsburg

Beim Pflügen werden noch gelegentlich hohlklingende Kellergewölbe angerissen, die zu einer ehemaligen Burg gehören sollen.
– Janssen II 363, Blum 92, Steinhausen (TZ 18, 1949 S. 331)

Burganlage Brandesmühle

Nördlich der Brandesmühle befindet sich eine ovale Fläche von ca. 90×170 m Ausdehnung, die durch zwei Wälle (8 und 10 m breit) gesichert ist. Auf der Spitze steht eine Kapelle mit 12 m lichter Breite und – einschließlich der halbrunden Apsis – 19 m Länge. In jüngerer Zeit wurden die Reste von zwei Gebäuden entdeckt, eines davon war ca. 20×25 m groß.
– KD Wittlich 292, Janssen II 364, T., B., Steinhausen (TZ 18, 1949, S. 364)

Speicher

Wehranlage Leihköppchen

Die Anlage befindet sich auf einem steil aufragenden Sandsteinhorst ungefähr 1500 m von Speicher entfernt. Außer römischen Bauresten, die vielleicht als Burgus gedeutet werden können, entdeckte man auch spätmittelalterliche Baureste, sogar Keramik aus dem 12. bis 15. Jh. Der Wall, in dessen Nähe die spätmittelalterlichen Scherben gefunden wurden, ist mit hoher Wahrscheinlichkeit römischen, sicher aber frühmittelalterlichen Ursprungs.
– Janssen II 329

Spiegelberg s. Waldorf

Spiesburg s. Frechen

Spiesenhof/Fließenhof, Motte s. Swisttal-Miel

Stackerburg s. Zülpich-Merzenich (Golzheim)

Stadtkyll

Burg

Stadtkyll ist wohl eine Blankenheimer Gründung aus dem 13. Jh. gewesen, die 1345 König Johann v. Böhmen als Graf v. Luxem-

burg zu Lehen aufgetragen wurde. Wahrscheinlich ist die Burg nach dem Brand von 1632 als Steinbruch benutzt worden. Grundsteinmauerwerk wurde 1927 bei Steinbrucharbeiten entdeckt.
– KD Prüm 191, T., B., Backes Eifel

Stahl s. Bitburg-S.

Stamburg s. Euskirchen

Stamshof s. Bergheim-Glesch

Stammeln, Haus s. Bergheim-Heppendorf

Stefenshof s. Bornheim

Steffeln
Burghaus
Der Adelssitz wurde wohl vor 1220 erbaut. Ab 1282 waren die Grafen v. Blankenheim Ortsherren und ab 1488 die v. Manderscheid. An der Stelle des Burghauses, das mitten im Ort erbaut worden sein soll, steht heute die Kirche.
– KD Prüm 197, T.

Steinbesch/Besch, Burg s. Ralingen

Steinenhaus, Wohnturm s. Bonn-Plittersdorf

Steinenhaus, Burgstelle s. Schleiden

Steinfeld s. Kall-Wahlen

Steinhaus, Haus s. Würselen-Bardenberg

Steinheim, Motte s. Kreuzau-Stockheim

Sternenburg s. Bonn-Poppelsdorf

Stetterich s. Jülich-S.

Stockem (b. Breinig)
Haus Stockem
Das Burghaus, eines der kleinsten Vertreter der wohnturmartig angelegten festen Häuser mit Wasserumwehrung, wurde um 1600, wohl auf älteren Fundamenten, erbaut. Dabei ist noch weitgehend Eichenfachwerk verwendet worden. Haus Stockem wurde 1934 abgebrochen.
– W. 66.

Stockheim s. Kreuzau-S.

Stockturm / Kurfürstliches Burghaus
s. Pommern

Stolberg
Schloß
Die Burg war der Stammsitz des weitverbreiteten Geschlechts v. Stolberg. Seit dem 15. Jh. gehörte sie den Herzögen v. Jülich, die den Besitz verlehnten. Der Sage nach stand hier ein Jagdschloß Karls des Großen. Von dem über der Stadt gelegenen Burgkomplex gehören der zweigeschossige Palas mit dem niedrigen westlichen Anbau, der Torbau, der anschließende runde Nordwestturm und Teile der Umfassungsmauern dem 15./16. Jh. an. Der auf einem alten Sockelgeschoß neu aufgeführte Bergfried und die kleinen Rundtürme mit den sog. Nürnberger Hauben stammen von 1888. Der Palas erhielt damals ein Steildach mit Walmgauben und Staffelgiebeln, der Nordwestturm eine polygonale Schieferhaube. Nach dem Zweiten Weltkrieg wurde versucht, den Bauzustand des 16. Jh. annähernd zu erreichen. Die Vorburg wurde im 19. Jh. neugebaut.
– KD Kreis Aachen 180, Dehio N 590, Hist. St. III 707, T., Rh. Städtebuch 387, B., Herzog, Hilgers

Stolberg-Dorff
Schwartzenburg
Die ehemalige Wasserburg aus dem 14./15. Jh. ist eine sog. Halbruine. Die Hauptburg mit vier Eckrundtürmen wurde 1688 von den Franzosen teilweise zerstört. Erhalten sind nur noch Fundamentreste. Die unregelmäßige Vorburg wurde im 18./19. Jh. mit den Steinen der Hauptburg neuerrichtet.
– KD Kreis Aachen 91, T.

Stolberg-Fleuth
Schloß Fleuth
Hierbei handelt es sich um eine sehr schlichte Anlage. Vielleicht geht der Rittersitz auf einen mittelalterlichen Kern zurück. Ein Teil der Gebäude ist modern.
– T., KD Kreis Aachen

Stolzenburg s. Kall-Soetenich

Stommeln s. Pulheim-S.

Stotzheim s. Euskirchen-S.

Stotzheim s. Hürth-S.

Straß s. Hürtgenwald-S.

Swisteburg s. Weilerswist

Swisttal-Buschhoven

Burg Buschhoven

Die mittelalterliche Burg, der Dietkirchener Vogtsitz, wurde spätestens 1530 niedergelegt.
– Janssen II 144, Hist. St. III 139, Welters, Club der Heimatfreunde Buschhoven

Jagdschloß Buschhoven

1530 errichtete der Kölner Kurfürst Hermann v. Wied an der Stelle der Burg ein landesherrliches Jagdschloß, das 1793 völlig ausbrannte.
– Janssen II 144, Hist. St. III 139, Welters, Club der Heimatfreunde Buschhoven

Swisttal-Heimerzheim

Rittersitz Ball

Die Anlage trug den Charakter einer Hofesfeste und war Fronhof des Kölner Kunibert-Stifts. 1783 wurde der Rittersitz durch Kauf der Burg Heimerzheim angegliedert und kurz darauf niedergelegt, wobei die Gräben zugeschüttet wurden.
– Janssen II 152, Welters, Doepgen

Motte Dünstekoven

Südwestlich des Ortskerns von Heimerzheim liegt in der Swistniederung ein guterhaltener Burghügel von 30 m Kantenlänge und 2,50 m Höhe. Ein 5–6 m breiter, heute noch wasserführender Graben umgibt die Motte.
– Janssen II 149, Müller-Wille Nr. 69

Dützhof I

Hierbei handelt es sich um eine wasserumwehrte Hofesfeste, eine ehemals zweiteilige Anlage.
– Führer 25 S. 174

Dützhof II

Auch der sog. Dützhof II ist eine wasserumwehrte Hofesfeste, ebenfalls eine ehemals zweiteilige Anlage
– Führer 25 S. 174

Burg Eldern

Am Westrand des sog. Großen Cent befindet sich eine ovale Wehranlage, die in nordwest-südöstlicher Richtung orientiert ist. Ein 2–3 m breiter, nur 80 bis 100 cm tiefer Graben umgibt das fast ebene Gelände. Hier soll die Burg Eldern gestanden haben, die zwischen 1200 und 1500 wüst wurde. Datierbare Funde wurden keine gefunden.
– Janssen II 149, Doepgen, Führer 25 S. 176

Burg Heimerzheim

Ursprünglich im Besitz der Herren v. Heimerzheim kam die Burg um 1300 an den Deutschen Orden, der sie 1360 verkaufte. Es handelt sich um eine Weiherburg auf zwei Inseln. Die Nordfront des Herrenhauses ist mit zwei steilen Treppengiebeln versehen, ebenso der Mitteltrakt. Das Gebäude ist zweigeschossig und hat unregelmäßig verteilte Fenster sowie ein rustiziertes Portal. Die Wirtschaftsburg ist über zwei Bogenbrücken zugänglich. Die Torburg mit Spitzbogenöffnung und Treppengiebeln ist höher als die übrigen Gebäude. Die Ökonomiegebäude haben im Obergeschoß auf der Hofseite eine Holzgalerie.
– KD Rheinbach 40, Dehio N 226, Hist. St. III 303, T., W., Duncker 30, Welters, Doepgen

Burg Kriegshoven

Die Burg wurde 1332 an Gerhard v. Kirspenich verlehnt. Der Bau stammt im Kern aus dem 16. Jh., wurde aber 1868/69 durch Wilhelm Graf Mörner gründlich umgebaut. Die ehemals asymmetrische Anlage wurde dabei egalisiert und im Neobarockstil umgestaltet. In die Winkel der dreiflügeligen Anlage wurden oktogonale Treppentürme eingefügt. Die Seitenflügel haben volutenförmig abgetreppte Giebel. Die Geschoßeinteilung ist durch Gesimse an den Türmen kenntlich. Der Mit-

telbau wird durch die verglaste Loggia mit Terrasse betont.
– KD Rheinbach 43, Hist. St. III 303, Duncker 17, T., Doepgen, Welters, Bölkow, Herzog

Swisttal-Ludendorf
Hofesfeste
Hierbei handelt es sich um eine ehemals zweiteilige Wasserburg
– Führer 25 S. 175

Burg Ludendorf
Die Kartenaufnahme von Tranchot zeigt östlich des Dorfes innerhalb wassergefüllter Gräben ein Geviert mit einem Gebäude. An das etwa 24 × 42 m große Areal schließen sich nach Norden Grabenfortsetzungen an, die die Vorburg andeuten, in der der Vorgängerbau des heutigen Hofes gestanden haben könnte. Von der Burg, die 1450 an die Quadt v. Tomburg kam, sind kaum noch Überreste kenntlich. Die Gräben wurden in den dreißiger Jahren dieses Jahrhunderts zugeschüttet.
– Janssen II 156, Hist. St. III 482, Führer 25 S. 177, Welters

Swisttal-Miel
Motte Gut Hohn
Das aus einer Turmhügelburg hervorgegangene Gut ist spätestens seit 1500 wüst.
– Führer 25 S. 172

Rittersitz Hof Hohn I
Nördlich des heutigen Gutshauses Hohn erhebt sich ein 4 m hoher und 12 m im Diameter messender Burghügel mit westlich vorgelagertem Teich. Es war der Sitz der Ritter v. Hayne. Die übrigen Seiten waren durch Gräben geschützt. Die Vorburg lag im Süden auf einem erhöhten, heute aufgeforsteten Gelände. Die Anlage dürfte auf die ersten Besitzer von Gut Hohn zurückzuführen sein.
– Janssen II 161

Motte Fließenhof oder Spiesenhof
Der mittelalterliche Burghügel befindet sich am Westausgang des Ortes. Bei der zweiteili-

gen Anlage waren Vor- und Hauptburg deutlich zu unterscheiden. Die Abschnitte erheben sich nur wenig über das Gelände und sind von breiten Grabenmulden umgeben. Bei Bauarbeiten wurden Fundamente freigelegt und Scherben gefunden, wodurch die Anlage in das 13. und 14. Jh. datiert werden konnte. Der Graben zwischen Vor- und Hauptburg wurde inzwischen zugeschüttet, ist aber durch den Bewuchs kenntlich.
– Janssen II 158, Müller-Wille Nr. 68, Führer 25 S. 172

Wasserburg Miel
Die Burg wurde 1396 Kölner Offenhaus. Nach einem Brand ist das Herrenhaus der zweiteiligen Anlage 1770 im Rokoko-Stil erbaut worden. Das zweigeschossige Gebäude mit Walmdach wird auf der Hofseite durch einen schmalen Mittelrisalit mit Portal, Balkon und Wappengiebel betont, während an der Gartenfront der Salon dreiseitig hervortritt. Die ausgewogenen Maßverhältnisse geben dem kleinen Haus seine besondere Note.
– KD Rheinbach 76, Dehio N 469, Hist. St. III 516, T., W.

Burg Miel II
Bei dieser Anlage handelt es sich um eine zweiteilige, wasserumwehrte Hofesfeste.
– Führer 25 S. 173

Hof Vershoven
Der Hof Vershoven ist eine wasserumwehrte, ehemals zweiteilige Hofesfeste.
– Führer 25 S. 174

Swisttal-Morenhoven
Wasserburg Morenhoven
Möglicherweise stammt die Burg im Ursprung aus dem 12. Jh. 1299 kam sie als Schenkung in den Besitz der Kölner Erzbischöfe. Im späten 15. Jh. wurde der ursprünglich höhere Torturm errichtet. Während des Dreißigjährigen Krieges diente die Burg der Bevölkerung als Zufluchtstätte, weshalb hessische Soldaten das Herrenhaus niederbrannten. Der heutige Wohnbau ist ei-

ne stattliche Anlage von 1682, die 1827 durch den eingeschossigen Galeriebau zur Vierflügelanlage geschlossen wurde. Der Torturm wurde in der zweiten Hälfte des 18. Jh. verändert.
– KD Rheinbach 78, Hist. St. III 527, T., Welters, Herzog

Burg Müttinghoven
Die Wasserburg gehörte anfangs den 1371 genannten Rittern v. Buschhoven, wurde kölnisches Lehen und als solches an verschiedene Familien vergeben. Das Herrenhaus wurde im 18. Jh. auf den alten Fundamenten erbaut, die übrigen Bauten sind jünger.
– KD Rheinbach 79, T., Welters

Swisttal-Odendorf
Burghaus Odendorf
Das erhaltene Gebäude ist ein einfacher, fast quadratischer Bau von 1788, das auf romanischen Fundamenten steht. An der Rückseite befinden sich zwei turmartige Ausbauten und eine Freitreppe. Haus Odendorf wurde im Krieg beschädigt.
– KD Rheinbach 129, Dehio N 525, Kubach-Verbeek, T.

Tempelkopf, Burg s. Wittlich-Bombogen

ten Bergen/Wasserburg Laurenzberg s. Eschweiler Laurenzberg

Tetz s. Linnich-T.

Teufelsburg, Motte s. Hürth

Thonsberg/Tuensberg, Burgstelle s. Heimbach

Thorr, Burg s. Bergheim-Heppendorf

Thum, Haus s. Nideggen

Tiefenthal, Haus s. Wehr

Titz-Müntz
Haus Behr
Der Rittersitz wurde im 16. Jh. errichtet und 1635 sowie um 1800 verändert. Das feste Haus, eine sog. Ackerburg, bildet ein großes Rechteck. Auffallend sind die Tordurchfahrt im Hauptwohnbau und der gestufte Volutengiebel. Im Hof ist ein oktogonaler Treppenturm dem Haus vorgesetzt. Die Front des Backsteinbaues ist mit einem römischen Matronenstein geschmückt.
– KD Jülich 196, Hist. St. III 546, T., W., Herzog

Hof Betgenhausen
Der Hof war ursprünglich Jülicher Besitz, gehörte aber schon 1368 einem Gerhard v. Betgenhausen. Der heutige Hof ist eine einfache Backsteinanlage. Das Wohnhaus springt aus der Hoffront heraus und ist mit einem Allianzwappen geziert.
– KD Jülich 234

Haus Müntz
Eine Familie v. Müntz wird 1362 erwähnt. 1828 kam das Rittergut in bürgerliche Hände. Die heutigen Hofgebäude sind einfache Nutzbauten aus Backstein, die nichts von einem Adelssitz vorweisen.
– KD Jülich 197, Hist. St. III 546

Tönnesrath s. Aachen

Tönnisstein, Schloß s. Andernach-Kell

Törngen, Wohnturm s. Bonn-Buschdorf

Tomburg s. Rheinbach-Wormersdorf

Tombergerhof s. Weilerswist-Vernich

Traben-Trarbach
Feste Montroyal
1687 wurde auf einem großen, von der Mosel umflossenen Bergrücken die Festung begonnen, um die französisch besetzten Gebiete zu sichern. Vauban hatte die Anlage als Stadt geplant. Ausgeführt wurden nur die Festungsanlagen, Kasernen und das Zeughaus. 1697 ist der Montroyal geschleift worden. Bei Grabungen im 20. Jh. wurden Teile der Bastionen, Keller und Fundamente des Zeug-

hauses freigelegt. Die Zitadelle bestand aus fünf Bastionen, drei Bolltürmen, drei Hornwerken und fünf Ravelinen. Montroyal war eine außerordentlich gut durchdachte und sorgfältig ausgebaute Anlage. Südlich der Festung sollte den Plänen des französischen Baumeisters entsprechend die neue Stadt entstehen.
– KD Zell 314, Dehio 864, Hist. St. V 241, T., Backes Mosel, L. 775, Vogts, Spies

Treis-Karden (Ortsteil Karden)
Burghaus der v. Eltz
Das Haus wurde 1562 am Moselufer erbaut. Es ist ein Bruchsteinbau, der an der moselseitigen Giebelfront durch einen Rundbogenfries gegliedert ist. Auf der südlichen Traufseite befindet sich ein polygonaler Treppenturm zwischen zwei jüngeren Anbauten (Brunnenhaus, Scheune). Die Nordseite ist mit Fachwerk-Ecktürmchen verziert.
– KD Cochem 520, Hist. St. V 162, Dehio 875, Jung, T., B., Ritter, Backes Mosel, L. 237

Trier-Ehrang
Burg der Trierer Erzbischöfe
Die kurtrierische Burg ist völlig untergegangen.
– Laufner

Trier-Euren
Burghaus Euren
Das Burghaus ist verschwunden.
– Laufner

Lustschloß Monaise
Der Trier Domdechant v. Walderdorff ließ sich zwischen 1779 und 1783 an der Stelle eines alten Hofgutes das klassizistische Schlößchen errichten. Es ist ein kleiner, verhältnismäßig hoher Bau auf einer Grundfläche von 10×20 m. Das Erdgeschoß ist ein schlichter Sockel, die beiden Obergeschosse sind mit durchlaufenden Lisenen verziert.

Die Mitte der Parkfront wird von einer Loggia mit vier ionischen Kolossalsäulen betont. Über dem Hauptgesims tritt das Dach mit kuppelartig erhöhtem Mittelteil flach hinter der Balustrade zurück. Auffallend ist die geschickte Raumausnutzung durch eingebaute Kabinette und Nebentreppen.
– Dehio 936, T., Zahn, Dittscheid-Schneider

Trier-Pfalzel
Erzbischöfliche Burg in Pfalzel
Erzbischof Albero v. Trier ließ die Burg über dem Südflügel des römischen Palatiolums errichten. Sie wurde mehrfach umgebaut, vor allem um 1500. Die Franzosen zerstörten die Burg 1673/74. Reste sind in Wohnhäusern verbaut. Am besten erhalten ist der Westzug der Ringmauer der ursprünglichen Wasseranlage mit dem quadratischen Torturm und dem runden nordwestlichen Ecktum. Südlich des Tores sind spätgotische Fenster mit maßwerkverzierten Stürzen gruppiert.
– KD Kreis Trier 304, Dehio 941, Kubach-Verbeek 933, T. Hist. St. V 292, Kentenich, Backes Mosel

Kurfürstliches Amtshaus
Das aus dem 16. Jh. stammende Gebäude mit der Rechtsqualität einer Burg dient heute als Rathaus. Zwischen zwei Flügeln, von denen der jüngere die Jahreszahl 1577 trägt, steht der Treppenturm. Der kleine Flügel ist am Torbogen mit 1544 bezeichnet.
– KD Kreis Trier 315, Dehio 941

Trier-Quint
Schloß Quint
Das Schloß wurde um 1760 als Wohn- und Verwaltungsgebäude der v. Pidollschen Eisenhütte errichtet. Die Dreiflügelanlage mit Mansarddächern gruppiert sich um einen ehemals mit einer Mauer abgeschlossenen Ehrenhof. Die Mauer wurde um 1825 durch ein Eisengitter ersetzt. An der schlichten Hoffront ist nur die Mittelachse reicher behandelt. Die Gartenfront hat siebzehn Ach-

sen, wovon die drei mittleren durch Pilaster-gliederung zu einer Portalgruppe mit Rundgiebel in zierlichen Rokokoformen zusammengefaßt werden. Der Figurenschmuck entspricht der Kunst von Ferdinand Tietz. Eine Freitreppe führt in den im 19. Jh. veränderten Garten.
– KD Kreis Trier 324, Dehio 935, Hist. St. V 298, T.

Trier-Zewen

Zewener Wehrturm

Der Wohn- und Zollturm wurde über quadratischem Grundriß im 13. Jh. auf der Grenze zwischen den Territorien von Trier und Luxemburg errichtet. 1804 wurde er als Domanialgut versteigert. Danach teilte man das Obergeschoß zu Wohnzwecken in zwei Etagen. Der Zewener Turm war von Anfang an als Wohnturm gedacht. Über dem Keller erheben sich drei Geschosse. Der Wehrturm wurde 1935 restauriert. Er war ursprünglich durch z. T. heute noch sichtbare Gräben gesichert.
– KD Kreis Trier 406, Dehio 942, Janssen II 435, T., B., Kubach-Verbeek

Wehrturm Oberkirch

Der mittelalterliche Wohnturm war noch zwei Geschosse hoch, als er in ein Wohngebäude nahe der Mosel einbezogen wurde.
– KD Kreis Trier 261, Janssen II 435

Trompeterburg s. Nörvenich

Trutzeltz/Baldeneltz, Burg s. Wierschem

Tuensburg/Thonsburg, Burgstelle s. Heimbach

Türmchen/Hirsch, Haus s. Aachen-Laurensberg

Türnich s. Kerpen-T.

Tüschenbroich s. Wegberg-T.

Tungenberg, Rittersitz s. Berg-Vischel

Turmhof, Wohnturm s. Bonn-Plittersdorf

Turmhof, Burghaus s. Mechernich

Turmhoff, Wohnturm s. Bonn-Buschdorf

Uckenbroich, Burg s. Antweiler-Dorsel

Ülpenich s. Zülpich-Ü.

Uersfeld, Haus s. Aachen-Richterich

Ürzig

Burg Ürzig

Der Stammsitz der Edelfreien v. Ürzig diente 1066 als Gefängnis für Erzbischof Konrad v. Trier. 1620 noch soll die Burg von einem Bauern bewohnt worden sein. Über das Aussehen ist nichts bekannt.
– KD Wittlich 318, Hist. St. V 383, Janssen II 364, T., B., Backes Mosel, Resch

Burg Urley/Orley

1246 erfolgte der Neubau der Burg, die aber schon kurze Zeit später durch Erzbischof Arnold v. Trier zerstört und nicht wiederaufgebaut wurde. Hierbei soll es sich um die Stammburg des später in Luxemburg ansässigen Geschlechts v. Orley handeln, dem der Maler Barent van Orley angehörte.
– Janssen II 364, KD Wittlich 318, Hist. St. V 383, T.

Burg zur Leyen/Nikolausburg

Der Stammsitz der Ritter v. d. Leyen, die nicht identisch sind mit den späteren Fürsten v. d. Leyen, wurde 1239 kurkölnisches Offenhaus und 1333 trierisches Lehen. Heute ist von der Burg zur Leyen nur noch der in den Felsen gesetzte Wachtturm erhalten. Zu Beginn des 20. Jh. waren von der oberhalb dieses Turmes gelegenen Burg noch Reste vorhanden. Die Ruinen des 1333 als neu bezeichneten Wohnturmes wurden 1870 abgetragen. Das sich daran anschließende Wohngebäude war in den gewachsenen Felsen eingehauen.
– KD Wittlich 319, Hist. St. V 383, Janssen II 365, Berns Nr. 72, Backes Mosel

Uettfeld

Burgstelle Binscheid

In der Gemarkung des Dorfes ist eine wohl mittelalterliche Burgstelle erhalten.
– KD Prüm 28

Üxheim-Ahütte

Burg Dreimühlen

1282 verpfändete Gerhard v. Blankenheim die Festung Drumollen. 1647 errichtete der Herzog v. Arenberg in der Ruine eine Jägerwohnung, die 1825 abgerissen wurde. Von der Burgruine sind nur noch geringe Reste im Gelände erhalten.
– KD Daun 247, Janssen II 241, T.

Burg Neublankenheim

Neublankenheim wurde 1330 von Graf Gerhard V. v. Blankenheim gegründet. Im Gelände sind unter Wald noch aufgehende Mauerreste und Teile der Burgtürme der im 16. Jh. als baufällig bezeichneten Anlage erhalten. Dabei handelt es sich um ein stattliches Burghaus, dessen Südhälfte in einiger Höhe erhalten ist. Der Rundturm der benachbarten Ecke begann erst im ersten Obergeschoß.
– KD Daun 248, Janssen II 242, T., Hist. St. V 251

Üxheim-Leudersdorf

Burghaus in Leudersdorf

Ein Ritter Johann Kunninx v. Leudersdorf wird 1363 genannt. Von seinem Burghaus ist nichts mehr erhalten.
– KD Daun 247

Ulmen

Niederburg

Westlich der Oberburg, aber auf demselben Berg am Kraterrand, allerdings etwas tiefer gelegen, stand die zweite Ulmener Burg. Spätestens seit 1292 befand sie sich im Besitz der Waldbott v. Ulmen. 1352 wurde die Niederburg von Trier, Luxemburg, Jülich, Berg und Pfalz belagert, weil die Waldbott v. Ulmen sich als Straßenräuber betätigten. Danach wurde ein Vergleich geschlossen. Im 17. Jh. verfiel die Niederburg immer mehr; der Turm drohte einzustürzen. Heute sind von der Anlage nur noch geringe Mauern und Steinpackungen zu erkennen.
– KD Cochem 762, Janssen II 396, Hist. St. V 382, B., Backes Eifel

Oberburg

Die Oberburg Ulmen war das Stammhaus der etwa seit 1150 bekannten Herren v. Ulmen. Aus mittelalterlicher Zeit sind noch die Reste der ovalen Ringmauer erhalten. Das rechteckige Wohnhaus wurde im 17. Jh. erbaut. 1679 zerstörten die Franzosen Ulmen, das danach teilweise aufgebaut wurde, aber nach 1800 immer mehr verfiel. 1969 wurden die Ruinen in ihrem Bestand gesichert.
– KD Cochem 762, Dehio 946, Hist. St. V 382, T., B., L. Janssen II 396, Laufner, Backes Eifel

Ungershausen, Haus s. Aldenhoven-Dürboslar

Unkelbach s. Remagen-U.

Unterfrohnrath, Haus s. Aachen-Horbach

Untermaubach s. Kreuzau-U.

Uprath, Burglehen s. Altenahr

Urfeld, Burg s. Bornheim-Hersel

Urft s. Kall-U.

Vehn, Haus s. Sinzig-Löhndorf

Veitsheim, Gut/Motte s. Vettweiß-Soller

Vellbrüggen/Aldenbrüggen, Haus s. Weilerswist-Metternich

Vellen, Haus s. Blankenheim-Dollendorf

Verckensburg s. Kerpen-Buir

Verken, Haus s. Inden-Pier

Vernich s. Weilerswist-V.

Vershoven, Hof s. Swisttal-Miel

Vetschau, Burg s. Aachen-Laurensberg

Vettelhoven s. Grafschaft-V.

Vettweiß

Obere Burg Vettweiß

Ein Geschlecht v. Wyss erscheint 1215. Die v. Hocherbach folgten 1487 im Besitz; sie errichteten im 16. Jh. das Burghaus. Die zweiteilige Wasserburg ist eine Teilwüstung. In der großen quadratischen Vorburg steht das erwähnte Burghaus, die Wirtschaftsgebäude sind neu. Das Herrenhaus auf der Hauptburg ist verschwunden.
- KD Düren 325, T., Hist. St. III 734, Welters

Untere Burg Vettweiß/Büchelsburg

Der Rittersitz wird 1407 erstmals genannt. Die mächtige, von halbrund nach Südwesten ausgreifenden Wassergräben umrahmte Burg wurde um die Mitte des 19. Jh. ganz niedergelegt
- KD Düren 326, T., Hist. St. III 734, Janssen II 43, Welters

Burg Kettenheim

Kettenheim erscheint schon 1072 (in einer gefälschten Urkunde). Im 17. Jh. wurden die v. Gymnich Besitzer der Burg, an deren Stelle sich heute ein moderner Gutshof befindet.
- KD Düren 326, T., Welters, Hist. St. III 697

Vettweiß-Froitzheim

Wasserburg Froitzheim

Die Wasserburg war der Stammsitz der Schenk v. Nideggen. Sie brannte 1487 ab, wurde aber wieder aufgebaut. 1642 und 1678/79 wurde sie zerstört und 1731 endgültig abgetragen. Es war eine zweiteilige Anlage mit einer kleinen quadratischen Hauptburg im Südosten und der Vorburg mit Gutsbetrieb im Nordwesten. Beide Teile hatten eigene Grabensysteme.
- KD Düren 143, Janssen II 27, Hist. St. III 238, Welters, T., Nellessen Froitzheim

Motte Frangenheim

Der Burghügel wurde 1934/35 teilweise eingeebnet. Er hatte einen Durchmesser von etwa 30 m und war ungefähr 3,50 m hoch.

Die Motte war fast ganz von einem später zugeschütteten Graben umzogen. Auf der Kuppe fand man mittelalterliches Mauerwerk und karolingische Keramik. Bei der Begehung des Geländes 1969 war die Restanlage noch in fast unversehrtem Zustand. Im Westen fand man zwei parallele Mauern auf etwa 4 m Länge, bei einem Abstand von 2,50 m. Möglicherweise bildeten sie eine Torgasse. Spuren einer Vorburg wurden keine gefunden.
- Janssen II 26 und 509, Müller-Wille Nr. 90, Hist. St. III 697, Führer 26 S. 44

Vettweiß-Ginnick

Motte Ginnick

Etwa 150 m westlich der Kirche sind in der Flur Alte Burg einige Mauerreste erhalten, die zu einer Wehranlage gehört haben müssen. Stellenweise kann man noch einen Graben, der schon stark eingeebnet ist, im Gelände erkennen.
- Janssen II 28

Kuhpescher Hof

Hierbei handelte es sich wohl eher um eine spätmittelalterliche Hofesfeste denn um eine echte Motte. 1924 wurde nach einem Brand der Hof aufgegeben und wüst. Die Vorburg bildet ein grabenumwehrtes Rechteck, auf dem ein Gebäude gestanden hatte. Von der Hauptburg ist nur noch ein 2 m hoher, fast quadratischer Burghügel (32×33 m) erhalten, der von einem 9–12 m breiten Graben umzogen ist. Der Graben wurde vom Muldenauer Bach gespeist.
- Janssen II 28, KD Düren 153

Vettweiß-Müddersheim

Wasserschloß Müddersheim

Die Lehensburg des Erzbistums Köln kam 1707 in den Besitz der Familie v. Geyr, die sie heute noch bewohnt. 1720 wurde das Schloß neugebaut. An einer Schmalseite der Rechteckanlage steht das Herrenhaus, ein zweigeschossiger Backsteinbau mit feinen Sandsteingliederungen und Walmdach. Aus dem fast quadratischen Gebäude tritt auf der Hofseite der giebelbekrönte Mittelrisalit mit der Freitreppe heraus. Die Wirtschaftsgebäude grenzen an den übrigen Seiten den Hof ein. Schloß Müddersheim steht in einem gepflegten Park. Wahrscheinlich ist es aus einer Hofesfeste der 1130 als kölnische Lehnsleute genannten Ritter v. Müddersheim entstanden.

– KD Düren 215, Dehio N 486, Hist. St. III 529, Duncker 75, T.

Wasserburg Müddersheim

Auf der Tranchot-Karte ist sie als fast quadratisches Areal mit abgerundeten Ecken, das rundum von einem breiten Wassergraben umgeben war, eingezeichnet. Innerhalb des Bereiches sind keine Gebäude eingetragen, so daß die Burg damals schon aufgegeben war. Östlich außerhalb des Berings waren zwei heute nicht mehr vorhandene Bauten eingetragen.

– Janssen II 36, Welters

Hakhof

Der befestigte Hof wird auf der Tranchot-Karte ungefähr 600 m nordwestlich der Müddersheimer Kirche angegeben, so daß er erst im Laufe des 19. Jh. wüst wurde.

– Janssen II 36, Führer 26 S. 24

Vettweiß-Disternich

Hallenburg

Die schon 1288 als kurkölnisches Offenhaus genannte Hallenburg bildet den klassischen Fall der Wasserburgen im Erft-Swist-Neffelbach-Gebiet. In der Hauptburg steht das mächtige, einfache Herrenhaus aus dem 16. Jh., in der Vorburg der zweiflügelige Wirtschaftshof, der heute noch in Resten erhalten ist. Beide Burgteile sind nur durch eigene Grabensysteme geschützt.

– Janssen II 21, KD Düren 61, Dehio N 115, Welters, T., W., Hist. St. III 162

Wilhelms- oder Schenkernburg

Die Burg wird 1464 erstmalig erwähnt. Sie wurde um die Mitte des 19. Jh. parzelliert und abgebrochen. Es war ursprünglich eine zweiteilige Wasserburg mit der Vorburg im Norden und der Hauptburg im Süden, beide von Gräben umzogen. Die Burg lag topographisch sehr günstig am Übergang des von Disternich kommenden und nach Vettweiß führenden Weges über den Neffelbach. Heute sind die Gräben der Vorburg noch im Gelände erkennbar. Gelegentlich schauen Mauerreste aus dem Wiesengrund heraus.

– KD Düren 62, Janssen II 21, Hist. St. III 162, T., Welters

Befestigter Hof oder Wehranlage

Janssen vermutet, daß es sich hierbei entweder um eine zweiteilige Wasserburg oder um einen befestigten Hof handelte. Die Vorburg am Ostufer des Neffelbachs wird von einem vierseitig geschlossenen Wirtschaftshof gebildet. Die Hauptburg lag auf dem Westufer des Baches, der beide Teile trennte. Auf dieser Seite findet man ein viereckiges, von Wassergräben umzogenes Gelände, auf dem man sich das Herrenhaus zu denken hat. Die entsprechende Tranchot-Karte zeigt keine Baulichkeiten auf, so daß angenommen werden kann, dieser Teil ist schon damals wüst gewesen. Die Gräben sind noch im Gelände sichtbar.

– Janssen II 21

Vettweiß-Gladbach

Burg Gladbach I

Die Burg war seit dem 12. Jh. Jülicher Lehen. Anstelle der baufälligen Anlage wurde die heutige Wasserburg ab 1715 fast völlig neu errichtet. Im 19. Jh. fanden mehrmals Veränderungen statt. Die Hauptburg steht auf den Fundamenten einer mittelalterlichen Vierflügelanlage. Es ist ein schlichter zweigeschossiger Backsteinbau, der den Ehrenhof hufeisenförmig einrahmt. 1823 erhielten die Seitenflügel halbrunde Abschlüsse, wobei der nördliche an der Stelle des mittelalterlichen Bergfrieds steht. Die große einheitliche Vierflügelanlage der Vorburg wird durch einen einladenden Torbau mit interessanter Giebelfront betont.

– KD Düren 157, Dehio N 204, Hist. St. III 257, T., W., Führer 26 S. 24, Herzog

Burg Gladbach II

Im Ort gab es eine weitere kleine Burg, wahrscheinlich ein Burghaus, die aber untergegangen ist.
– T., Führer 25 S. 172

Motte „Kronenburg"

Reste eines Burghügels mit einem Durchmesser von 40 bis 60 m sind etwa 200 m nordwestlich der Kirche erhalten. Mauerreste oder Scherben wurden keine gefunden, so daß eine genauere Datierung nicht möglich ist.
– Führer 25 S. 172, Führer 26 S. 23

Haus Mersheim

Das Haus wird als Nachfolgebau eines fränkischen Hofes angesehen. Das schlichte, geradezu unauffällige Anwesen ist eine kleine, ehemals wohl zweiteilige Wasserburg oder Hofesfeste am Neffelbach.
– Führer 25 S. 175, Führer 26 S. 24

Motte II

Dicht am Neffelbach befand sich eine zweite Motte, die in den ersten Nachkriegsjahren vollständig abgetragen wurde.
– Führer 25 S. 172, Führer 26 S. 23

Schlusgenhof

Hierbei handelt es sich um eine zweiteilige, wasserumwehrte Hofesfeste.
– Führer 25 S. 172

Vettweiß-Lüxheim

Hofesfeste Lüxheim

Der Hof gehörte dem Kloster Füssenich und war an eine Adelsfamilie verlehnt. Von den alten Gebäuden hat sich nichts erhalten, weil der Hof in der zweiten Hälfte des 19. Jh. neu angelegt wurde.
– KD Düren 162, Führer 25

Dunkelsburg

Einer der vielen Rittersitze in Lüxheim war die Dunkelsburg, mit der das Kloster Füssenich im 14. Jh. einen Ritter belehnte. Sie lag an der Stelle, wo der aus Lüxheim nach Osten führende Hauptweg auf den Neffelbach trifft. Die Burg bestand aus einem ovalen Areal, das von einem Wassergraben eingerahmt war, der vom Neffelbach gespeist wurde.
– Janssen II 34, KD Düren 161

Gabriels- oder Kapellenhof

Die alte Hofesfeste wird schon im 15. Jh. erwähnt. Es war ein vierseitig geschlossener, wahrscheinlich von Gräben umgebener Hof, dem südwestlich ein Teich vorgelagert war. Die namengebende Kapelle liegt nahebei auf einem Hügel, den man als Motte vermuten könnte. Die jetzige Hofanlage stammt aus dem 19. Jh.
– Janssen II 34, Düren 160 KD, Welters

Vettweiß-Roelsdorf

Burg Roelsdorf

1553 wird ein Gerard Dommermoit „up der borch zu Ruelsdorp" genannt, dessen Familie dort schon lange ansässig gewesen zu sein scheint. Im 17. Jh. übernahmen die v. Schellart den Besitz. Reste der Anlage haben sich keine erhalten.
– KD Düren 305

Vettweiß-Sievernich

Alte Burg Sievernich

Gegenüber der heutigen Burg Sievernich stand eine Burg der von 1153 bis 1396 genannten Ritter v. Sievernich, die aus zwei grabenumschlossenen viereckigen Teilen gebildet wurde. Tranchot zeichnet in dem Areal kein Gebäude mehr ein. Der südwestliche Teil der Anlage ist noch heute als ein Geviert von Wassergräben im Gelände erhalten, während der nordwestliche völlig eingeebnet ist.
– Janssen II 39, T., Welters, Hist. St. III 689

Burg Sievernich

Im 15. Jh., vielleicht nach der Aufgabe der alten Burg, wurde der heutige Herrensitz gegründet. Die regelmäßige Anlage wird von dem dreiflügeligen Herrenhaus mit achteckigem Treppenturm beherrscht, das im 18. Jh.

erbaut und um 1860 stark erneuert wurde. Die dreiflügelige Vorburg ist modern.
- KD Düren 311, Hist. St. III 689, T., Herzog

Vettweiß-Soller

Motte I

Die ursprünglich quadratische, befestigte Anlage mit Wassergraben war schon 1910 wüst. Die eigentliche Motte hat einen Durchmesser von etwa 15 m. Der sie umgebende flache Graben ist nur noch teilweise zu erkennen. Funde wurden keine geborgen.
- Janssen II 40, Müller-Wille 88

Gut Veitsheim (Motte II)

Noch 1920 soll hier ein 5 bis 6 m breiter Graben einen etwa 4 m hohen Hügel von 12 m Durchmesser umschlossen haben, von dem allerdings keine Reste mehr vorhanden sind. In der flachmuldigen Niederung ist ein Burghügel sehr gut vorstellbar.
- Janssen II 40, Müller-Wille Nr. 89, Hist. St. III 697

Veynau, Burg s. Euskirchen-Obergartzem

Viedel, Burg s. Polch

Villip s. Wachtberg-V.

Vinea Domini, Lustschloß s. Bonn

Virneburg

Burg

Auf einer Felsnase über dem Nitzbach stand die Stammburg der Grafen v. Virneburg; sie war gleichzeitig das Zentrum einer großen Herrschaft. Nach dem Erlöschen des Geschlechts kam die Grafschaft an das Haus Löwenstein. Von der umfangreichen Anlage sind nur noch Reste der Umfassungsmauern, eines runden Eckturms und einer Wehrmauer erhalten, da die Burg 1689 von den Franzosen zerstört worden war.
- KD Mayen 425, Dehio 955, Hist. St. V 387, L. 25, T., B., v. Behr, Hirschfeld, Resch, Backes Eifel, Laufner, Berns Nr. 28 und 103, Liessem Übersicht 160

Alt-Virneburg

Unterhalb der Virneburg im Nitztal trägt ein Felsvorsprung diese Bezeichnung. Es wird vermutet, daß hier das Burghaus der v. Virneburg stand, bevor sie sich die große Anlage erbauen ließen.
- B. 25 und 44

Virnich, Burg s. Zülpich-Schwerfen

Vischel, s. Berg-V.

Vlatten s. Heimbach-V.

Vochem s. Brühl-V.

Vogthaus (b. Bürresheim) s. Mayen

Vogtsbell, Haus s. Frechen-Buschbell

Vogtsburg s. Kerpen-Buir

Vorst s. Frechen-V.

Vossenack s. Hürtgenwald-V.

Wachendorf s. Mechernich-W.

Wachtberg-Adendorf

Wasserburg Adendorf

Die heutige Anlage geht im Grundriß auf die Burg von 1337 zurück, von der Mauerwerk in den Neubau des 17./18. Jh. einbezogen wurde. Der nordwestliche Rundturm mit den kleinen Fenstern und dem Kegeldach zeigt noch den Charakter des mittelalterlichen Wehrturmes. Schloß Adendorf ist eine bedeutende zweiteilige Wasseranlage. Die Vorburg, ein dreiflügeliger Wirtschaftstrakt, ist mit zwei viereckigen Türmen bewehrt. Sie war ursprünglich durch einen breiten Graben vom Herrenhaus getrennt. Heute ist der Graben terrassiert. Die Hauptburg ist eine stattliche Anlage um einen Innenhof. Die vier Flügel haben teils zwei, teils drei Geschosse und steile Satteldächer. Die Ecken werden von dem Rundturm und den Erkern mit Pyramidendächern verstärkt. Die Hausteingliederung erinnert an die voraufgegangenen Fachwerkbauten. Das rustizierte Hausteinportal zeigt im Dreieckgiebel das Wappen des Hauses v. d. Leyen. Die Renaissance-

anlage ist durch die niederländischen Casteels stark beeinflußt. Vom 16. Jh. bis 1829 war Adendorf im Besitz der späteren Fürsten v. d. Leyen, gelangte dann an die Freiherren v. Loë, die das Schloß heute noch besitzen.
– KD Rheinbach 12, Dehio N 37, Kubach-Verbeek 800, T., W., Haentjes Wachtberg, Hist. St. III 7, Duncker 43, Herzog

Burg Münchhausen

Die unregelmäßige, im ganzen doch gut erhaltene Anlage war ursprünglich durch Wassergräben geschützt. Von der ältesten Steinanlage sind erhalten der runde Bergfried aus dem 12. Jh., der viereckige Torturm und der zweigeschossige romanische Bau aus dem 12./13. Jh. mit nach außen gerundeten Mauern und zwei runden Ecktürmen. Die Haupttürme haben in dem Fundament römisches Gußmauerwerk von der hier vorbeiführenden römischen Wasserleitung. In die Reste der alten Burg wurden im 18. und 19. Jh. neue Wohngebäude eingefügt. Ursprünglich war Münchhausen Besitz der Abtei Prüm, gelangte um die Mitte des 13. Jh. an das Erzstift Köln und war von 1659 bis 1843 Eigentum der v. d. Leyen.
– KD Rheinbach 15, Dehio N 37, Haentjes Wachtberg, T., W., Kubach-Verbeek 800, Hist. St. III 7, Welters

Motte Adendorf

Westlich der Burg Adendorf ist im Gelände eine zweiteilige Burghügelanlage noch deutlich erkennbar. Die Motte der Hauptburg, von schwach ovaler Form ist noch fast 4 m hoch erhalten und von einem Graben umgeben. Nach Osten schließt sich das nur wenig über die Umgebung herausragende Gelände der viereckigen Vorburg an, in deren Nordteil der Schäfereihof liegt. Auch die Wirtschaftsburg ist von einem Graben umgeben. Bisher erfolgten keine archäologischen Untersuchungen.
– Janssen II 126, Müller-Wille Nr. 67

Wachtberg-Berkum

Wasserburg Odenhausen

Seit dem 14. Jh. war Odenhausen Lehen der Abtei Siegburg, das 1544 an die Familie v. Blanckart kam. Dieses Geschlecht erbaute die heutige Burg. 1663 kauften die Waldbott v. Bassenheim den Besitz, der danach häufiger den Eigentümer wechselte. Die Hauptburg der zweiteiligen Anlage weist einen etwa quadratischen Grundriß auf und besteht aus zwei rechtwinklig zueinanderstehenden zweigeschossigen Wohntrakten, die mit Volutengiebeln und reich geschmückten Erkern dekoriert sind. Die unbebauten Hofseiten waren durch eine hohe Schildmauer und einen Eckturm gesichert. Von der ursprünglichen Innenausstattung sind noch drei Barockkamine erhalten. Die Vorburg ist durch ein repräsentatives Renaissanceportal betont.
– KD Kreis Bonn 260, Dehio N 58, T., W., Herzog-Corsten, Haentjes Wachtberg, Hist. St. III 67

Motte Odenhausen

Die erste Burganlage von Odenhausen war eine Turmhügelburg, deren Fundamente im Park der Wasserburg, westlich des Herrenhauses ruhen.
– Haentjes Wachtberg S. 16

Rittersitz Peppenhoven

Bis 1909 waren die Gebäude erhalten, die lange Zeit – durch Schenkung – im Besitz des Jesuitenordens waren. Heute ist das Grundstück (Jesuitenhof) modern bebaut.
– Janssen II 135, Lempertz

Wachtberg-Fritzdorf

Burg Fritzdorf

Von der Fritzdorfer Burg sind so gut wie keine Reste mehr vorhanden. Es war wohl eine zweiteilige Anlage. Die Hauptburg wurde zu Anfang des 20. Jh. total abgerissen. Sie hat nordwestlich des Bauernhofes gelegen, der als Vorburg angesehen werden kann. Dort sollen sich im Fundament große Basaltbrocken finden, die sekundär verwendetes Material der Hauptburg sein könnten. Unter dem als Wiese genutzten freien Gelände sollen noch Reste der Kellergewölbe und ein Brunnen liegen.

– KD Rheinbach 33, Janssen II 147, Hist. St. III 237, T., Haentjes Wachtberg, Gemeinde Wachtberg

Sommersberger Hof

Bis etwa 1600 war hier der Sitz der Herren v. Gertzen. Die ursprünglich zweiteilige Wasseranlage befand sich in freier Feldflur. Etwa nordwestlich hinter dem heutigen Hof stand die quadratische Hauptburg, deren Umfassungsgraben und nördlicher Mauerabschnitt erhalten ist. An der Ostseite befinden sich Reste eines Turmfundaments. Die Vorburg dient heute als Gutshof. Sie ist von einem Graben umgeben. In die Mauern sind Spolien der Burg verbaut.

– Janssen II 148, Hist. St. III 237, Haentjes Wachtberg, T., Welters, Gemeinde Wachtberg

Zingsheimer Hof

Die Hauptburg der zweiteiligen Burganlage befand sich nördlich der heutigen Hofgebäude. Dort finden sich auch Reste eines Burghügels, mit dessen Material der Graben zugeschüttet wurde. Die Motte ist noch bis zu einer Höhe von drei Metern erhalten. Der Verlauf des Grabens kann nachvollzogen werden. In der Vorburg wurden Steinblöcke aus der Hauptburg verbaut. Nach der Tranchot-Aufnahme waren beide Burgteile von einem ovalen Graben umgeben. Zwischen Vor- und Hauptburg ist bei mittelalterlichen Anlagen ein Graben vorauszusetzen.

– Janssen II 149, Gemeinde Wachtberg

Wachtberg-Niederbachem

Adeliger Sitz Nesselburg

1459 wird die Nesselburg als Lehen des Ritters Luther Quadt v. Tomburg genannt. 1599 war der adelige Sitz Eigentum der Johanna v. Anstel. 1683 kam das landtagsfähige Rittergut in den Besitz des Klosters Nonnenwerth.

Kurz nach 1820 wurden die Gebäude vollständig abgetragen.

– Janssen II 167

Wachtberg-Villip

Schloß Gudenau

Die Wasserburg Gudenau gehört zu den imposantesten Anlagen im Rheinland. Sie dürfte im frühen 13. Jh. gegründet worden sein, da sie seit 1246 kölnisches Lehen war. Seit 1402 waren die Burggrafen v. Drachenfels Lehensleute, denen die Waldbott v. Bassenheim und 1735 die v. d. Vorst zu Lombeck folgten. Burg Gudenau ist aus verschiedenen Bauteilen des 13. bis 18. Jh. gebildet und wurde nach dem Zweiten Weltkrieg umfassend restauriert. Das zweigeschossige, vierflügelige Herrenhaus ist im Kern gotisch, später mehrfach umgestaltet. Zur Parkseite ist eine barocke Terrasse vorgelagert. Der runde Eckturm mit Kegeldach und der Haustein-Erker an der Eingangsseite sind mittelalterlich. Die erste Vorburg mit ihrem mächtigen Torbau und den beiden runden Flankentürmen mit Zwiebeldächern sowie dem dreigeschossigen Verbindungstrakt zur Hauptburg stammen aus dem 16./17. Jh., sie wurden aber auf älteren Fundamenten errichtet. Die zweite Vorburg, in der die Ökonomie untergebracht ist, wurde im 19. Jh. weitgehend verändert. Von der alten Anlage sind nur noch die Tordurchfahrten und der viereckige Nordost-Eckturm erhalten. Gudenau besitzt eine bemerkenswerte Gartenanlage.

– KD Kreis Bonn 297, Dehio N 607, Haentjes Wachtberg, T., W., Korth, Duncker 109, Hist. St. III 737, Herzog

Hoppenburg

Angeblich war es die Burg der Ritter v. Steinen gen. Tricht. Die Hoppenburg wird etwa zwischen 1450 und 1650 erwähnt. Auf dem Gelände sollen noch Mauerfundamente in der Erde stecken.

– Janssen II 182

Motte Villip

Auf der Flur „Scharfenstein" befand sich ein quadratischer Burghügel mit einer Kanten-

Burg Falkenstein über der Our

länge von 20 m und einer Höhe von 1,50 m. Die Anlage war von breiten wasserführenden Gräben umzogen. Nördlich davon lag die Vorburg. Heute ist die Motte total beseitigt; an ihrer Stelle befindet sich ein Parkplatz.
– Janssen II 181, Müller-Wille S. 109

Wachtberg-Werthoven
(Bis 1934 trug der Ortsteil den Namen Pissenheim)

Karolingisches Hofgut
Ein karolingisches Gut ist bezeugt, aber relativ früh untergegangen.
– Dehio N 628, Haentjes Wachtberg

Fester Hof in Werthoven
1270 wird der Hof als Sitz des Rittergeschlechts v. Pissenheim genannt. Die Anlage war ehemals von Wassergräben umgeben, so

daß man von einer Hofesfeste sprechen kann. Das Anwesen ist untergegangen.
– Janssen II 36

Wahlen s. Kall-W.

Walberberg s. Bornheim-W.

Waldhof-Falkenstein

Burg Falkenstein
Hoch über der Our ist die Burg Falkenstein auf einem Bergsporn gelegen. Sie ist seit der ersten Hälfte des 12. Jh. bekannt. 1679 wurde sie zerstört und ist seither Ruine. Ende des 19. Jh. erfolgte der Einbau eines einfachen Wohngebäudes. Anstelle eines Halsgrabens an der Ostseite ist ein Felsenweiher angelegt. Von den mittelalterlichen Bauten ist ein Wohnturm aus dem 14. Jh. am besten erhalten. Daneben befindet sich der rechteckige Felsenkeller eines ehemaligen Wohnhauses und die Zisterne mit dem Ablaufkanal. Die Burgkapelle wurde 1936 wiederaufgebaut. Sie besitzt ein kurzes dreischiffiges Langhaus mit Flachdecke und einen tonnengewölbten Chor mit Apsis. Die Seitenschiffe haben kleine Nebenchöre. Über dem linken Seitenchor ist ein Turm errichtet.
– KD Bitburg 94, Dehio 962, Hist. St. V 96, B., T., Haan, Janssen II 330, Kubach-Verbeek 284, Backes Eifel, Resch

Waldorf

Burg
Eine Burg in Waldorf wird im 15. Jh. genannt. Der Kirchturm soll früher Verteidigungszwecken gedient und mit der Burg in Verbindung gestanden haben. Das Feld hinter der Kirche trägt den Namen „Die Burg".
– Schulz Pyrmont S. 7, L. 96

Walheim s. Aachen-W.

Walsdorf

Burgwüstung Spiegelberg
(auch Arnolfesberg oder Arensberg/Arnsberg genannt)
Auf dem Burgberg Arnsberg wurde eine Fül-

le mittelalterlicher Mörtelmauern und Keramik festgestellt. Unter den Scherben waren solche des 14. und 15. Jh. quantitativ am stärksten vertreten. Auch eine Münze Karls des Kühnen wurde gefunden. 1927 entdeckte man bei Grabungen die Fundamente eines Turmes und weiterer Gebäulichkeiten. Am Fuße des Berges deuten Terrassenäcker auf die alte Flur der Siedlung Arnsberg hin.
– KD Daun 255, T., B., Janssen II 243

Warte, Motte s. Leimbach

Wartenburg

Eine Wartenburg soll bei Kröv gelegen haben. 1336 wird ein Ritter v. Wartenburg genannt. Weitere Belege sind nicht bekannt.
– Janssen II 370

Wartenstein

Nach Janssen muß eine Burg Wartenstein bei Manderscheid vermutet werden. 1448 wird Wilhelm v. Manderscheid Herr zu Wartenstein genannt.
– Janssen II 370

Wassenach

Burg

An die Stelle einer Burg der Kolb v. Wassenach wurde 1772 ein zweigeschossiger Zweiflügelbau mit Mansarddach gebaut. Die Hauptfront ist durch Pilastergliederung, Giebel, Freitreppe und rundbogige Toreinfahrt betont. Heute ist im Burghaus ein Gasthof eingerichtet.
– KD Mayen 446, L. 448, Dehio 966, T., Wegeler

Weckbeckersches Landhaus/ Burg Weckbecker s. Lehmen

Wehr

Haus Tiefenthal

Das adelige Hofgut wurde von Ritter Heinrich d. Guten an Steinfeld gegeben. Es ist kurz nach 1700 wüst geworden. Mauerreste sollen sich auf dem Flurstück „Dohm" erhalten haben.
– KD Mayen 456

Weidesheim s. Euskirchen-W.

Weierhof, Gut s. Düren-Gürzenich

Weiherburg s. Wollmerath

Weiler (b. Wittlich)

Burg Weiler

1319 erwarb Erzbischof Balduin v. Trier das Öffnungsrecht der Burg. Fünf Jahre später verbot er die Vergabe als Afterlehen.
– Berns Nr. 13 und 25, Laufner

Weiler in der Ebene s. Zülpich-Weiler

Weilerbach s. Bollendorf-W.

Weilerswist

Wasserburg Weilerswist

Hierbei handelt es sich um eine zweiteilige Hofesfeste.
– Welters, Führer 25 S. 173

Burg Kühlseggen

Eine Familie v. Kühlseggen wird 1312 genannt. Die malerische kleine Wasserburg, eine zweiteilige Anlage, gehört seit 1836 den Freiherren v. Eltz-Rübenach. Die heutige Burg ist aus einer mittelalterlichen Niederungsburg hervorgegangen und verdankt ihre Gestaltung im wesentlichen dem 16. Jh. Das auf einem künstlichen Hügel errichtete Herrenhaus, eine Dreiflügelanlage mit quadratischem Eckturm und Treppengiebeln, ist über eine steinerne, ansteigende Brücke zu erreichen. Die Burg wurde 1747 restauriert. Die Vorburg stammt vom Ende des 18. Jh. Bei der sehr vorteilhaften Restaurierung 1962 wurde der große Saal im Erdgeschoß des Herrenhauses von den Einbauten des 18. Jh. befreit.
– KD Euskirchen 185, Dehio N 625, Kisky Euskirchen 104, T., Welters, W., Hist. St. III 763, Duncker 119, Führer 25 S. 172, Führer 26 S. 13 und 17

Scheiffartsburg

Als einziger Rest einer ehemaligen Burg steht ein zweigeschossiger Eckturm mit plastischem Schmuck aus der zweiten Hälfte des 16. Jh. in einem Wiesengelände. Die Gebäude der ehemals zweiteiligen Wasserburg sind gänzlich untergegangen, die Gräben verschüttet. Scheiffartsburg wurde nach 1750 wüst.

- KD Euskirchen 184, Janssen II 122, Kisky Euskirchen 120, Hist. St. III 783, Führer 25 S. 172, Führer 26 S. 14, Welters, T.

Swisteburg

Bei dieser Wasserburg handelt es sich um eine einfache Hofesfeste.

- Führer 26 S. 13

Weilerswist-Bodenheim

Wasserburg Bodenheim

Eine Familie v. Bodenheim wird zwischen 1136 und dem Ende des 14. Jh. erwähnt. Der Wohnbau der Hauptburg stammt aus der Zeit um 1530, wurde aber im 19. Jh. verändert. Vor den drei unregelmäßigen, nebeneinanderliegenden Trakten, zum Teil mit Staffelgiebeln, erhebt sich ein mächtiger, quadratischer, übereck gestellter Turm mit Glockenhaube. Die Vorburg wurde im 18. Jh. errichtet und im 19. Jh. verändert. Der Hof der Hauptburg wird durch den weit vorgezogenen Osttrakt begrenzt. Der Treppenturm am Südflügel hat eine glockenförmige Haube.

- KD Euskirchen 22, T., Kisky Euskirchen 81, Welters, Hist. St. III 91, Duncker 113

Weilerswist-Derkum

Haus Derkum

Nach Tranchot handelt es sich um ein grabenumschlossenes Viereck, in dem ein dreiseitiger, nach Süden offener Gutshof stand. 1893 war das Gelände wüst. Es war eine im späten Mittelalter und in der frühen Neuzeit bewohnte Hofesfeste. Das 40 × 50 m große Areal wird von einem 6 m breiten Graben eingefaßt. Das flache Innengelände dient als Weide. Im Südosten findet sich ein kurzes

Mauerstück. Das Fundament ist aus vermörteltem Bruchstein, darüber liegen mittelalterliche Ziegel. Bei dem befestigten Adelssitz Haus Derkum handelte es sich nicht um eine Motte.

- Janssen II 107, Kisky Euskirchen 85, Welters

Hofesfeste II

Hierbei handelt es sich um eine ehemals zweiteilige Wasserburg.

- Führer 25 S. 174

Weilerswist-Lommersum

Burg Angelstein

Die Burg ist völlig untergegangen.

- Kisky Euskirchen 108

Wasserburg Dieffenthal

Hierbei handelt es sich um eine Hofesfeste, die auf den Fundamenten einer älteren Burg errichtet ist. Die noch erkennbaren Gräben zeigen, daß es sich ursprünglich um eine zweiteilige Anlage handelte.

- KD Euskirchen 141, Kisky Euskirchen 85, Welters, Führer 25 S. 174, Führer 26 S. 13

Befestigter Knipphof

Hierbei handelt es sich um eine spätmittelalterliche Hofesfeste. Innerhalb des umgrabenen Areals stand ein einzelnes Gebäude, das aber 1893 nicht mehr vorhanden war.

- Janssen II 108

Weilerswist-Metternich

Burg Metternich

Das Herrenhaus der mittelalterlichen Wasserburg wurde im 17. Jh. auf alten Fundamenten errichtet, aber gegen Ende des 19. Jh. umgestaltet, wobei die Silhouette verändert wurde. Im Winkel des zweigeschossigen Flügelbaus steht ein viereckiger Turm mit drei Geschossen. Die vierflügeligen Wirtschaftsgebäude sind modern.

- KD Euskirchen 146, Kisky Euskirchen 110, Welters, Duncker 53, T., Herzog

Haus Vellbrüggen oder Aldenbrüggen

1692 erwarb Franz Wilhelm v. Schönheim

zusammen mit der Burg Metternich das Haus Vellbrüggen, das als Stammsitz der Fürsten v. Metternich angesehen wird. Um 1720 wurde das Herrenhaus mit Mittelrisalit erbaut. Die zweiteilige Wasserburg wurde im Krieg schwer beschädigt.
– KD Euskirchen 147, Kisky Euskirchen 111, Welters, T., Hist. St. III 515

Weilerswist-Müggenhausen

Burg Müggenhausen
Müggenhausen befand sich zu Ende des 14. Jh. im Besitz des Junkers Johann Scherfgin. Von der Weiheranlage sind nur noch die Ringmauer mit einem inneren Strebepfeiler und zwei Rundtürmchen sowie spärliche Reste des Burghauses erhalten.
– KD Rheinbach 83, T., Kisky Euskirchen 111, Welters, Hist. St. III 530, NN: Burg und „Herrlichkeit" Müggenhausen (zwischen Eifel und Ville 6. Jg., Nr. 10, Okt. 1952, S. 38–39)

Weilerswist-Vernich

Burg Horchheim
Die ehemalige Hofesfeste ist untergegangen.
– Kisky Euskirchen 98, Schorn Horchheim

Motte Vernich
Die zweiteilige Anlage bestand aus dem eigentlichen Burghügel und einer Vorburg. Die Motte hatte einen Durchmesser von 60 bis 70 m und ist nur noch schwach im Gelände zu erkennen. In der Vorburg wurde später eine Mühle errichtet. Die Burghügelanlage wurde oft „Tomberg" genannt, weshalb es häufig zu Verwechslungen mit der Tomburg (s. Rheinbach-Wormersdorf) kam.
– Janssen II 120, Kisky Euskirchen 118

Burg Großvernich
Von der quadratischen Hauptburg der Wasseranlage sind nur noch der Rest eines Eckturmes, teilweise die Züge der Umfassungs- und Gebäudemauern sowie der Torturm aus der zweiten Hälfte des 15. Jh. erhalten. Das Wohnhaus in der Vorburg, wo keine älteren Bauten erhalten sind, wurde 1809 erbaut.

Großvernich, die nach Kisky „Tombergerhof" geheißen haben soll, wurde um 1300 errichtet.
– KD Euskirchen 76, Kisky Euskirchen 119, Schorn, B., T., Welters, Hist. St. III 732, Berns Nr. 144 und 150

Hofesfeste Großvernich
Wahrscheinlich handelt es sich um eine Unterburg, möglicherweise um eine zweiteilige Wasseranlage. Das heutige Anwesen ist auf jeden Fall einteilig.
Nach Kisky gab es in Großvernich mehrere Hofesfesten.
– Kisky Euskirchen 119, Führer 25 S. 174

Wasserburg Kleinvernich
Die Kleine Burg war eine aus Eichenfachwerk errichtete Hofesfeste. Auch die Tor- und Zugbrückenanlage war aus Fachwerk. Die Burg soll auch den Namen Gürtzgensburg gehabt haben. Die früher zweiteilige Wasseranlage ist im 18. Jh. untergegangen.
– Kisky Euskirchen 119, Welters, W., Hist. St. III 732

Weinsheim s. Gondelsheim

Weiße Burg s. Bornheim-Sechtem

Weiße Burg s. Erftstadt-Friesheim

Weissenthurm

„Weißer Thurm"
Wahrscheinlich hat Erzbischof Kuno v. Trier den Weißen Thurm als Grenzsicherung und Zollturm errichten lassen. Der Graben zum Rhein ist noch erkennbar. Um den Turm bildete sich der Ort. Es handelt sich um einen schlichten, verputzten Bruchsteinturm mit Zinnenkranz über einem Rundbogenfries.
– KD Kreis Koblenz 386, Dehio 971, T., B., L. 216, Liessem Weissenthurm, Liessem Übersicht 160

Weißer Turm s. Bad Neuenahr-Ahrweiler

Weisweiler s. Eschweiler-W.

Welchenhausen, Burg s. Lützkampen

Welling

Burg

Nach Fabricius war mit dem Hof in Welling eine alte verfallene Burg, vielleicht ein römisches castrum, verbunden.
– Fabricius VII 1 S. 68, Liessem Übersicht 160

Welschbillig

Burg

Die Burg wurde um die Mitte des 13. Jh. über den Resten einer Römervilla errichtet. Die ursprünglich regelmäßige, fast quadratische Anlage mit vier runden Ecktürmen, von denen der nordwestliche erhalten ist, war von breiten Wassergräben umgeben. In der Mitte der Westseite erhebt sich der in den Graben vorspringende Torbau, der von zwei Rundtürmen flankiert ist. Die schlitzartigen Fenster im Obergeschoß sind mit Dreipässen geziert. 1711 wurde in dem Burghof das Amtshaus errichtet; es dient heute als Pfarrhaus. An der Rückseite des Rechteckbaues mit Halbwalmdach befindet sich ein viereckiger haubengekrönter Treppenturm.
– KD Kreis Trier 391, Dehio 972, Hist. St. V 400, B., T., Janssen II 434, Lichter, Laufner, Kentenich, Resch, Führer 33 S. 190, Backes Eifel

Wenau s. Langerwehe-W.

Wensburg s. Lind-Obliers

Wernerseck, Burg s. Ochtendung

Werthoven s. Wachtberg-W.

Wesseling-Berzdorf

Jagdschloß Entenfang

Kurfürst Clemens August ließ 1750–52 ein altes Jagdhaus abreißen und an seinem Platz das bescheidene Schlößchen bauen. Das zweigeschossige Haus mit fünfseitig vorspringendem Türmchen und höhergelegener Terrasse gelangte später in verschiedene Hände. Haus Entenfang, das baulich stark verändert wurde, sieht einem ungewissen Schicksal entgegen. Die Ententeiche, die dem Besitz den Namen gaben, sind verlandet, der Park verwildert.
– KD Kreis Köln 17, T., Hansmann Entenfang, Meynen, Hist. St. III 68, Herzog, Kisky Köln 96–97

Wetteldorf s. Schönecken-W.

Weyer, Burg s. Mechernich

Weyerburg s. Sinzig

Weyerhof s. Düren

Wichterich s. Zülpich-W.

Wickingerburg s. Ferschweiler

Widdenhof s. Bergheim-Heppendorf

Wierschem

Burg Eltz

Die Burg im schmalen Tal der Elz gelegen, gehört zu den wenigen Adelssitzen in Rheinland-Pfalz, die nie erobert oder gewaltsam zerstört wurden. Georg Dehio nannte Eltz einmal „die Burg schlechthin". In einer langgestreckten Ellipse liegen die einzelnen Häuser Platteltz, Kempenich, Rodendorf und Rübenach, teilweise bis zu sieben Geschosse hoch. 1157 wird die Burg als Reichslehen der v. Eltz genannt, war eine Ganerbenburg, ab 1354 unter trierischer Oberhoheit. Seit 1815 sind nur die Grafen v. Eltz Besitzer. 1845 erfolgte eine behutsame Restaurierung. 1920 vernichtete ein Brand einen Teil der Burg, der aber wiederhergestellt wurde. Ältester Bau ist Platteltz, ein den Charakter des Bergfrieds wahrender Wohnbau aus dem 13. Jh. mit den Resten der westlich vorgelagerten Vorburg. Haus Rübenach, ein rechteckiger Bau, wurde 1472 vollendet. An der Hofseite wird es von polygonalen Fachwerktürmchen und einem reizvollen Erkervorbau betont. Das Pfortenhaus über einem unregelmäßigen Grundriß ist zwischen das Rübenacher und das Rodendorfer Haus eingefügt. Die Kapelle wurde wahrscheinlich 1327 neugebaut, aber später verändert. Haus Rodendorf wurde zwischen 1470 und 1540 errichtet und beherrscht die Ostseite der Burganlage. Wei-

tere Burghäuser schließen sich an. Im äußeren Bereich stehen Bauten der Befestigungsanlage. Die Innenausstattung von Eltz ist bemerkenswert und gibt einen guten Einblick in die Wohnkultur vom Mittelalter bis ins 19. Jh.
– Dehio 979, Hist. St. V 91, Jung/Ritzenhofen, T., B., Michel, Gräfin Eltz, Kubach-Verbeek 254, Duncker 48, Berns Nr. 167, Gappenach Münstermaifeld, Liessem Übersicht 160, Roth

Burg Trutz-Eltz/Baldeneltz

In der ersten Hälfte des 14. Jh. errichtete Erzbischof Balduin von Trier die kleine Burg zur Belagerung von Eltz, um die „Isenköppe" unter seine Herrschaft zu zwingen. Ursprünglich handelte es sich um einen zweigeschossigen Wohnturm mit Wehrgang im Norden und Eckturm im Osten, einem Doppeltor mit gotischem Eingang und dreiseitigem Zwinger. Trutzeltz ist spätestens seit dem 18. Jh. Ruine.
– wie Eltz

Wiesbaum

Burghaus Mirbach

Bei diesem Anwesen handelte es sich vermutlich um einen Wohnturm aus dem späten 13. Jh. mit einer Grundfläche von 13,10 m auf 9,10 m und war möglicherweise durch einen Graben gesichert. Man nimmt an, daß es sich bei dem Rittersitz der v. Mirbach um den wüsten Turmhof handelte.
– KD Daun 264, Wagner Mirbach

Burg Mirbach

1902 wurde die künstliche Ruine auf dem Fundament eines rechteckigen Gebäudes, wohl eines Burghauses, errichtet. Dabei wurden Spolien älterer Bauten aus Hillesheim und Kerpen/Eifel eingebracht.
– KD Daun 265, Wagner Mirbach, T., B.

Burgstelle Simonshof

Der befestigte Hof mit Wohnturm, eine sog. Burgstelle, war vom 13. bis zum 16. Jh. im Besitz der Familie v. Mirbach. Die Reste

Burg Eltz

wurden 1870 eingeebnet. Der Simonshof wurde auch Oberer Hof genannt.
– KD Daun 264, Janssen II 245, T., Wagner Mirbach

Clusenhof

Das Mirbachsche Hofgut war mit Wall und Doppelgraben befestigt. Zu Beginn des 18. Jh. gelangte es in den Besitz der Augustiner in Hillesheim. Am 14. Mai 1799 brannten die Gebäude ab, wurden aber auf Kosten der Erbpächterin wiederaufgebaut. Der Clusenhof trägt auch die Bezeichnung Unterer Hof.
– KD Daun 264, Janssen II 245, Wagner Mirbach

Wildenburg s. Kall-Wahlen

Wildenburg s. Zülpich-Bürvenich

Wildnis, Burg s. Herzogenrath

Wilhelmsburg/Schenkenburg s. Vettweiß-Disternich

Wilhelmstein, Burg s. Würselen-Bardenberg

Wimbach (b. Adenau)

Burghaus

Nach Wimbach nannte sich ein Geschlecht, das um die Mitte des 15. Jh. mit einem Dodo v. Wynbach erscheint, der ein Nürburger Burglehen erhielt.
– KD Ahrweiler 676

Winneburg s. Cochem

Winningen

Burghaus der v. Winningen

Das Burghaus der Ritter v. Winningen wird schon 1541 als alt bezeichnet. 1656 nennt man es „vester Tourn", woraus man schließen kann, daß es sich um einen Wohnturm handelte. Die Anlage ist verschwunden.
– Liessem Übersicht 160

Vogtsitz/Heddesdorffer Hof

Der spätgotische Rittersitz wurde 1724 zu einem repräsentativen Amtssitz umgebaut, der im 19. Jh. erheblich verändert wurde. Das Gebäude mit Walmdach erhielt im 20. Jh. einen angepaßten, sehr interessanten Giebelaufsatz. Das Hoftor und die Fensterläden haben feinen Empireschmuck.
– KD Kreis Koblenz 400, Liessem Übersicht 160

Winterberg, Burg s. Rheinbach-Queckenberg

Witterschlick s. Alfter-W.

Wittgenstein, Haus s. Bornheim-Roisdorf

Wittlich

Burg Ottenstein

Die kurfürstliche Burg, im 15. Jh. von Erzbischof Otto v. Trier erbaut, ist untergegangen. An ihrer Stelle wurde das Schloß Philippsfreude errichtet.

– KD Wittlich 338, Dehio 992, Hist. St. V 408, T., B., Städtebuch RLP 447, Freckmann Wittlich, Laufner, Führer 33 S. 242, Backes Eifel

Schloß Philippsfreude

Das 1761 bis 1763 für den Trierer Kurfürsten Johann Philipp v. Walderdorff anstelle der zerstörten Burg Ottenstein errichtete Jagd- und Sommerschloß wurde 1794 zerstört. Erhalten ist nur ein Nebengebäude aus dem 17. Jh. mit Treppenturm. Das Haus wurde später zum Amtsgericht umgebaut.
– KD Wittlich 338, Dehio 992, Hist. St. V 408, Backes Eifel, Freckmann Wittlich, Führer 33 S. 242, Städtebuch RLP 447

Wittlich-Bombogen

Neuerburg

Die Burg auf dem Neuerburger Kopf war um 1100 Luxemburger Besitz, wurde aber schon 1128 trierisch. Von 1140 bis 1146 ließ der Erzbischof den neuen Bau errichten. 1759 wird die Neuerburg als Ruine bezeichnet. Der ehemalige Wohnturm und der Bering wurden nach 1840 als Steinbruch benutzt. Erhalten ist nur noch ein Mauerstück.
– KD Wittlich 230, Janssen II 354, Freckmann Wittlich, T., B., Resch

Burg Tempelkopf

Etwa 3 km nordwestlich von Wittlich befand sich eine vorgeschichtliche Fliehburg auf dem Burgberg. Die Zeitstellung der Anlage ist unbekannt, da sie völlig untergegangen ist. Sie könnte also auch noch im Mittelalter benutzt worden sein.
– KD Wittlich 321, B., Freckmann Wittlich

Wolfsburg s. Bornheim-Roisdorf

Wolfsturm s. Kröv

Wollersheim s. Nideggen-W.

Wollmerath

Burghaus „Auf'm Stock"

Von dem Burghaus, das zeitweilig als Gefängnisturm gedient haben soll, ist nichts er-

halten. 1709 wurde an seiner Stelle ein Haus der Freiherren v. Landenberg errichtet, dessen Ruine aber 1810 abgetragen wurde. Eine breite Podesttreppe wurde geborgen und in einem anderen Haus eingefügt.
– KD Cochem 809

Weiherburg

Etwa 200 Schritt westlich der Kirche stand in einer Wiesensenkung eine Wasserburg, die angeblich unter Ludwig XIV. zerstört wurde. 1764 besaß sie zwei mächtige Ecktürme; 1772 wird ein dreigeschossiger Rundturm mit anschließendem Burghaus dargestellt. Auf der Südseite war der Sitz der Herren v. Wollmerath durch einen Weiher geschützt. Die Gräben wurden von kleinen Bächen gespeist. Tranchot zeichnet die Weiherburg nicht mehr ein in seiner Karte. Bei Grabungen wurden 1937 die Fundamente entdeckt.
– KD Cochem 809, Janssen II 899

Wolsfeld

Burg Wolsfeld

Die Burg der Edelfreien v. Wolsfeld ist früh untergegangen. An ihrer Stelle wurde das Schloß erbaut.
– KD Bitburg 310, Resch

Schloß Wolsfeld/Burghaus der v. Enschringen

Das Haus wurde erst 1646 erbaut. Der Westflügel wurde erst in neuerer Zeit hinzugefügt. Der quadratische Treppenturm, der oben in ein Achteck übergeht, an der Gartenseite des schlichten Baues stammt von 1906.
– KD Bitburg 310, Dehio 999, T., Glatz

Wormersdorf s. Rheinbach-W.

Wrede, Haus s. Bornheim-Roisdorf

Würselen-Bardenberg

Haus Kuckum

Von dem um 1550 gebildeten adeligen Lehen, um das sich in der Folgezeit heftige Erbstreitigkeiten entwickelten, sind nur noch geringe Reste erhalten. Es handelte sich um eine unregelmäßige Dreiflügelanlage, die im 17./ 18. Jh. erbaut und im 19. Jh. umgestaltet worden war.
– KD Kreis Aachen 33, Rh. Städtebuch 417, T.

Haus Steinhaus

Das Gut Bardunbach, das König Lothar II. 867 von seinem Vasallen Otberg gegen anderen Landbesitz eintauschte, gelangte 1043 als Fronhof in den Besitz des Kölner Erzbistums. 1248 verpfändete Konrad v. Hochstaden das inzwischen um den Hof und die Kirche entstandene Pfarrdorf Bardenberg an Graf Walram v. Jülich, der es dem Amt Wilhelmstein unterstellte. Im geldrischen Erbfolgestreit (1541–1543) wurde der Hof niedergebrannt. Der Aachener Bürgermeister Adam v. Zevell ließ hier eine Wasserburg errichten, das Haus Steinhaus, die 1691 durch Brand zerstört wurde. Das Gut behielt den Namen weiterhin.
– KD Kreis Aachen 32, Hist. St. III 52

Burg Wilhelmstein

Die Burg wurde um 1270 von Graf Wilhelm IV. v. Jülich anstelle einer zerstörten kurkölnischen Trutzfeste als wichtige Ausfall- und Verteidigungsstellung gegen Aachen und Limburg gebaut. Seit der ersten Hälfte des 14. Jh. saß hier ein Jülicher Amtmann. Die ursprünglich zweiteilige Anlage aus der zweiten Hälfte des 13. Jh. war auf einer langgestreckten Anhöhe über dem Würmtal errichtet. Von dem Hochschloß sind nur noch Teile des ehemaligen quadratischen, fünfgeschossigen Bergfrieds und ein Rest der Palas-Außenmauer erhalten. Von der östlich vorgelagerten Vorburg stehen Reste der mit kleinen Türmen bewehrten Umfassungsmauer und der zweigeschossigen Torbau mit gotischer Durchfahrt.
– KD Kreis Aachen 28, Dehio N 45, Grimme 55, T., B., Hist. St. III 876

Wymarsburg s. Erftstadt-Friesheim

Wymarshof/Haus Kirchberg s. Jülich-Güsten

Zanderkirch, Burg s. Kopp

Zehnbachhaus, Motte s. Blankenheim

Zell-Kaimt

Marienburg

Ungefähr drei Kilometer nördlich des Ortes Kaimt war an der schmalsten Stelle des Zeller Hamms eine Burg gebaut, an deren Stelle 1127 ein Kloster gestiftet wurde. Nach der Aufhebung des Klosters (1515) sollte hier eine neue Befestigung angelegt werden. Zu einer Ausführung kam es nicht. Die Ruine wurde 1952–1957 zum Jugendschulungsheim des Bistums Trier ausgebaut.
– KD Zell 187, Dehio 1035, Hist. St. V 157, Laufner, Kubach-Verbeek, B., L. 770, Friderichs Zell

Fliehburgen

„Mittelalterliche Zufluchtsstätten scheinen zwei von Gräben umzogene fast kreisrunde Ringe auf der Hochfläche des Barl zu sein."
– KD Zell 176

Zermüllen/Zur Mühlen, Rittersitz s. Kelberg

Zewen s. Trier-Z.

Zievel, Burg s. Mechernich-Lessenich

Zieverich s. Bergheim-Z.

Zingsheimer Hof s. Wachtberg-Fritzdorf

Zülpich

Landesburg

Möglicherweise stand an der Stelle der Landesburg die 881 zerstörte königliche Pfalz und eine Burg des 12./13. Jh., deren Neubau 1278 begonnen wurde. Die jetzige Landesburg stammt in ihrer Anlage aus dem 14./15. Jh. und wurde im 17. Jh. erneuert. Die große, fast regelmäßige Anlage wurde auf einem hohen Erdwall errichtet. Die Fundamente sind durch Entlastungsbögen miteinander verbunden. Durch ähnliche Mauerbögen verbundene Halbpfeiler trugen den Wehrgang. Die Anlage war an drei Ecken fortifikatorisch verstärkt. Die Gebäude gruppierten sich um einen großen Innenhof. Heute ist die Burg durch Einbauten verfremdet, obwohl die Kriegsschäden behoben sind.
– KD Euskirchen 223, Dehio N 667, Hist. St. III 812, T., Firmenich Zülpich, Kisky Euskirchen 124, Führer 26 S. 39, B., Welters, Rh. Städteatlas, Rh. Städtebuch 439

Fester Hof

Die Tranchot-Aufnahme zeigt ein spitzovales, von einem Graben umwehrtes Areal mit einem Gebäude, das in der Folgezeit unterging. Der Graben ist noch heute in seiner ursprünglichen Form erhalten.
– Janssen II 122, Führer 25 S. 177

Zülpich-Bürvenich

Wildenburg

Das ehemalige Amtshaus des Bürvenicher Gerichts ist ein schlichter Zweiflügelbau mit offener Halle und Staffelgiebeln. Der Seitentrakt wurde in der zweiten Hälfte des 18. Jh. im Rokoko-Stil verändert. Der dreiflügelige Fachwerkbau des Wirtschaftshofes hat eine hübsche Holzgalerie.
– KD Düren 45, Dehio N 108, T., Firmenich Zülpich

Zülpich-Dürscheven

Wasserburg Dürscheven

Gegen Ende des 12. Jh. übertrug der Edelfreie Rudolf v. Hart sein Allod in Schevene dem Stift Münstereifel. Die kleine, ehemals zweiteilige Wasserburg wurde als Hofesfeste Zehnthof des Stifts. Die Gebäude sind untergegangen.
– Firmenich Zülpich, Führer 25 S. 174

Zülpich-Enzen

Alte Burg Enzen

Die Burg stand an der Stelle des gräflich Mirbach-Harff'schen Gutes. Die Vorburg war ein „ärmlicher Bau", der um 1750 abbrannte. Die Hauptburg soll um 1470 zerstört worden sein, nach anderen Quellen zwischen 1550 und 1700. Lage und Ausdehnung der alten Burg waren noch bis 1874 durch die guterhaltenen Gräben kenntlich. Die Tranchot-Karte zeigt ein umwehrtes, unbebautes Grabengelände.

– Janssen II 95, Welters, Kisky Euskirchen 7, KD Euskirchen 32, T., Hist. St. III 206, Führer 25 S. 176

Burg Enzen

Die heutige Burg ist eine zweiteilige Anlage, die in der Nähe der alten Burg Enzen nach 1683 errichtet wurde. Das Rundbogentor und der sich anschließende Bruchsteinbau scheinen älter zu sein; möglicherweise sind es Teile der früheren Vorburg.

– KD Euskirchen 32, Firmenich Zülpich, Führer 25 S. 173

Hofesfeste Enzen

Hierbei handelt es sich um eine ehemals zweiteilige Wasseranlage.

– Führer 25 S. 174

Zülpich-Füssenich

Wasserburg Grachthof

Das kurkölnische Lehngut wird bereits 1449 erwähnt. Es ist eine einfache Hofesfeste.

– Firmenich Zülpich, Welters, Führer 25

Zülpich-Juntersdorf

Burg Juntersdorf

Die Burg war schon 1400 Lehen von Nideggen. Von der ehemals zweiteiligen Wasseranlage ist das Herrenhaus aus dem 17. Jh. erhalten. Der zweigeschossige Backsteinbau umfaßt hofseitig den Unterbau eines Rechteckturmes mit rundbogigem Portal, zu dem ehemals eine Zugbrücke führte.

– Firmenich Zülpich, KD Düren 131, Hist. St. III 371, Welters, Führer 25

Zülpich-Langendorf

Wasserburg Langendorf

Im 15. und 16. Jh. saßen hier die v. Sintzig und die v. Gertzen. Später wechselten die Besitzer häufig. Das Haupthaus, ein Winkelbau aus Bruchstein mit gequaderten Ecken

und Erkern hat an der Nordostecke einen runden Turm mit Kegeldach. Das Obergeschoß des Nordtraktes ist zum Teil aus Ständerfachwerk mit einem tief hinabreichenden Konsolfries aus profilierten Knaggen unter einer weitausladenden Wetterschutz-Dachtraufe. Über eine Freitreppe gelangt man in das Burginnere, wo ein Renaissancekamin (1580) mit dem Allianzwappen v. Palant/v. Gertzen erhalten ist. Die Wirtschaftsgebäude sind alle jüngeren Datums.

– Dehio N 438, Kisky Euskirchen 104, KD Euskirchen 110, Welters, W., Firmenich Zülpich

Zülpich-Linzenich

Wasserburg Linzenich

Die alte Burg am Rothbach wurde 1642 völlig zerstört. Im 18. Jh. baute man die Burg wieder auf. Erhalten ist das einfache, zweigeschossige Wohnhaus mit beschiefertem Obergeschoß. Die den Wirtschaftshof umstehenden Bauten stammen aus dem 19. Jh. Nach Kisky handelte es sich nie um eine echte Burg, sondern um eine Hofesfeste.

– Firmenich Zülpich, Kisky Euskirchen 107, Welters, KD Euskirchen 134, T., Welters Linzenich

Zülpich-Lövenich

Hofesfeste „Burg Lövenich"

Die burgähnliche Anlage des Rittergutes wurde nach dem Brand von 1799 nicht wieder aufgebaut. Letzte Reste der ehemals zweiteiligen Wasserburg wurden 1872 entfernt beim Bau des v. Dalwigkschen Burghauses.

– KD Euskirchen 138, T., Welters, Kisky Euskirchen 108, Führer 25 S. 175

Zülpich-Merzenich

Burghaus in Merzenich

Von der umfangreichen, 1382 genannten Wasseranlage, die Sitz einer Jülicher Unterherrschaft war, ist nichts mehr erhalten. Im 15. Jh. war die Anlage im Besitz der Familie v. Binsfeld, im 17. Jh. der v. Schaesberg und

v. Orsbeck, um 1780 gemeinsamer Besitz der v. Schaesberg, v. Geldern und v. Bourscheid. Die Bauten werden zu Anfang des 19. Jh. untergegangen sein. Erhalten sind Reste der Grabensysteme.
– KD Düren 210, T., Kisky Euskirchen 110, Welters

Wasserburg Ahrerburg (in Golzheim)

Die zweiteilige Wasserburg, der Hauptsitz der v. Ahr zu Golzheim, eine äußerst schlichte Anlage, ist wohl nach 1588 zu der heutigen festen Burg umgebaut worden. Das Wohnhaus ist ein zweigeschossiger Bau aus dem Jahr 1748.
– KD Düren 163, Hist. St. III 262, Welters, Führer 25

Stacher- oder Stackerburg (in Golzheim)

Das landtagsfähige Haus ist seit dem Ende des 14. Jh. bekannt. Es ist der Stammsitz der Familie Stach v. Golzheim. Die Burg ist eine sehr schlichte Anlage, ein Ziegelbau des 18. Jh. mit einem niedrigen Torturm an der Straßenseite.
– KD Düren 163, Hist. St. III 262, Welters, Führer 25,

Zülpich-Nemmenich

Burg Nemmenich

Hierbei handelt es sich um eine zweiteilige Hofesfeste, die von Wassergräben eingefaßt ist.
– Kisky Euskirchen 110, Welters, Führer 25 S. 173

Jüngere Burg Nemmenich

Von der Hofesfeste sind nur noch Reste erhalten.
– Kisky Euskirchen 110

Lauven- oder Löwenburg

Haus Lauvenburg ist eine zweiteilige Wasseranlage. Das Herrenhaus aus Backstein, ein Winkelbau mit Stufengiebeln und rundem Treppenturm stammt aus dem 15./16. Jh. und wurde im 17. und 18. Jh. verändert. Gegen Ende des 18. Jh. kam die Lauvenburg in bürgerliche Hände. Die Vorburg wurde

nach einem Brand 1869 in vereinfachten Formen erneuert.
– KD Euskirchen 149, T., Kisky Euskirchen 112, Dehio N 496, Herzog, Firmenich Zülpich

Ältere Burg Lüssem

Diese Burg ist 1621 völlig untergegangen.
– Kisky Euskirchen 110, Welters

Wasserburg Schnorrenberg

Von der ehemals zweiteiligen Anlage ist nur noch die Vorburg erhalten. Das Burghaus wurde 1845 abgebrochen.
– Kisky Euskirchen 112, Führer 25 S. 174

Zülpich-Niederelvenich

Haus Busch

Die früher zweiteilige Wasseranlage wurde im 18. Jh. zu einem barocken Landsitz umgestaltet. Herrenhaus und Wirtschaftsgebäude sind symmetrisch um einen großen Hof gruppiert. Die Wohngebäude mit Quaderecken haben gebrochene Walmdächer. An der rückwärtigen Schmalseite sind Mauerreste aus dem 14./15. Jh. erhalten. Aus derselben Zeit stammen die Kellergewölbe und ein später erhöhter Turm mit Zinnenkranz auf Konsolen. Zur Barockanlage gehörte auch ein Gartenparterre mit Statuen, das noch zu erkennen ist.
– KD Euskirchen 153, Welters, T., Firmenich Zülpich, Kisky Euskirchen 84

Hofesfeste Niederelvenich

Hierbei handelte es sich um eine zweiteilige Wasseranlage.
– Führer 25 S. 175

Zülpich-Oberelvenich

Schloß Oberelvenich

Das Schloß der Familie v. Hompesch ist untergegangen.
– Kisky Euskirchen 113, Firmenich Zülpich

Schloß Bollheim

1882 wurde das Barockschloß, eine regelmäßige Wasseranlage von 1628–1632 mit späte-

ren Umbauten, wegen Baufälligkeit niedergelegt. Erhalten ist die Vorburg mit den Ökonomiegebäuden aus der Mitte des 18. Jh. Schloß Bollheim hatte eine mittelalterliche Vorgängeranlage.
– KD Euskirchen 24, Hist. St. III 94, Welters, Kisky Euskirchen 113, T., Firmenich Zülpich, Duncker 112

Adeliger Hof Soynich/Sunnungh

Der Hof wird 1586 bezeugt. Er soll unmittelbar nach dem Übergang in den Besitz der Herren v. Bollheim abgerissen worden sein.
– Janssen II 115, Kisky Euskirchen 117

Zülpich-Schwerfen

Gülichsburg

Bereits im 12. Jh. wird die wasserumgebene Hofesfeste genannt. Den Namen erhielt das Anwesen zu Anfang des 17. Jh., als Engelbert v. Gülich die Herrschaft Schwerfen übernahm. Die Hauptburg bildet eine fast quadratische Anlage. Das Herrenhaus besteht im Westteil aus einem spätgotischen Bau mit hübschem Erker und einem östlichen Barockanbau mit Mansarddach von 1785. Die Wirtschaftsgebäude wurden im 19. Jh. unter Benutzung der alten Umfassungsmauern neugebaut.
– T., W., Kisky Euskirchen 116, KD Euskirchen 165, Hist. St. III 680, Firmenich Zülpich

Haus Irnich

Die ehemalige Wasseranlage stammt aus dem 14. Jh. Vor 1484 wurde mit dem Neubau und der Befestigung begonnen. Die Gebäude gruppieren sich um das verschobene Quadrat des Innenhofes. Am besten erhalten ist der um 1500 erbaute Torturm mit zwei Halbrunderkern und Zugbrückenanschlag. Der Taubenschlag im Kleinstgiebel ist eine reizvolle Zutat. Weiter sind ein Turm in mäßiger Höhe und die Ringmauer erhalten. Der Graben ist verlandet.
– Firmenich Zülpich, T., KD Euskirchen 94, Kisky Euskirchen 116, Welters, Hist. St. III 680

Burg Virnich

Die östlich von Schwerfen gelegene Wasserburg wurde schon 1140 genannt. 1880 legte man die Hauptburg nieder. Erhalten ist nur noch der Gutshof der Grafen v. Mirbach-Harff, die ehemalige Vorburg.
– Welters, Kisky Euskirchen 117, Firmenich Zülpich, Hist. St. III 680

Zülpich-Sinzenich

Burg Sinzenich

Der Stammsitz des gleichnamigen Geschlechts ging 1447 an die v. Gertzen über, die die Burg zum Sitz einer Jülicher Unterherrschaft machten. Im 16. Jh. wurde die Burg neugebaut. 1755 durch ein Erdbeben schwer beschädigt, stürzte der größte Teil 1769 ein. 1895 wurde der Rest durch Blitzschlag zerstört. Seither stehen nur noch das durch Kriegseinwirkungen beschädigte Untergeschoß des starken quadratischen Turmes und ein Rest der Bauten des 18. Jh.
– Kisky Euskirchen 117, T., KD Euskirchen 169, Hist. St. III 691, Firmenich Zülpich

Zülpich-Ülpenich

Haus Dürffenthal

Die Gräben der seit dem 14. Jh. bekannten Wasserburg sind längst zugeschüttet. Im 15. Jh. kam die Burg an die v. Berg. Die Hauptburg besteht aus einem Winkelbau. Der Hauptflügel mit Stufengiebel stammt aus dem 14. Jh., der niedrigere Seitentrakt aus dem 15. Jh. Der Eckturm wurde bei einer umfassenden Restaurierung im späten 19. Jh. zugefügt. Die Wirtschaftsgebäude der Vorburg wurden im 19. Jh. aus Backstein errichtet.
– Dehio N 604, KD Euskirchen 171, Kisky Euskirchen 85, Welters, Herzog

Zülpich-Weiler

Rittersitz Weiler

Der Rittersitz Weiler war eine zweiteilige Wasserburg, zu der zwei Höfe im Ort gehörten. Das adelige Haus ist untergegangen.
– Firmenich Zülpich, Welters, Führer 25 S. 173

Hofesfeste Weiler

Neben dem Rittersitz gab es eine kleine, ehemals zweiteilige Wasseranlage, die später in das Kloster Füssenich kam.

– Firmenich Zülpich, Führer 25 S. 173

Zülpich-Wichterich

Haus Boulich/Bulich

Die zweiteilige Wasserburg bestand aus einem einfachen Backstein-Herrenhaus des 17. Jh. und einer schmucklosen Vorburg aus dem 19. Jh. Die Hauptburg des ehemaligen Prümer Lehens wurde im Zweiten Weltkrieg gänzlich zerstört.

– KD Euskirchen 159, T., Hist. St. III 781, Welters

Burg Mülheim

Die zweiteilige Wasserburg wurde 1863 durch Brand zerstört und danach total beseitigt. An ihrer Stelle wurde eine moderne Hofanlage errichtet.

– KD Euskirchen 148, Kisky Euskirchen 123, Hist. St. III 781, Welters, T., Firmenich Zülpich

Haus Pesch

Die zweiteilige Wasseranlage, ein Lehen der Abtei Prüm, wurde 1711 wesentlich umgestaltet. Der einfache barocke Backsteinbau ist zweigeschossig und hat ein hohes Walmdach. Der dreiflügelige Wirtschaftshof wurde nach einem Brand 1863 neugebaut.

– T., KD Euskirchen 148, Kisky Euskirchen 123, Hist. St. III 781, Firmenich Zülpich

Burg Wichterich

Die der Abtei Prüm gehörende Hofesfeste ging schon sehr früh unter.

– Kisky Euskirchen 124, Firmenich Zülpich

Außer diesen Adels- und Lehnssitzen gab es in Zülpich-Wichterich einige Hofesfesten, meist ehemals zweiteilige Wasseranlagen, deren Qualität nicht ausgemacht werden konnte.

Zur Mühlen/Zermüllen, Rittersitz s. Kelberg

Literatur

R.(ichard) A.(llmers)
Burg Thurant und Umgebung. Ein Führer für
wanderfrohe Menschen
– Alken o. J.

Hermann Aubin / Joseph Niessen
Geschichtlicher Atlas der Rheinprovinz
– Köln 1926

Wilhelm Avenarius
Mittelrhein mit Hunsrück, Eifel, Westerwald.
Landschaft, Geschichte, Kultur, Kunst, Bur-
genkunde
(Reihe: Deutsche Landeskunde)
– Nürnberg 1974

Anton Bach
Das Gotteshaus in Gappenach
(: Heimat zwischen Hunsrück und Eifel. Beila-
ge der Rhein-Zeitung für Schule und Eltern-
haus. 25. Jg., Nr. 8, Sept. 1977)

Magnus Backes
Die Marienwallfahrtskapelle zu Pützfeld/Ahr
(Rheinische Kunststätten 84)
– Neuss (2. Aufl.) 1974

Magnus Backes
Burgen und Schlösser an Mosel und Saar
(Die Burgenreihe, Band 2)
– Neuwied o. J.

Magnus Backes
Burgen und Stadtwehren der Eifel
(Die Burgenreihe, Band 3)
– Neuwied o. J.

Magnus Backes / Hans Caspary / Regine Dölling
Kunstwanderungen in Rheinland-Pfalz und im
Saarland
– Stuttgart 1971

Hugh M. Baillie
An English Duchess at the Court of Bonn in
1768 and 1771
(: Festschrift für Franziskus Graf Wolff Metternich. Jahrbuch des RVDL für 1974. Neuss
1973, S. 150–159)

Hermann Bauer
Im Kreise Ahrweiler auf diplomatischem Par-
kett. Haus Ernich bei Remagen
(: Heimat-Jahrbuch für den Landkreis Ahrweiler 1959, S. 92–94)

Aloys Becker
Das Königliche Schloß zu Coblenz. Ein Beitrag
zur Geschichte des letzten Kurfürsten von Trier
Clemens Wenceslaus und der Stadt Coblenz
– Coblenz 1886

Karl E. Becker
Das Kyllburger Land. Landschaft, Geschichte,
Kulturdenkmale
– Kyllburg 1977

A. v. Behr (Hg.)
Eifelburgen
(: Mitteilungen des Rheinischen Vereins für
Denkmalpflege und Heimatschutz, 4. Jg., H. 3/4)
– Düsseldorf 1910

Wolf-Rüdiger Berns
Burgenpolitik und Herrschaft des Erzbischofs
Balduin von Trier. 1307–1354
(Vorträge und Forschungen, Sonderband 29)
– Sigmaringen 1980

Peter Blum, Hg.
Der Kreis Wittlich. Altes und Neues von Eifel
und Mosel
– Düsseldorf 1927

Wolfgang Böhm
Stand und Aufgaben der geographischen Burgenforschung im deutschen Sprachraum
(: Burgen und Schlösser, 10. Jg., H. 1, Juni
1969, S. 8–13)

Rudolf Bölkow
Die Burg Kriegshoven
(: 900 Jahre Heimerzheim. 1074–1974)
– Köln/Berlin 1974

Werner Bornheim gen. Schilling
Rheinische Höhenburgen. 3 Bände
(Jahrbuch des RVDL für 1961–1963)
– Neuss 1964

Werner Bornheim gen. Schilling
Die Burgen der Eifel
(: J. Schramm, Hg., Die Eifel. Land der Maare
und Vulkane. Essen 1963 u. ö., S. 117–123)

Werner Bornheim gen. Schilling
Burgenbau um die Mitte des 19. Jahrhunderts.
Zum Wiederaufbau des Rolandbogens 1840
(: Denkmalpflege in Rheinland-Pfalz. Jahresbe-
richte 1974/75, Jg. 29/30, S. 94–101)

Thomas Brand
Schloß Dudeldorf im 18. Jh.
(: Neues Trierisches Jahrbuch 1966, S. 108–116)

Heribert van der Broeck
Nideggens Burggelände war ein Eckfort des
Atuatuka der Eburonen
(: Eifeljahrbuch 1969, S. 74–80)

Elmar Brohl
Hermülheim. Hermülheim und der Deutsche
Orden
– Hürth o. J.

Brückmann
Untergegangene Siedlungen
(in: Der Kreis Wittlich, hgg. v. P. Blum)

Brückmann (Dechant)
Die Manderscheider Burgen
(: Eifelkalender 1931, S. 96–100)

Heinrich Candels
Das ehemalige Prämonstratenserinnen-Kloster
Wenau in Langerwehe bei Düren
(Rheinische Kunststätten 203)
– Neuss 1977

Karl Caro
Eifelburgen (Nordeifel)
– Düren 1931

Hans Caspary
Tagung der Landesdenkmalpfleger 1974 in
Rheinland-Pfalz
– Mainz 1974

Hans Caspary
Die Restaurierung der Bildtapete von Niedersgegen
(: Denkmalpflege in Rheinland-Pfalz. Jahres-
berichte 1968–73, Jgg. 23–28, hgg. vom Landesamt für Denkmalpflege, Mainz 1974, S. 60–62)

Karl Christoffel
Moselfahrten weinvergoldet. Lese- und Geleit-
buch
– Mannheim (2. Aufl.) 1968

Carl Wilhelm Clasen
Stadt Rheinbach
(Rheinische Kunststätten 249)
– Neuss 1981

Club der Heimatfreunde Buschhoven, Hg.
Chronik von Buschhoven (Bisher drei Hefte)
– Swisttal seit 1975

A. v. Cohausen
Das Befestigungswesen der Vorzeit
– Wiesbaden 1898

Anton Cordie
Die verschwundene Burg Beifels an der Prüm
(: Die Eifel, 1944, S. 136–138)

Heinz Cüppers
Neumagen-Dhron an der Mosel
(Rheinische Kunststätten 135)
– Neuss (2. Aufl.) 1976

Georg Dehio, Hg.
Handbuch der deutschen Kunstdenkmäler.
Rheinland (Nordrhein-Westfalen, T. 1), bear-
beitet von Ruth Schmitz-Ehmke
– München 1967

Georg Dehio, Hg.
Handbuch der deutschen Kunstdenkmäler.
Rheinland-Pfalz/Saarland, bearbeitet von Hans
Caspary, Wolfgang Götz und Ekkart Klinge.
– München 1972

W. Dehn
Die latènezeitliche Ringmauer von Preist, Kreis
Bitburg
(: Germania 23, 1939, S. 23 ff.)

Jakob Diederich
Burg Lantershofen, ein alter Herrensitz
(: Heimat-Jahrbuch für den Landkreis Ahrwei-
ler 1960, S. 68–71)

Wolfgang Dietz
Burg und Herrschaft Olbrück. Aufstieg und
Niedergang einer der ältesten Eifelburgen
– Galenberg 1976

Hans-Christoph Dittscheid / Reinhard Schneider
François-Ignace Mangin und die Baukunst des
französischen Klassizismus. Zu seinen Bauten
und Planungen in Trier, Mainz und Wallerstein
(: Mainzer Zeitschrift 76, 1981, S. 125–144)

Heinz Doepgen
900 Jahre Heimerzheim. 1074–1974. Festschrift
im Auftrag der Gemeinde Swisttal
– Köln/Berlin 1974

Heinz Doepgen / Roland Günter
Burgen, Kirchen und Schlösser im Raume Bonn
(Rheinische Kunststätten 21)
– Neuss (3. Aufl.) 1978

Josef Dörr
Über Burg und Tal. Burgen-Wanderungen
– Koblenz 1977

Batti Dohm
Aus der Vergangenheit Gerolsteins
– Gerolstein 1979

Heinz Dohmen
Stadt Dormagen
(Rheinische Kunststätten 217)
– Neuss 1979

U. Gräfin zu Dohna/G. Richter
Historische Park- und Gartenanlagen. Ergeb-
nisse aus der Forschungsarbeit „Erfassung
denkmalwerter Gärten und Parks in Privatbe-

sitz in Rheinland-Pfalz". Herausgegeben vom Kultusministerium Rheinland-Pfalz
– Mainz 1980

Peter Dohns
Die Inventare der Schlösser und Gärten zu Brühl
– Düsseldorf 1978

Hans J. Domsta
800 Jahre Schloß und Herrschaft Merode. Ausstellungskatalog
– Düren 1974

Hans J. Domsta
Untersuchungen zur Besitz- und Baugeschichte von Burg Konradsheim bei Lechenich
(: Archiv und Geschichte. Festschrift Rudolf Brandts, Köln 1978)

Alexander Duncker
Rheinlands Schlösser und Burgen. 2 Bände. Herausgegeben von Wilfried Hansmann und Gisbert Knopp
(Publikationen der Gesellschaft für Rheinische Geschichtskunde LXII)
– Düsseldorf 1981

Eifelverein, Hg.
Eifelführer 36. Aufl.
– Düren 1979/80

Eifelverein, Hg.
Gemünd
(Die schöne Eifel)
– Düren (2. Aufl.) 1978

Eifelverein, Hg.
Mechernich-Kommern
(Die schöne Eifel)
– Düren 1976

Johanna Gräfin zu Eltz
Burg Eltz
– Frankfurt am Main 1931

S. Emsbach
Aus der Geschichte der Stadt Cochem
(: Heimatbuch des Kreises Cochem. Kaisersesch 1926)

P. Esser, Hg.
Chronik von Witterschlick
– Witterschlick o. J. (Nachdruck der Ausgabe von 1903)

Wilhelm Fabricius, Hg.
Erläuterungen zum geschichtlichen Atlas der Rheinprovinz. 8 Bände
(Publikationen der Gesellschaft für Rheinische Geschichtskunde XII)
– Bonn 1894–1928

Hans Feldbusch
Burg Frankenberg. Museen der Stadt Aachen
(Rheinische Kunststätten 1)
– Neuss (2. Aufl.) 1977

Heinz Firmenich
Jagdschloß Falkenlust und seine Wiederherstellung
(: Burgen und Schlösser, 12. Jg., H. 2, Dez. 1971, S. 76–82)

Heinz Firmenich
Bad Münstereifel
(Rheinische Kunststätten 78)
– Neuss (5. Aufl.) 1976

Heinz Firmenich
Stadt Bedburg
(Rheinische Kunststätten 13)
– Neuss 1978

Heinz Firmenich
Stadt Brühl
(Rheinische Kunststätten 126)
– Neuss (2. Aufl.) 1972

Heinz Firmenich
Stadt Euskirchen
(Rheinische Kunststätten 112)
– Neuss 1974

Heinz Firmenich
Stadt Hürth
(Rheinische Kunststätten 36)
– Neuss (2. Aufl.) 1981

Heinz Firmenich
Köln-Rodenkirchen
(Rheinische Kunststätten 64)
– Neuss (3. Aufl.) 1976

Heinz Firmenich
Stadt Mechernich
(Rheinische Kunststätten 235)
– Neuss 1980

Heinz Firmenich
Stadt Zülpich
(Rheinische Kunststätten 192)
– Neuss 1976

Heinz Firmenich / Helmut Roosen
Schloß Türnich
(Rheinische Kunststätten 175)
– Neuss 1975

Otto v. Fisenne
Gutsburgen in der Eifel (Bahner Hof und Krayerhof)
(: Eifeljahrbuch 1961, S. 74–76)

Otto v. Fisenne
Die Wasserburg Kray bei Andernach am Rhein
und ihre Geschichte
(: Burgen und Schlösser, 19. Jg., H. 2, Dez.
1978, S. 134 f.)

Erich Franke
Koblenzer Kostbarkeiten. Stadtgeschichtliche
Skizzen in Wort und Bild. Band 2
– Koblenz 1973

Klaus Freckmann
Kröv an der Mosel
(Rheinische Kunststätten 150)
– Neuss 1972

Klaus Freckmann
Stadt Wittlich
(Rheinische Kunststätten 199)
– Neuss 1977

Klaus Freckmann / Werner Graetz
Burg und Dorf Bruch bei Wittlich
(Rheinische Kunststätten 260)
– Neuss 1981

Alfons Friderichs
Klotten und Burg Coraidelstein
(Rheinische Kunststätten 120)
– Neuss (2., veränderte Aufl.) 1980

Alfons Friderichs / Karl-Josef Gilles
Zell an der Mosel mit Kaimt und Merl
(Rheinische Kunststätten 179)
– Neuss 1975

Alfons Friderichs / Karl-Josef Gilles / Wolfgang
Wolpert
Ediger-Eller an der Mosel
(Rheinische Kunststätten 212)
– Neuss 1978

Jörg Gamer
Schloß Malberg in der Eifel
(Rheinische Kunststätten 73)
– Neuss (2. Aufl.) 1974

Hans Gappenach, Hg.
Münstermaifelder Heimatbuch
– Münstermaifeld 1962

Hans Gappenach
Münstermaifeld
(Rheinische Kunststätten 244)
– Neuss 1980

Hans Gappenach
Die Schönecker Burg in Münstermaifeld. Zur
Geschichte eines der ältesten Gebäude der Stadt
(: Heimat zwischen Hunsrück und Eifel,
29. Jg., Nr. 7, Aug./Sept. 1981)

Gemeinde Swisttal, Hg.
10 Jahre Swisttal. 1969–1979
– Swisttal 1979

Karl-Josef Gilles
Die Entersburg bei Bad Bertrich. Sie war eine
spätrömische und mittelalterliche Feste
(: Heimat zwischen Hunsrück und Eifel,
21. Jg., Nr. 8, Sept./Okt. 1973)

E. Gläßer
Zur Entwicklungsgeschichte ländlich-agrarer
Siedlungen im Kölner Norden. Ein Beitrag zur
Orts- und Flurgenese im Rheinland
(Düsseldorfer Geographische Schriften 4)
– Düsseldorf 1976

Joachim Glatz
Wolsfeld bei Bitburg
(Rheinische Kunststätten 286)
– Neuss 1983

Karl Göbels
Frechen – damals. Von der Römerzeit bis zur
Stadtwerdung. Ein heimatgeschichtliches Lese-
buch
– Bonn 1977

Ignaz Goertz
„Wo sie am höchsten ragen, die Felsen der Ahr
. . .“ Beitrag zur Baugeschichte der Burg Are
(: Heimat-Jahrbuch für den Landkreis Ahrwei-
ler 1961, S. 94–97)

Bernhard Gondorf
Der Wiederaufbau der Burg Hamm in der Eifel
am Ende des 19. Jahrhunderts
(: Burgen und Schlösser, 23. Jg., H. 1, Juni
1982, S. 41–44)

Bernhard Gondorf
Das Schloß zur Leyen. Die Oberburg in
(Kobern-)Gondorf an der Mosel
(: Rheinische Heimatpflege, N. F. 14. Jg., 1977,
H. 1, S. 17–21)

Bernhard Gondorf
Burg Pyrmont in der Eifel
– Köln 1983

Werner Graetz
Burg Bruch
(: Burgen und Schlösser, 22. Jg., H. 2, Dez.
1981, S. 95–103)

Josef Granrath
Chronologie und Zeittafel zur Geschichte von
Kinzweiler, Hehlrat und St. Jöris
– Eschweiler 1973

Gustav Grimme
Schlösser und Burgen im Aachener Land
(: Eifel-Heimatbuch 2, Bonn 1950, S. 54–56)

Roland Günter
Lüftelberg. Burg, Kirche und Dorf
(Rheinische Kunststätten 114)
– Neuss 1969

Wilhelm Günther
Gemünd in der Eifel
(Rheinische Kunststätten 31)
– Neuss 1966

Karl Guthausen
Kallmuth. Dorf am Pflugberg
– Mechernich 1976

Karl Guthausen / Johann Schmitz / Peter Zimmers
Dahlem/Eifel. Heimatbuch
– Dahlem 1978

Jean Haan
Die Burg Falkenstein
(: Eifeljahrbuch 1977, S. 76–80)

Joachim Hähnel u. a.
Kommern. Mit den Bürgern – für die Bürger.
Eine Dokumentation aus Anlaß der 750-Jahr-feier
– Köln 1979

Walter Haentjes
Bad Godesberg
(Rheinische Kunststätten 134)
– Neuss 1971

Walter Haentjes
Gemeinde Wachtberg im Drachenfelser Ländchen
(Rheinische Kunststätten 216)
– Neuss 1978

Johannes Haffke
Die Bodendorfer Burg im 19. und 20. Jahrhundert
(: Heimat-Jahrbuch für den Kreis Ahrweiler 1960, S. 45–48)

Günter Hagen
Schloß Gracht in Erftstadt-Liblar
(: Rheinische Heimatpflege, N. F. 12. Jg., 1975, H. 2, S. 106–109)

Wilfried Hansmann
Schloß Falkenlust
– Köln 1973

Wilfried Hansmann
Das Jagschloß Falkenlust zu Brühl
(Rheinische Kunststätten 149)
– Neuss (3. Aufl.) 1976

Wilfried Hansmann
Schloß Augustusburg zu Brühl
(Rheinische Kunststätten 23)
– Neuss (4. Aufl.) 1979

Wilfried Hansmann
Das kurfürstliche Jagdhaus Entenfang in Wesseling-Berzdorf
(: Rheinische Heimatpflege, N. F. 14, Jg., 1977, H. 3, S. 175–180)

Wilfried Hansmann / Gisbert Knopp
Schloß Brühl. Die kurkölnische Residenz Augustusburg und Schloß Falkenlust
– Köln 1982

Wilfried Hansmann / Gisbert Knopp
Schloß Gracht einst und jetzt
– Erftstadt 1976

Henseler
Das kurfürstliche Lustschlößchen Vinea Domini
(: Bonner Geschichtsblätter 1952, S. 31–42)

Adolf Herrnbrodt
Übersichtskarte der Archäologischen Denkmäler im Rheinland
– Köln 1969

Harald Herzog
Burg und Kirche Lüftelberg
(: Stadt Meckenheim, Hg., Studien zur Geschichte und Kunstgeschichte Lüftelbergs = Meckenheim, Band 3. Meckenheim 1979, S. 123–186)

Harald Herzog
Rheinische Schloßbauten im 19. Jahrhundert
(Arbeitsheft 37, hgg. vom Landeskonservator Rheinland)
– Köln 1981

Harald Herzog / Margret Corsten
Wasserburg Odenhausen
– o. O. 1978

Werner Heuer
Burgen um Niederbachem
(Reihe: Niederbachem, H. 6)
– Wachtberg-Niederbachem 1978

Hans Peter Hilger u. a.
Raum und Ausstattung rheinischer Kirchen 1860–1914
(Beiträge zu den Bau- und Kunstdenkmälern im Rheinland 26)
– Düsseldorf 1981

Fritz Hilgers
Das alte Stolberg

(Rheinische Kunststätten 277)
– Neuss 1983

Bruno Hirschfeld
Burgen der Eifel
(: Eifel-Festschrift, 1913, S. 247–268)

Fridolin Hörter
Die Schwedenfeste bei Hohenfels
(: Eifeljahrbuch 1978, S. 40–45)

Fridolin Hörter
Die kurfürstliche Burg und das Eifeler Landschaftsmuseum in Mayen
(Rheinische Kunststätten 236)
– Neuss 1980

Albrecht Prinz v. Hohenzollern
Leben und Wirken des Prinzen Carl Anton von Hohenzollern
(: Jahrbuch für Geschichte und Kunst des Mittelrheins und seiner Nachbargebiete, 14. Jg., 1962, S. 113–144)

Helmut Holtz
Schloß Kellenberg
(: Barmen. Ein Buch des Kultur- und Verkehrsvereins e. V. Barmen. Jülich 1979, S. 83 ff.)

Joachim Hotz
Saffig. Katholische Pfarrkirche
(Rheinische Kunststätten 125)
– Neuss 1969

Walter Hotz
Kleine Kunstgeschichte der deutschen Burg
– Darmstadt 1972

Walter Hotz
Kleine Kunstgeschichte der deutschen Schlösser
– Darmstadt 1974

Walter Hotz
Pfalzen und Burgen der Stauferzeit. Geschichte und Gestalt
– Darmstadt 1981

Albert Huyskens
Aachen und die Burgen und Landsitze am Nordrand der Eifel
(: Der Burgwart, 29. Jg., 1928, Nr. 1)

Walter Janssen
Studien zur Wüstungsfrage im fränkischen Altsiedelland zwischen Rhein, Mosel und Eifelnordrand. 2 Bände
(Beihefte Bonner Jahrbücher 35)
– Köln 1975

Wilhelm Jung
Karden an der Mosel
(Rheinische Kunststätten 40)
– Neuss 1959

Willi Jung / Dieter Ritzenhofen
Burg Eltz
(Große Baudenkmäler 285)
– München/Berlin 1974

Wend Graf Kalnein
Das kurfürstliche Schloß Clemensruhe in Poppelsdorf
(Bonner Beiträge zur Kunstwissenschaft, Band 4)
– Düsseldorf 1956

Peter Kees
Die Geschichte der Burg Arras
(: Heimat zwischen Hunsrück und Eifel, 20. Jg., 1972, April–Oktober)

Gottfried Kentenich
Burgen in der Umgebung Triers
(: Der Burgwart, 29. Jg., 1928, H. 5/6, S. 104–106)

Erich Keyser, Hg.
Rheinisches Städtebuch
(Deutsches Städtebuch III 3)
– Stuttgart 1956

Erich Keyser, Hg.
Städtebuch Rheinland-Pfalz und Saarland
(Deutsches Städtebuch IV 3)
– Stuttgart 1964

Hans Georg Kirchhoff / Heinz Braschoss / Franz Schoser
Heimatchronik des Kreises Bergheim
– Köln 1974

Hans Kisky
Kaster
(Rheinische Kunststätten 42)
– Neuss 1957

Hans Kisky
Wasserburgen und Schlösser im Landkreis Köln. Versuch eines Kataloges
(: J. Köllen / H. Kisky / R. Steimel, Siegel und Wappen, Burgen und Schlösser im Landkreis Köln. Köln-Zollstock 1966, S. 39–104)

Hans Kisky
Burgen, Schlösser und Hofesfesten im Kreise Euskirchen
– Euskirchen (2. Aufl.) 1960

Clemens Klug
Hürth – Kunstschätze und Denkmäler
– Hürth 1978

Gisbert Knopp / Wilfried Hansmann
Bonn – Universitätsbauten
(Rheinische Kunststätten 190)
– Neuss 1976

Anton Kohlhaas
Aus der Geschichte von Barmen. Teil 4: Geschichte des Rittersitzes und jetzigen Klosters Overbach
(: Rur-Blume 1936 S. 42–46)

Jean Pierre Koltz
Mitgliederversammlung 1979 und Exkursionen in Trier, Eifel und Luxemburg
(: Burgen und Schlösser, 20. Jg., H. 2, Dez. 1979, S. 119–123)

Karlheinz Korden
Die Nürburg im Wandel der Zeiten
(: Eifeljahrbuch 1977, S. 89–91)

Leonhard Korth
Burg Gudenau und ihre Besitzer
(: Festschrift zur 1100-Jahrfeier der Ortschaft Villip. Wachtberg 1973, S. 35–47)

Karl Emmerich Krämer / Eva Umscheid
Von Burg zu Burg durch die Eifel
– Duisburg 1976

Karl Emmerich Krämer / Eva Umscheid
Von Burg zu Burg zwischen Köln und Aachen
– Duisburg 1979

Pezer Kremer
Burgen im Moseltal
– Wittlich 1952

Peter Kremer
Burg Bischofstein mit dem weißen Ring. Sie war eine bischöfliche Festung. Niemals wurde sie zerstört
(: Heimat zwischen Hunsrück und Eifel, 14. Jg., Nr. 10, Februar 1967)

Peter Kremer
Zwei Burgen standen einst in Kobern an der Mosel. Ruinen künden noch von einem ehemals stolzen Geschlecht
(: Heimat zwischen Hunsrück und Eifel, 15. Jg., Nr. 1, April 1967)

Kreuzau, Ortsgemeinde (Hg.)
Gemeinde Kreuzau. Kirchen, Burgen, Häuser
– Kreuzau 1977

Hans-Erich Kubach / Albert Verbeek
Romanische Baukunst am Rhein und Maas. Katalog der vorromanischen und romanischen Denkmäler. 3 Bände
– Berlin 1976

Kultur- und Verkehrsverein Barmen e. V., Hg.
Barmen
– Jülich 1979

Die Kunstdenkmäler von Rheinland Pfalz, hgg. von Werner Bornheim gen. Schilling. Band 3:

Kreis Cochem (2 Teile), bearbeitet von Ernst Wackenroder
– München 1959

Die Kunstdenkmäler der Rheinprovinz, hgg. von Paul Clemen. Düsseldorf 1891 ff.
– Band   III 3: Kreis Neuss (1895)
  Band   IV 1: Landkreis Köln (1897)
  Band   IV 2: Kreis Rheinbach (1898)
  Band   IV 3: Kreis Bergheim (1899)
  Band   IV 4: Kreis Euskirchen (1900)
  Band   V 3: Stadt und Landkreis Bonn (1905)
  Band VIII 1: Kreis Jülich (1902)
  Band   IX 1: Kreis Düren (1910)
  Band   IX 2: Landkreis Aachen (1912)
  Band   X 3: Stadt Aachen (1927)
  Band   XI 1: Kreis Monschau (1927)
  Band   XI 2: Kreis Schleiden (1927)
  Band   XII 1: Kreis Bitburg (1927)
  Band   XII 2: Kreis Prüm (1927)
  Band   XII 3: Kreis Daun (1928)
  Band   XII 4: Kreis Wittlich (1934)
  Band   XV 1: Kreis Bernkastel (1935)
  Band   XV 2: Landkreis Trier (1936)
  Band XVI 3: Landkreis Koblenz (1944)
  Band XVII 1: Kreis Ahrweiler (1938)
  Band XVII 2: Kreis Mayen, 1. Halbband (1941)
  Band XIX 3: Kreis Zell/Mosel (1938)

Kurfürst Clemens August. Landesherr und Mäzen des 18. Jahrhunderts. Ausstellung im Schloß Augustusburg zu Brühl
– Brühl 1961

Landesamt für Datenverarbeitung und Statistik Nordrhein-Westfalen
Kommunale Neugliederung in Nordrhein-Westfalen 1961 bis 1976. Entwicklung von Fläche und Bevölkerung in den Gemeinden
(Beiträge zur Statistik des Landes Nordrhein-Westfalen, Heft 430)
– Düsseldorf 1980

Landeskonservator Rheinland, Hg.
Denkmälerverzeichnis
1.1 Aachen Innenstadt mit Frankenberger Viertel – Köln 1977
1.2 Aachen Übrige Stadtteile – Köln 1978

Landkreis Cochem-Zell, Hg.
Mosel – Eifel – Hunsrück. Der Landkreis Co-

191

chem-Zell. Landschaft – Kultur – Geschichte –
Wirtschaft
– Cochem-Zell 1979

Richard Laufner
Die Ausbildung des Territorialstaates der Kur-
fürsten von Trier
(: Vorträge und Forschungen 14 = H. Patze,
Hg. Der deutsche Territorialstaat im 14. Jh.
Sigmaringen 1971, S. 126–145)

Manfred Laufs
Das historische Ortslexikon von Rheinland-
Pfalz. Konzeption und Beispiele
(: Geschichtliche Landeskunde 7. Jg., 1971,
S. 1–33)

Paul Lehfeldt
Die Bau- und Kunstdenkmäler der Rheinprovinz. Band 1: Die Bau- und Kunstdenkmäler
des Regierungsbezirks Coblenz
– Düsseldorf 1886

Heinrich G. Lempertz
Rheinische Wasserburgen
(: Jahrbuch für Kunstfreunde 1937, S. 57–61)

J. Lenz
Der Rolandsbogen
– o. O. o. J.

Eduard Lichter
Welschbillig und Umgebung. Ein Beitrag zur
Geschichte der Südwesteifel. Geschichte des
Ortes, der Pfarrei und des Amtes Welschbillig.
– Trier 1977

Udo Liessem
Baugeschichtliche Beobachtungen an einigen
stauferzeitlichen Burgen in der Region Koblenz
(: Burgen und Schlösser, 18. Jg., H. 1, Juni
1977, S. 29–47)

Udo Liessem
Baubeobachtungen und Bemerkungen zur Ge-
schichte des Weißen Turmes in Weißenthurm
(: Denkmalpflege in Rheinland-Pfalz. Jahres-
berichte 1976–1978. Jgg. 31–33. Mainz 1979,
S. 60–64)

Udo Liessem
Beobachtungen zur Baugeschichte des Burg-
hauses von Eltz in Koblenz-Rübenach
(: Denkmalpflege in Rheinland-Pfalz. Jahres-
berichte 1976–1978, Jgg. 31–33. Mainz 1979,
S. 65–71)

Udo Liessem
Burgen im Landkreis Mayen-Koblenz. Eine
Übersicht
(: Heimat-Jahrbuch 1982 für den Landkreis
Mayen-Koblenz, S. 149–166)

Udo Liessem
Burgen im Landkreis Mayen-Koblenz. Eine Er-
gänzung
(: Heimat-Jahrbuch 1983 für den Landkreis
Mayen-Koblenz, S. 157–160)

Udo Liessem / Ulrich Löber
Ausgewählte Burgen an Rhein, Mosel und
Lahn. Eine Ausstellung des Landesmuseums
Koblenz
– Koblenz 1979

Herbert Limpens
Stadt Eschweiler
(Rheinische Kunststätten 271)
– Neuss 1983

Otto Graf v. Looz-Corswarem
Das neue Schloß zu Bassenheim
(: Jahrbuch für Geschichte und Kunst des Mittelrheins und seiner Nachbargebiete, 15./16. Jg.
1964, S. 73–80)

Otto Graf v. Looz-Corswarem / Franz Theunert
Heimatchronik des Landkreises Mayen
– Köln 1954

Theo Lucas
Die Herrschaft Neuerburg. Geschichtliches
Gemälde
(Beiträge zur Neuerburger Geschichte, Bd. 3a)
– Neuerburg 1975

Gertrud und Klaus Markowitz
Stadt Mayen
(Rheinische Kunststätten 237)
– Neuss 1980

Mathieu Mausbach
Norboniacum. Die Geschichte Nörvenichs
– Nörvenich 1975

C. Meckseper / G. Wangerin / H. Zander
Bestandsaufnahme mittelalterlicher Adelssitze
(Burgen) in der Bundesrepublik Deutschland.
Voruntersuchung
– Hannover 1979

Rudolf Meinecke
Die katholische Pfarrkirche St. Pankratius und
das Schloß in Bergheim-Paffendorf (Erft)
(Rheinische Kunststätten 284)
– Neuss

Hermann Meyer
Hillesheim. Die Geschichte eines Eifelstädt-
chens
(Schriftenreihe Ortschroniken des Trierer Lan-
des Band 10)
– Trier 1962

Henriette Meynen
Wasserburgen, Schlösser und Landsitze im Erftkreis
– Köln (2., erweiterte Auflage) 1980

Fritz Michel
Burg Eltz
(Große Baudenkmäler 92)
– München/Berlin 1945 u. ö.

Heinz Müller
Die Wüstungen des Kreises Mayen. Volkskundliche Beiträge zur Wüstungsforschung
– Bonn (diss. phil.) 1952 (masch.)

Hans-Paul Müller / Walter Janssen
Die Tomburg bei Rheinbach
(Rheinische Kunststätten 157)
– Neuss 1973

Michael Müller-Wille
Mittelalterliche Burghügel (‚Motten‘) im nördlichen Rheinland
(Beihefte Bonner Jahrbücher 16)
– Köln 1966

Landesmuseum Münster, Hg.
Schlaunstudie I (2 Bände)
– Münster 1973

Ernst Nellessen
Zur Geschichte der Pfarre Froitzheim und ihrer Kirche. 2. Teil
(: Dürener Geschichtsblätter 51, 1961, S. 1245)

Ernst Nellessen
Haus Rath bei Düren-Arnoldsweiler. Genealogische und heraldische Dokumente aus dem 17. und 18. Jahrhundert
(: Jahrbuch des Kreises Düren 1975, S. 132 ff.)

Heinrich Neu
Barocke Schlösser in der Eifel
(: Eifelkalender 1941, S. 123–128)

Heinrich Neu
Die ältesten Burgen des Bonner Landes
(: Vom Rhein zur Ahr, 3. Jg., 1949, S. 21 f.)

Heinrich Neu
Schloß Gehn in der Reichsherrschaft Kommern
(: Zwischen Eifel und Ville, 2. Jg., 1948, S. 42 f.)

Heinrich Neu
Burg Veynau
(: Zwischen Eifel und Ville, 2. Jg., 1948, S. 33–35 u. 39)

Heinrich Neu
Burg und Herren von Reuschenberg
(: An Erft und Gilbach, 3. Jg., 1949, S. 62 f.)

Heinrich Neu
Burg Kerpen im Mittelalter
(: An Erft und Gilbach, 2. Jg., 1948, S. 38 f.)

Heinrich Neu
Burg Dollendorf. Ein Beitrag zu ihrer Geschichte
(Heimatkalender 1962 für den Eifelgrenzkreis Schleiden, S. 38–43)

Heinrich Neu
Burg Eicks. Ein Beitrag zu ihrer Geschichte
(: Heimatkalender 1961 für den Eifelgrenzkreis Schleiden, S. 126 f.)

Heinrich Neu
Das herzoglich arenbergische Schloß zu Gehn bei Kommern. Ein Beitrag zur Kunst- und Wirtschaftsgeschichte des Rheinlandes
– Bonn 1959

Heinrich Neu
Kommern, eine arenbergische Reichsherrschaft
(: Heimatkalender 1959 für den Landkreis Euskirchen, S. 29–33)

Heinrich Neu
Das Schloß und die Festung Arenberg. Eine Monographie über das Stammschloß der Herzöge von Arenberg
(Rheinische Monographien, H. 1)
– Köln 1956

Heinrich Neu
Burg Neuweiler, eine unbekannte mittelalterliche Burg an der Ahr
(: Volksblatt 102, Euskirchen 22. 10. 1949, Nr. 1, S. 12)

Heinrich Neu
Die kurfürstliche Residenz in Bonn vor dem Bau des heutigen Schlosses
(: Bonn und sein Münster. Festschrift. Bonn 1947, S. 211–224)

Heinrich Neu
Die Kommende in Adenau
(: Festschrift zum 60jährigen Bestehen der Ortsgruppe Bonn des Eifelvereins. Beuel 1948, S. 24–26)

Heinrich Neu
Das herzoglich Arenbergische Schloß in Gehn bei Kommern
– Euskirchen 1939

Peter Neu
Burg und Burgflecken Blankenheim. Beiträge zur Geschichte eines Eifeler Burgfleckens im 17. und 18. Jahrhundert
(: Festschrift Edith Ennen. Bonn 1972, S. 451–456)

Hartwig Neumann
Zitadelle Jülich. Großer Kunst- und Bauführer
– Jülich 1977

Ernst Nick
Die ehemalige Wasserburg in Naunheim
(: Nationalzeitung, Ausgabe Kreis Mayen, 6. 1.
1944)

Ernst Nick
Die kurfürstliche Burg und die Stadtbefestigung
von Mayen
(: Der Burgwart 42. Jg., 1941)

Ernst v. Oidtmann / Edmund Renard
Der Geisbuscher Hof, der vergessene Stamm-
sitz eines bedeutsamen Adelsgeschlechtes der
Eifel
(: Mayen und das Maifeld. = Zeitschrift des
Rheinischen Vereins für Denkmalpflege und
Heimatschutz, 15. Jg., H. 2/3, Januar 1922,
S. 98–104)

Egon Olessak
Kronenburg
(Rheinische Kunststätten 67)
– Neuss 1956

Ortsgemeinde Kobern-Gondorf, Hg.
Kobern-Gondorf. Von der Vergangenheit zur
Gegenwart
– Kobern-Gondorf 1980

Heinz Peters
Die Baudenkmäler in Nordrhein-Westfalen.
Kriegsschäden und Wiederaufbau
(Jahrbuch der Rheinischen Denkmalpflege in
Nordrhein-Westfalen, 19. Jg.)
– Kevelaer 1951

Franz Petri / Georg Droege / Klaus Flink
Handbuch der historischen Stätten in Deutsch-
land Band 3: Nordrhein-Westfalen
– Stuttgart 1963 u. ö.

Ludwig Petry, Hg.
Handbuch der historischen Stätten in Deutsch-
land Band 5: Rheinland-Pfalz/Saarland
– Stuttgart 1959 u. ö.

Hans-Peter Pracht
Die Burg Olbrück
(: Eifeljahrbuch 1981, S. 74–80)

Hans-Peter Pracht
Burg Olbrück und das Zissener Ländchen
– Köln 1981

Ursula Rathke
Preußische Burgenromantik am Rhein
– München 1979

Ursula Rathke
Schloß- und Burgenbauten

(: Kunst des 19. Jahrhunderts im Rheinland,
Band 12, Architektur II, Düsseldorf 1980)

Jakob Rausch
Schloß und Herrlichkeit Vischel
(: Heimat-Jahrbuch für den Kreis Ahrweiler
1959, S. 92–94)

Jakob Rausch
Bodendorf hat eine eigene Burg. Geschichte der
Burg bis 1800
(: Heimat-Jahrbuch für den Landkreis Ahrwei-
ler 1960, S. 43–45)

Jakob Rausch
Die Herrlichkeit Vettelhoven
(: Heimat-Jahrbuch für den Kreis Ahrweiler
1961, S. 33–37)

Horst Reber
Baukunst in Kurtrier unter den Kurfürsten Jo-
hann Hugo von Orsbeck, Karl von Lothringen
und Franz Ludwig von Pfalz Neuburg.
1676–1729
(Veröffentlichungen des Bistumsarchivs Trier,
H. 5)
– Trier 1960

Edmund Renard
Die Bauten der Kurfürsten Joseph Clemens
und Clemens August von Köln. Ein Beitrag zur
Geschichte des Rokoko in Deutschland
(: Bonner Jahrbücher H. 99, 1896, S. 164–240
und H. 100, 1896, S. 1–102)

Edmund Renard
Rheinische Wasserburgen
– Bonn 1922

Edmund Renard
Clemens August Kurfürst von Köln. Ein rhei-
nischer Mäzen und Weidmann
(Monographien zur Weltgeschichte, Band 33)
– Bielefeld/Leipzig 1927

Aloys Resch
Die Edelfreien des Erzbistums Trier
(: Trierisches Archiv, H. 17/18, Trier 1911)

Gert Ressel / Bernd Päffgen
Kerpen an der Erft
(Rheinische Kunststätten 281)
– Neuss 1983

Sidonie Gräfin v. Renesse
Chronik der Burg Hamm
– o. O. o. J. (masch.)

Rheinischer Städteatlas
Veröffentlichungen des Instituts für geschichtliche Landeskunde der Rheinlande an der Universität Bonn.

Lieferung I 1 Lechenich (1972)
Lieferung I 2 Brühl (1972)
Lieferung I 3 Meckenheim (1972)
Lieferung I 4 Rheinbach (1972)
Lieferung I 5 Zülpich (1972)
Lieferung I 6 Bonn (1972)
Lieferung II 7 Bad Münstereifel (1974)
Lieferung II 8 Euskirchen (1974)
Lieferung II 9 Düren (1974)
Lieferung II 10 Kronenburg (1974)
Lieferung II 11 Blankenheim (1974)
Lieferung II 12 Schleiden (1974)
Lieferung III 17 Dollendorf (1976)
Lieferung III 20 Nideggen (1976)
Lieferung IV 22 Frechen (1978)

Klaus Ring
Burg Nideggen
(Schriftenreihe des Burgenmuseums Nideggen,
H. 1)
– Köln 1979

Helmut Ritter
Karden an der Mosel (Gemeinde Treis-Karden)
(Rheinische Kunststätten 40/41)
– Neuss 1978

Römisch-Germanisches Zentralmuseum Mainz,
Hg.
Führer zu den vor- und frühgeschichtlichen
Denkmälern
Band 25: Nordöstliches Eifelvorland.
Einführende Aufsätze
– Mainz 1974
Band 26: Nordöstliches Eifelvorland.
Exkursionen
– Mainz 1974
Band 33: Südwestliche Eifel
– Mainz 1977

Gerd Rose
Wiederherstellung der Burg Bachem in Frechen
(: Rheinische Heimatpflege, N. F. 12. Jg., 1975,
H. 2, S. 98–100)

Friedrich Wilhelm Emil Roth
Geschichte der Grafen und Herren zu Eltz.
2 Bände
– Mainz 1889/1890

Rudolf Schieffer
Burgen als Problem vergleichender Landesge-
schichte. Bericht über eine neue Publikation
(: RhVjBll 42, 1978, S. 489–503)

O. H. Schindler
Andernach
(Rheinische Kunststätten 8)
– Neuss (1. Aufl.) 1959

Ottheinz Schindler / Manfred Huiskes
Andernach (Innenstadt)
(Rheinische Kunststätten 8)
– Neuss (2. Aufl.) 1979

R. Schindler
Der Burgberg bei Kordel
(: Trierische Zeitschrift 18, H. 31, S. 247–265)

G. Schlag
Die deutschen Kaiserpfalzen
– Frankfurt am Main 1940

Ruth Schmitz-Ehmke
Die ehemalige Schloßkirche in Schleiden
(Rheinische Kunststätten 240)
– Neuss 1980

Ruth Schmitz-Ehmke
Schleiden in der Eifel mit Stadtteil Oberhausen
(Rheinische Kunststätten 263)
– Neuss 1983

Paul Scholtes / Werner Bornheim gen. Schilling
25 Jahre Denkmalpflege in der Eifel. 1945–1970
(: Eifeljahrbuch 1970, S. 27–51)

F. Schorn
Horchheim im Mittelalter
(: Zwischen Eifel und Ville, 11. Jg., Nr. 4, 1957,
S. 14–15)

Franz Schorn
Johann Hugo von Orsbeck. Ein rheinischer
Kirchenfürst der Barockzeit
– Köln 1976

Louis Schreder, Hg.
Kreis Mayen. Der Kreis der Steine und Erden
– Mayen 1936

Wolfgang Schuler
Monreal in der Eifel
(Rheinische Kunststätten 259)
– Neuss 1982

Gabriele Schulz
Verzeichnis der Bassenheimer Archivalien
(1343–20. Jh.) auf Schloß Pyrmont/Eifel
– Koblenz 1977

Frank Schwieger
Johann Claudius v. Lassaulx. 1871–1848. Ar-
chitekt und Denkmalpfleger in Koblenz
(Jahrbuch 1969 des RVDL)
– Neuss 1968

Karl August Seel
Orts- und Flurwüstungen in der Eifel. Ein Ar-
beitsbericht für das Jahr 1962 zum Forschungs-
auftrag „Die Altfelder der Eifel"
(: Bonner Jahrbücher 162, 1962, S. 455–479)

Werner Sieper
Zur Frage der ... Burgen ... des Kreises
Düren
(: Dürener Geschichtsblätter 21, März 1960,
S. 405–426)

Werner Sieper
Burg Wernerseck
(: Die Eifel, 56. Jg., 1961, S. 36–39)

P. Simons
Niederberg (Kreis Euskirchen). Geschichte einer domdechantischen Herrschaft und der Burg
– o. O. 1934

Ernst W. Spies
Denkmal Mont-Royal
(: Mittelmoselbuch, 2. Aufl. 1973, S. 154–162)

Meinhard Sponheimer
Burg und Amt Wernerseck
(: RhVjBll 7, 1937, S. 63–72)

Stadt Daun, Hg.
1250 Jahre Daun. 731–1981
– Daun 1981

Stadt Euskirchen, Hg.
Euskirchen – Portrait einer neuen Stadt
– Euskirchen 1974

Stadt Frechen, Hg.
Frechen. Bilder einer lebendigen Stadt
– Köln 1979

Stadt Mendig, Hg.
Mendig
– o. O. o. J. (Mendig 1969)

Stadt Schleiden, Hg.
Schleiden. Vergangenheit und Gegenwart
– Schleiden 1975

Statistisches Landesamt Rheinland-Pfalz, Hg.
Amtliches Gemeindeverzeichnis für Rheinland-
Pfalz 1979
– Bad Ems 1980

Leo Stausberg
Burg Rheineck
– Dortmund o. J.

Willi Steffens
Monreal, eine alte Eifelstadt. Der Ort liegt im
engen Tal der Eltz zwischen Mayen und Kaisersesch
(: Heimat zwischen Hunsrück und Eifel,
15. Jg., Nr. 1, April 1967)

P. Steiner
Untersuchungen an den alten Befestigungen auf
dem Weinberg bei Kerpen
(: Trierer Heimatbuch. Festschrift zur Rheini-

schen Jahrtausendfeier 1925. Trier 1925,
S. 261–272)

J. Steinhausen
Ortskunde Trier – Mettendorf
(Publikationen der Gesellschaft für Rheinische
Geschichtskunde XIII)
– Bonn 1932

Karl Stommel
Lechenich
(Rheinische Kunststätten 69)
– Neuss 1960

Curt Tillmann
Lexikon der deutschen Burgen und Schlösser.
4 Bände
– Stuttgart 1958–1961

Robert Tomas
Geschichte des Ortes und der Bürgermeisterei
Oedekoven
– Alfter 1979

Wolf-Rüdiger Topel
Schloß Burgau
(: Burgen und Schlösser 1977, 18. Jg., S. 95 ff.)

Karl Heinz Türk
Die Harff'sche Burg in Nörvenich. Dokumen-
tation des Verfalls
(: Dürener Geschichtsblätter 67, 1978, S. 125 ff.)

Karl Heinz Türk
Kirchen und Burgen in der Gemeinde Nörve-
nich bei Düren
(Rheinische Kunststätten 285)
– Neuss 1983

Gemeinde Türnich, Hg.
Türnich im Wandel der Zeit
– Türnich 1974

Jules Vannérus
Freudenburg, Freudenstein, Freudenkoppe.
Episode de la politique féodale suivie par Jean
l'Aveugle dans son comté de Luxembourg
(: Mélanges d'histoire offerts à Henri Pirenne.
Bruxelles 1926, pp. 616–634)

Hans Vogts
Traben-Trarbach
(Rheinische Kunststätten 101)
– Neuss 1957

Paulus Volk OSB
Die Burgen und Schlösser [im Mayengau]
(: A. Schippers OSB, Hg., Der Mayengau. Ge-
sammelte Aufsätze von Laacher Benedikti-
nern. 2. Aufl., Koblenz 1925, S. 47–66)

Gemeinde Wachtberg, Hg.
Festschrift zur 1200-Jahrfeier der Ortschaft Fritzdorf
– Wachtberg 1974

Herbert Wagner
Hillesheim in der Eifel
(Rheinische Kunststätten 182)
– Neuss 1975

Herbert Wagner
Kerpen/Hohe Eifel
(Rheinische Kunststätten 233)
– Neuss 1980

Herbert Wagner
Mirbach in der Eifel
(Rheinische Kunststätten 246)
– Neuss 1980

Herbert Weffer
Lengsdorf. Die Geschichte eines Bonner Vorortes
– Bonn 1974

Julius Wegeler
Beiträge zur Specialgeschichte der Rheinlande. Die Schlösser Rheineck und Olbrück, die Burgen zu Burgbrohl, Namedy und Wassenach, die Schweppenburg und Haus Kray
– Koblenz (2. Aufl.) 1878

Peter Josef Weiß
Monschau (Altstadt)
(Rheinische Kunststätten 75)
– Neuss 1979

Matthias Weber
Gymnich. Vergangenheit und Gegenwart
– Erftstadt (2. Aufl.) 1979

Hans Welters
Die Wasserburg im Spiegelbild der oberen Erftlandschaft (Beiträge zur Landeskunde der Rheinlande 3. Reihe, H. 4)
– Bonn 1940

Hans Welters
Bergerhausen und seine Burgen
(: An Erft und Gilbach, 4. Jg., 1950, Nr. 10, S. 38–40)

Hans Welters
Zur Geschichte der Blatzheimer Burg
(: An Erft und Gilbach, 6. Jg., Nr. 12, Nov. 1952, S. 46–47)

Hans Welters
Die Brachelsburg in Desdorf
(: An Erft und Gilbach, 11. Jg., 1957, Nrr. 3, 5 u. 6)

Hans Welters
Haus Brüggen, eine Burgwüstung im Kreise Bergheim
(: An Erft und Gilbach, 4. Jg., Nr. 7, Mai 1950, S. 26–28)

Hans Welters
Wasserumwehrte Burgen und Höfe in Buir
(: An Erft und Gilbach, 5. Jg., Nr. 6, Juni 1951, S. 23–24)

Hans Welters
Zur Geschichte von Burg Dirmerzheim, heute Tillmannshof genannt
(: Zwischen Eifel und Ville, 11. Jg., 1957, Nr. 5, S. 18–19)

Hans Welters
Fliesteden, ein Grenzdorf des Kreises (Bergheim)
(: An Erft und Gilbach, 4. Jg., Nr. 10, Nov. 1950, S. 51–52)

Hans Welters
Die Burg Großbüllesheim und ihre Besitzer
(: Zwischen Eifel und Ville, 5. Jg., Nr. 3, März 1951, S. 10–11)

Hans Welters
Die Kleinbüllesheimer Burgen
(: Zwischen Eifel und Ville, 8. Jg., Nr. 9, 1954, S. 34–36)

Hans Welters
Die „untere" Burg in Kuchenheim
(: Zwischen Eifel und Ville, 5. Jg., Nr. 10, Sept. 1951, S. 38–39)

Hans Welters
Die Linzenicher „Burg"
(: Zwischen Eifel und Ville, 6. Jg., Nr. 3, März 1952, S. 10–11)

Hans Welters
Haus Lörsfeld
(: An Erft und Gilbach, 4. Jg., Nr. 4, 18. 2. 1950, S. 14–15)

Hans Welters
Haus Lörsfeld in Plan und Bild
(: An Erft und Gilbach, 5. Jg., Nr. 1, 23. 2. 1951, S. 3–4)

Hans Welters
Niederbolheim im Neffeltal
(: An Erft und Gilbach, 6. Jg., Nr. 2, Febr. 1952, S. 6–8)

Hans Welters
Omagen bei Kaster, eine Burg- und Ortswüstung im Kreise Bergheim
(: An Erft und Gilbach, 4. Jg., Nr. 7, Mai 1950, S. 26–28)

Hans Welters
Unterherrschaft und Burg Türnich
(: An Erft und Gilbach, 3. Jg., 1949, Nr. 5, S. 58–59)

Karl v. Werner / Hans Caspary
Schloß Bürresheim
– Mainz 1972 u. ö.

Rudolf Wesenberg / Albert Verbeek, Hgg.
Die Denkmäler des Rheinlandes, Band 15–17: Kreis Bergheim, bearbeitet von Annaliese Ohm und Albert Verbeek
– Düsseldorf 1970/71

Alfred Wiedemann
Geschichte Godesbergs und seiner Umgebung
– Frankfurt am Main 1979

Theodor Wildeman
Rheinische Wasserburgen und wasserumwehrte Schloßbauten
(Jahrbuch 1954 des RVDL)
– Neuss 1954

Theodor Wildemann
Betrachtungen zur Baugeschichte von Burg Lülsdorf
(: H. Olligs, Hg., Lülsdorf am Rhein. Lülsdorf 1952, Sp. 1–24)

Carl Wilkes
Eine Beschreibung des Hauses Schweppenburg im Brohltal vom Jahre 1713
(: Rheinische Heimatpflege, 18. Jg., 1936, S. 613 f.)

Irmgard Wolf
Die Kommende in Bad Godesberg-Muffendorf
(Kleine Godesberger Schriftenreihe, H. 6)
– Bad Godesberg 1965

Eberhard Zahn
Schloß Monaise
(: Neues Trierisches Jahrbuch 1976, S. 7–15)

P. Zepp
Ehemals befestigte Dörfer im Ahrgebiet
(: Heimatkalender des Kreises Ahrweiler 1939, S. 76–81)

Norbert Zerlett
Stadt Bornheim im Vorgebirge
(Rheinische Kunststätten 243)
– Neuss 1981

Karl Zimmermann
Mittelalterliche Städte, Burgen und feste Plätze in Kurtrier
(: Jahrbuch der Arbeitsgemeinschaft Rheinischer Geschichtsvereine 2, 1936, S. 40–47)

Verzeichnis der Bilder

Bildnachweis

Die Fotos von Ellen Traubenkraut stellte freundlicherweise die Hauptgeschäftsstelle des Eifelvereins in Düren zur Verfügung, das Original der Lithographie auf der Vorderseite des Einbands der Kölner Buchhändler und Antiquar Günther Leisten. Der Stahlstich auf der Rückseite des Einbands stammt aus dem Archiv des J. P. Bachem Verlages. Die Karten auf den Vorsatzblättern zeichnete Fritz Hachen, Leverkusen-Opladen.

Blankenheim

Arem

Abr

Antweil

Dahlem Ripsdorf

Waldorf

Stadtkyll Jünkerath

Üxheim

Kyll

Wiesbaum

Nohn

Ormont

Lissendorf

Kerpen

Steffeln Hillesheim

Prüm

Walsdorf

Obereh

Dohm

Dock

Buchet

Hohenfels

Gondelsheim Schwirtzheim

Pelm

Brandscheid

Gerolstein

Prüm

Neroth

Oberlauch Kopp

Salm

Schönecken

Broc

Niederlauch Mürlenbach

Lützkampen

Schutz

Densborn

Uettfeld

Bleckhausen

Deudesfeld

Arzfeld

Manderscheid

Lambertsberg

Oberpierscheid

Malberg Seinsfeld

Eisenschmitt

Oberweiler Ehlenz

Karl

Dasburg

Merkeshausen Bickendorf Kyllburg

Oberkail

Gros

Leimbach Liessem

Hamm Nattenheim

Kyll

Pickliessem

Landsche

Neuerburg

Spangdahlem

Rittersdorf

Dudeldorf

Waldhof

Bitburg

Prüm

Philippsheim

Arenrath

Bruch

Bettingen

Speicher

Salmta

Roth

Körperich-

Stockem

Dodenburg

Niedersgegen

Wolsfeld

Preist

Sehlem

Holsthum

Orenhofen

Erlenbach

Alsdorf

Prümzurley

Daufenbach

Ferschweiler

Niederweis

Föhren

Bollendorf

Welschbillig

Bekond

Ernzen

Kordel

Schweich

Menningen

Mosel

Ralingen

Sauer

Igel

TRIER